郑振峰 李冬鸽 袁世旭 著

汉字学

HANZIXUE

四川教育出版社

图书在版编目（CIP）数据

汉字学 / 郑振峰，李冬鸽，袁世旭著. —成都：
四川教育出版社，2017.6
ISBN 978-7-5408-6762-1

Ⅰ. ①汉… Ⅱ. ①郑…②李…③袁… Ⅲ. ①汉字－
文字学 Ⅳ. ①H12

中国版本图书馆 CIP 数据核字（2017）第 131359 号

汉字学
HANZIXUE

郑振峰 李冬鸽 袁世旭 著

责任编辑	穆 戈 赵 文
装帧设计	武 韵
责任校对	伍登富
责任印制	杨 军 陈 庆
出版发行	四川教育出版社
地 址	成都市槐树街 2 号
邮政编码	610031
网 址	www.chuanjiaoshe.com
印 刷	成都金龙印务有限责任公司
制 作	四川胜翔数码印务设计有限公司
版 次	2017 年 7 月第 1 版
印 次	2017 年 7 月第 1 次印刷
成品规格	170mm×230mm
印 张	17
书 号	ISBN 978-7-5408-6762-1
定 价	37.00 元

如发现印装质量问题，请与本社联系调换。电话：(028) 86259359
营销电话：(028) 86259605 邮购电话：(028) 86259694
编辑部电话：(028) 86259381

目　录

第一章

概　说

第一节　什么是汉字学

一、文字与文字学

文字是人类记录语言的书写符号系统，是扩大语言在时间和空间上交际功能的辅助工具。"文"与"字"连用目前最早见于秦代的琅琊刻石："书同文字。""文字"在较早的时候被称为"书""名"或"文"。《韩非子·五蠹》："古者仓颉之作书也，自环者谓之厶，背厶谓之公。"这里的"书"指文字。《周礼·春官·外史》："掌达书名于四方。"郑玄注："古曰名，今曰字。"《仪礼·聘礼》："百名以上书于策，不及百名书于方。"这里的"名"也指文字。《左传·宣公十二年》："夫文，止戈为武。"《左传·昭公元年》："于文，皿虫为蛊。""文"即文字。

文字学与文字不同。文字学研究文字发生发展的规律、文字的类型及其特点，研究文字和语言、文字和社会、文字和书写工具以及印刷技术的关系等等。根据研究对象的不同，文字学分为若干分支。通过研究世界上各种文字的起源、性质、特点、发展、演变以及与文字应用有关的各种问题，揭示人类文字构成和应用一般规律的学科叫普通文字学。① 把世界上某几种文字系统或某几种文字抽取出来，对不同文字体系的各个方面进行比较研究，从而认识文字发展一般及特殊规律的学科叫比较文字学。用描写或历史的方法，研究某一种具体文字的起源、发展、性质及其结构等方面规律的学科叫个别文字学。个别文字学又可分为描写文字学和历史文字学两种。描写文字学以断代的个别文字为研究对象，如我国的"甲骨文字学""战国文字学""金文文字学""现代汉字学"等；历史文字学以某种文字的历史发展为研究对象，如我国的"汉字发展史""传统文字学"等。

二、中国文字学和汉字学

中国文字学有广义和狭义之分。广义的中国文字学，研究对象包括中国境内各民族所使用的各种文字，狭义的中国文字学则专指汉字学。

汉字学是研究汉字的形成、发展、特点和性质，分析汉字的构成及其形音义关系，研究有关汉字改革与应用的各种问题的学科。"汉字学"的名称出现较晚，早先被称为"小学"。班固《汉书·艺文志》："古者，八岁入小学，故周官保氏掌养国子，教之六书。""小学"研究的是文字的形、音、义，目的是为了读懂经书。广义的"小学"包括文字、训诂、音韵三个部分，狭义的专指文字学。宋代王应麟在《玉海》里，首先把"小学"称为"文字之学"。他说："文字之学有三：其一，体制，谓点画有衡从曲折之殊，《说文》之类；其二，训诂，谓称谓有古今雅俗之异，《尔雅》《方言》之类；其三，音韵，谓呼吸有清浊高下之不同，沈约《四声谱》及西域反切之学。"

古汉语以单音词为主，一字一词对应性比较强，因而人们常常将汉字与汉语的词等同，导致传统小学里有"字"无"词"，以文字研究统帅语言研究。20世纪初，随着西方语言学思想的传入和古文字研究的深入，一些学者开始能够正确认识文字和语言之间的关系。1906年，章太炎在《国粹学报》2卷发表了《论语言文字之学》一文，指出："自许叔重创作《说文解字》，专

---

① 详见语言学名词审定委员会《语言学名词》第19—21页，商务印书馆2011年版。

以字形为主，而音韵、训诂属焉……合此三者，乃成语言文字之学。此固非儿童占毕所能尽者，然犹名为小学，则以袭用古称，便于指示，其实当名语言文字之学，方为确切。"这表明他已经认识到语言和文字的区别，有了明确的语言学思想。章太炎正式倡导的"语言文字之学"这一名称，取代了传统的"小学"之称。语言学和文字学也逐渐成为两门独立的学科，分别以语言和文字作为自己的研究对象。20 世纪 30 年代，唐兰首倡文字学应该以文字的本体——字形作为研究对象。他在 1934 年出版的《古文字学导论》中主张："文字的形体的研究，是应该成为独立的科学的，语言的主体是声音，文字的主体是形体。"[①] 后来，唐兰在 1949 年出版的《中国文字学》中明确提出："我的文字学研究的对象，只限于形体……文字学本来就是字形学，不应该包括训诂和音韵。一个字的音和义虽然和字形有关系，但在本质上，它们是属于语言的。严格说起来，字义是语义的一部分，字音是语音的一部分，语义和语音是应该属于语言学的。"[②]

在明确汉字学研究对象的基础上，充分吸收六书"结构－功能"分析法，以哲学的系统论为指导，全面测查《说文》小篆和抽样测查各个历时层面的汉字形体，王宁提出汉字学应该包括如下四个部分：[③]

（一）汉字构形学

汉字构形学的主要任务是探讨汉字的形体依一定的理据构成和演变的规律——包括个体字符的构成方式和汉字构形的总体系统中所包含的规律。就汉字的发展历史来说，不同历史阶段的汉字构形具有各自的特色，而汉字构形学要能涵盖各阶段汉字构形的诸多现象，为研究各阶段汉字提供基础理论和基本方法。

汉字形义学与汉字构形学是从不同角度提出来的。汉字形义学从理论上说，是要抓住汉字因词或语素的意义而构形的特点，总结出汉字形义统一的

---

① 唐兰《古文字学导论》第 135 页，齐鲁书社 1981 年增订本。
② 唐兰《中国文字学》第 5 页、6 页，上海古籍出版社 1979 年版。
③ 详见王宁《汉字构形学导论》第 2—6 页，商务印书馆 2015 年版。

规律，在此基础上，探讨如何通过对汉字形体的分析达到确定它所记录的词的词义这一目的；从实践上说，是要借助字形的分析来探讨古代文献的词义，为古书阅读和古籍整理提供语言释读的依据。

汉字构形学与汉字形义学是一项工作的两个方面。前者借助于意义，探讨的中心是形体，所以属于汉字学范畴；后者借助于字形，探讨的中心是意义，所以属于训诂学或文献词义学范畴。

（二）汉字字体学

汉字字体学属于书写汉字学范畴，但是与汉字形体的分析有密切的关系。汉字字体指不同时代、不同用途（鼎彝、碑版、书册、信札等）、不同书写工具（笔、刀等）、不同书写方法（笔写、刀刻、范铸等）、不同地区所形成的汉字书写的大类别和总风格。汉字字体在今文字阶段形成了正规字体和变异字体的差异。一般把隶书、楷书称作正规字体，行书、草书称作变异字体。变异字体是汉字速写的结果，它的特点是在不同程度上改变正规的笔顺，尽量缩短笔程，结构也就相对简化，它的结构是对正规字体结构有系统的变异。变异字体与正规字体是同时通行的，它们的构形相互影响。研究汉字字体风格特征和演变规律，探讨变异字体——行书和草书结构的变异规律，以及今文字阶段正规字体和速写变异字体相互影响的事实和书写规律，是汉字字体学的任务。

（三）汉字字（形）源学

汉字字源学是研究探讨形源的规律和汉字最初构形方式的学科，尽量找出汉字的最早字形，寻找每个字构字初期的造字意图，也就是探讨汉字的字源，也叫形源，是汉字字源学的任务。因为早期汉语词源学也称"字源学"，为了与汉语词源学分清，汉字字源学也可称为"汉字形源学"。一部分古文字的研究是本着寻找字的形源角度进行的，应当属于这个分支。

汉字字用学与汉字字源学是从不同角度提出来的。个体字符造出后，并不是永远用来记录原初造字时所依据的那个词或语素，它的记词职能随着语言词语义项的分合、存废、重组而时有变化。字用学就是研究在不同历史时期具体的言语作品里汉字字符记录词和语素时职能的分化和转移的。

汉字字源学探讨原初字形的结构，属于汉字学范畴，字用学探讨汉字记录汉语的实际职能，属于训诂学或文献词义学范畴。

（四）汉字文化学

汉字文化学的研究有两方面的目的：一方面是宏观的，即把汉字看成一种文化事象，然后把它的整体放在人类文化的大背景、巨系统下，来观察它与其他文化事象的关系，这是宏观汉字文化学；另一方面则是微观的，即要研究汉字个体字符构形和总体构形系统所携带的文化信息，对这些文化信息加以揭示、进行分析，这是微观汉字文化学。总之，汉字文化学是在作为文化事象的汉字与其他文化事象的互证关系中建立起来的。如果说，汉字构形学是描写的，那么，汉字文化学则是解释的：它要从历史文化和社会历史环境出发，对汉字个体字符构形的状态及其原因加以解释，同时对汉字构形总体系统及其演变的历时所以如此做出回答。

以上四个分支，彼此是相关的。

汉字处于不断的变化之中，研究汉字构形、构意必须有历史演变的观念，而字体则是汉字发展到一定阶段实现的不同风格的大类别，这种类别必然影响汉字构形的状态。在隶书、楷书阶段，不但正规字体对变异字体有直接影响，变异字体（行书、草书）对正规字体的进一步发展也有十分明显的影响。例如：楷书笔形的形成，就是行书和行草直接影响的结果；隶书与楷书构形的简化以及因此带来的理据丧失，也直接与草书有关。因此，汉字形义学和汉字字体学都与汉字构形学有关系。

字源与字理是两个不同的概念。汉字发展到一定的阶段，构形及其所负载的词义都有可能发生变化，有一部分汉字的理据也会脱离最早的构形、构意，产生理据重构现象，与字源有了区别。字源学的目标是对个体汉字发生状态的尽量追索，不能以后代的字理代替字（形）源的阐释，也不能用字（形）源来否定后代的字理；但是，字源与字理并非没有关系，科学的汉字学必须沿着后代字理的变化轨迹向上追索字（形）源；而探求每个阶段汉字的字理，除了要将其放在共时的构形系统中检验，也还必须沿着字源发展的脉络向下梳理，才能证明其真实性与合理性。因此，汉字形义学、汉字字源学与汉字构形学的关系也是很明显的。

汉字是在中华历史文化的浸润下产生、发展和演变的。由于汉字构形及其演变都有文化因素起着一定的作用，所以，汉字形体中往往存有一些文化信息。但是，在解释汉字构形中存在哪些文化内涵时，要防止主观臆测，不能认为对汉字构形的理据可以随意解释，夸大汉字构意的主观性；科学的汉字文化学必须建立在对汉字构形科学分析的基础之上，二者的密切关系可想而知。

从这些关系可以看出，汉字构形学是汉字学其他分支的基础，也是构建其他分支基础理论的枢纽。

三、汉字学的学习方法

（一）正确区分汉字与汉语

我国传统文字学以研究单个汉字的形音义及其相互关系为主要内容，包括文字、音韵、训诂三个方面，人们对汉字基础理论的研究不是很系统，往往将文字和语言混为一谈，将汉字与汉语混为一谈。其实，汉字与汉语是两种不同的符号系统，汉字学和汉语语言学是研究对象、任务和目的不同的两门学科。汉语语言学以研究汉语言的各要素为中心，而汉字学以研究汉字的本体即字形为中心。所以，在学习的过程中，我们应始终注意将汉字与汉语、字与词区别开来。

（二）树立历史观念，注重古今沟通

从殷商时期的甲骨文算起，汉字发展至今，已有近四千年的历史。汉字的形体结构在不断演变，不同历史时期的汉字表现出不同的形制，具有不同的结构特点。同时，汉字的发展又具有传承性、渐进性、阶段性。要想真正掌握现代汉字，就需要对各个历时层面的汉字有清楚的了解，准确把握汉字发展的脉络，摸清汉字发展的趋势。只有做到古今沟通，才能把握汉字发展的动态轨迹以及其中所隐含的规律。

（三）掌握规律，注意汉字构形的系统性

汉字作为记录汉语的书面符号，在构形上是成体系的。汉字是由许许多多的个体汉字符号组成的集合，这些个体汉字符号并不是孤立存在的，而是相互联系、彼此依存的。汉字的构形具有系统性，它的内部具有一种相互制约的内在机制，每一个汉字都应该在这个系统中有自己的位置。汉字虽然数量众多，但是个体字符之间是互相关联的，形成了一个内部呈现出有序性的有机整体。从汉字记录汉语的方式看，汉字是因义构形的文字体系，单个的汉字字符不是构件或笔画（或线条）的无序堆积，而是按照一定的理据组合在一起的。汉字构形系统是由有限的基础元素带着某种功能，按照一定的结构模式有层次、有布局地组合起来的有序网络。因此，分析汉字的构形必须从系统出发，不能孤立地进行。

（四）注意理论学习，重视知识创新

自 20 世纪初始，随着西方语言学思想的传入与大量古文字资料的出土和深入研究，作为传统小学一部分的汉字学，逐步摆脱经学附庸地位而发展成为一门独立的学科。一个世纪以来，汉字学在理论框架的建构、古文字的考释、现行汉字的整理与规范、汉字的识字教学等分支领域取得了丰硕的研究成果，反映这些成果的专著亦相继问世，但与汉语语言学的其他分支相比，汉字学理论建设显然是相对滞后的。要学好汉字学，正确掌握汉字的构形规律，就必须重视汉字基本理论的创新，及时吸收新的研究成果，只有这样才能真正地学好汉字学。

第二节　汉字和汉语的关系

一、文字和语言的关系

语言是人的发音器官发出的能表示一定意义的线性符号系统，是人类最重要的交际工具。文字是记录语言的书写符号系统，是人类辅助性的交际工具。文字是在语言的基础上产生的，是记录语言的工具，并非语言本身。文字和语言有密切的关系，但是二者并不等同。

从形式上看，文字和语言是两种不同的符号系统。文字是一种视觉符号系统，诉诸人们的视觉，形体是其存在的唯一方式。任何一种文字，都是以其形体与语言的某个要素发生直接联系。语言是一种听觉符号系统，诉诸人们的听觉，语言符号的形式是语音。

从发生的角度看，先有语言，后有文字。文字的产生大约在五六千年前，语言产生的时间要比文字早得多，至少在一万年前。世界上可以有没有文字的语言，但绝没有无语言基础的文字。

从作用上看，语言是人类社会必备的交际工具，文字是辅助性的。文字最初主要用来把语言传之久远，是为补充有声语言的交际手段而产生的。所以说，语言是第一性的，文字是第二性的。

文字的出现并不是在语言形成的初期，而是在语言发展的较晚期。文字不是社会存在的必要条件，但是社会发展到一定的阶段，文字便成了社会向前进一步发展的最重要的条件。文字克服了语言交际在时间和空间上的局限，扩大了语言的交际功能。有了文字，人们在生产生活中学到的知识、积累的经验得以长久而广泛地传播；有了文字，才有了人类文明史。文字是人类发展史上最重要的里程碑。

文字是记录语言的书写符号系统，因此它必须适应语言的特点，满足记录语言的需要。人们选择什么样的文字形体，记录语言的哪一级单位，都需要从语言自身的特点出发。一个汉字记录一个音节，跟早期汉语绝大多数词都是单音节的密不可分。语言特点对文字特点有影响，但不能过分夸大，同一系属、同一类型的语言采用不同类型的文字系统，或者同一语言在不同历史时期使用不同类型的文字系统，亦不乏其例。例如越南语，最早曾经借用汉字作为记录语言的符号，后来改为斯拉夫字母，现在使用的是拉丁字母。再如蒙古语，中国内蒙古自治区使用的是传统的蒙文，蒙古国使用的是斯拉夫字母。

文字对语言也有影响。首先，文字促使书面语的形成，为语言的加工和提炼提供了条件，增强了语言表达的精确性和凝练性；其次，文字促进了共同语的形成，并使语言朝着规范化的方向迈进；第三，文字是人们学习和掌握语言的有力工具。

二、影响文字的非语言因素

在文字的发展过程中，文字不仅受语言的影响，还受一些非语言因素的影响。

首先，书写材料和书写工具影响文字符号的形体。例如：古代苏美尔人使用的书写材料和书写工具分别是泥版和芦苇秆，文字的形体像楔子形状，因此，这些文字被称为楔形文字。汉字的甲骨文、金文、小篆的形体差异是因为书写工具和书写材料不同所致。

其次，不同民族的造型艺术特点也会影响文字的字形风格。例如：希腊人借用腓尼基字母，依照希腊的建筑和图案装饰的传统，这些字母逐渐失去了棱角突出的特征；罗马人借用希腊字母，在保留希腊几何图形特点的基础上，字形变得圆转匀称，折射出罗马建筑的影响；汉字的形体始终保持着方块字形的格局，这可能与汉民族崇尚方正、端直的品行及大多数建筑是方形的有关。

第三，国家关于文字的规章制度对文字的发展和使用有很大影响，不同社会集团之间的分歧有时就表现在文字的使用上。

最后，文字也可能受到其他民族文字的影响。当某个民族的文字体系比较完善和发达时，就可能会影响到邻近民族文字的创制和使用。例如：历史上的西夏文字、契丹文字以及越南的"字喃"都是以汉字为基础创制的，日本文字、韩国文字都借用了汉字。腓尼基文字是在古埃及文字影响下形成的，希腊文字是在腓尼基文字的基础上形成的，拉丁文字和斯拉夫文字是在希腊文字的基础上形成的，现代欧洲一些民族的文字又是在拉丁文字体系和斯拉夫文字体系的基础上形成。文字之间的相互影响形成了独特的文字谱系群。

三、汉字和汉语的关系

汉字是记录汉语的书写符号系统，汉语的特点影响并制约着汉字，汉字对汉语也有一定的反作用。

（一）汉语对汉字的影响

汉语的单音节性决定了汉字具有一个字形与一个音节相对应的特点。汉语是具有单音节特性的语言，汉语中音义结合的最小语言单位自古至今都是以单音节为主的。古汉语以单音词为主，先秦两汉时期尤为如此。汉字一字一音节的特点，正是由汉语词汇的这种特点决定的。汉字为了适应汉语词汇的单音节特点，从一开始便形成了一个形体对应一个音节、记录语言中一个词的特点。字、词大体是一致的，两者对应性比较强。后来，随着词语双音化的发展，汉语逐渐由单音节词为主演变为双音词为主，同时也产生了三个音节及以上的复音词，而双音词和多音节复音词绝大部分都是以原来的单音节词为构词材料构成的。造字之初，汉字采取了据义构形的造字原则，把词的意义内容作为构形的依据。当时，汉语尚处于以单音节词为主的阶段，一个字记录一个词，同时也记录一个音节。对于多音节单纯词来说，造字时是以音节而不是词作为造字单位的。例如：琵琶是一个双音节单纯词，两个音节合在一起表示乐器的名称，每个音节都没有独立的意义。为单纯词造字时都是以音节为单位，从而实现了汉字一字一音节的统一性。

汉语的音节数量较少，语音系统简单，由此导致汉语同音词数量多，促使汉字最终发展成以形声字为主体的文字系统。汉语的音节数量较少，而古代汉语又以单音节词为主，产生了大量同音词。有效地区别同音词，成为避免交际障碍的必要条件。在书面语交际中，汉字的形体成为区别同音词的有效方法，形声字的大量运用正是汉字根据汉语特点进行自我调整的结果。形声字由形旁和声旁构成，一组声旁相同的形声字，相同的声旁可以使它们比较方便地记录同音词，不同的形旁可以达到区别同音词的目的。例如："蓉榕熔溶镕"等字，相同的声旁"容"使它们可以记录一组同音词，不同的形旁"艹木火氵钅"又使它们在意义上相互区别。

从语法上来看，汉语是孤立语，缺乏形态变化，主要靠语序和虚词等句法手段表示语法意义。汉语的这些特点影响了汉字对构形原则的选择，决定了汉字长期停留在表意文字体系中。形态变化是以小于音节的音素的改变或添加来实现的，如英文 work（工作）这个词的第三人称单数要变成 works，现在分词要变成 working，过去时和过去分词要变成 worked，人称、时、体等的不同通过词形变化来表示。而汉字则是用一个符号代表一个音节，它可以反映音节的变化，不能反映音素的变化，即汉字反映不出形态的变化，而汉语正好缺乏形态变化。同时，汉语的音节和语素又有对应关系，这就使得汉字采用据义构形的原则创制并长期记录汉语成为可能。

（二）汉字在汉语交际表达方面的作用

汉字约束了汉语的方言分化，扩大了汉语的交际功能。汉语自古至今一直存在着比较严重的方言分歧，但一直没有分化为几种不同的语言，汉字起到了非常重要的作用。汉字的表意性质使得汉语逾越了方言的障碍，不同方言区的人们可以使用共同的书面语言进行交际。汉字的这种作用，使得汉语书面语具有巨大的凝聚力，不仅推动了民族共同语的形成，也促进了民族的团结和统一。有了建立在汉字基础上的民族通用语，客观上加强了不同方言区的人们，甚至不同民族与汉民族的沟通和交流。从某种意义上说，汉字扩大了汉语的交际功能。

汉字字形区别同音词的功能为汉语语音的简化提供了条件。汉字产生前，语音是别义的唯一重要手段。语音系统越精细，交际时的误解率越低。汉字产生后，字形成为别义的重要辅助手段，大大减轻了语音别义的负担。据汉语语音史的研究，汉语语音系统的演变有一个不断简化的趋势。例如：复辅音的消失，鼻韵尾的减少，入声的消失，声母、韵母的减少等等。这些现象不仅由语音发展规律和语词双音化等因素导致，和汉字字形区别同音词的功能也有一定的联系。

汉字对汉语修辞的作用也很明显。汉语修辞中的双关、借代、对偶、排比、拈连、顶真、回环等方法常利用汉字字形做材料，利用汉字的谐音、多义，形同、形近，合并字形、离析字形，可以使语言表达增色不少，或生动形象，或风趣幽默，或委婉曲折。例如：理发店对联"虽是毫发生意，却是顶上工夫"中的"毫发"有两个意义，一指头发，一指微小；"顶上"既可指头顶，也可表程度，通过同音联想在一起，妙趣横生。

除了上述汉字对汉语的积极影响外，汉字对汉语也有一定的消极影响。

例如由于汉字的表意性，我国历史上曾出现了长期的书面语与口语不一致的现象，文人口里说的是口语，写出来的却是以先秦口语为基础的文言文，言、文长期分家。再如汉字字形体现不出词的不同语法作用，导致少量歧义句的存在，影响了语言表达的准确性。

第二章

汉 字 的 性 质

第一节　关于汉字性质的诸种说法

20 世纪 20 年代，一些学者接受西方语言学关于文字体系划分的理论，结合汉字自身的特性，开始关注汉字的性质问题。从这时开始，关于汉字性质的争论几经高潮，尤其是 20 世纪 80 年代初期以后，汉字性质的讨论成了汉字学研究的热点。但是，长期以来，由于研究者分析问题的角度不同、采用的标准不同等原因，再加上汉字自身的复杂性，对汉字性质的认识见仁见智，至今尚未得出比较一致的意见。汉字性质问题是汉字学基本理论研究的核心，汉字性质认识的分歧，会直接影响汉字理论的研究水平以及汉字的教学与应用。本节先对汉字性质的诸种提法进行简要的梳理、介绍，下一节阐述我们对这一问题的看法。

关于汉字的性质，20 世纪以来主要有以下几种说法：

（一）表意文字说

"表意文字"这一概念来源于西方，瑞士语言学家·索绪尔认为："（世界上）只有两种文字的体系：（1）表意体系。一个词只用一个符号表示，而这个符号却与词赖以构成的声音无关。这个符号和整个词发生关系，因此也就间接地和它所表达的观念发生关系。这种体系的典范例子就是汉字。（2）通常所说的表音体系。它的目的是要把词中一连串连续的声音模写出来。表音文字有时是音节的，有时是字母的，即以言语中不能再缩减的要素为基础的。"① 这种观点传入我国后，对我国的汉字学研究产生了重大影响，一些学者开始关注汉字的性质问题。如沈兼士 20 世纪 20 年代在北京大学讲授《文字形义学》时说："综考今日世界所用之文字，种类虽甚繁多，我们把它大别起来，可以总括为两类：（1）意符的文字，亦谓之意字。（2）音符的文字，亦谓之音字。意字的性质，不以声音为主，而以表示形象为主，用文字来具体的或抽象的形容事物之状态，如文字画，楔形文字，中国的象形、指事、会意各字皆是；音字的性质以表示声音为主，大都是由意字转变来的，如欧美各国通用的拼音文字，中国的形声字皆是。"② 沈兼士的"意字""音字"即指"表意文字""表音文字"。20 世纪 40 年代张世禄在《文字学与文法学》一文中指出："无论哪种文字，总是具有形体、音读和意义这三种要素。不过这三种要素怎样的配合，又要看文字的性质不同而各有区别。某一种文字是用形体来直接显示意义的，各个字体虽具有音读，而形体本身并非作为记录语音的工具，并且有直接显示意义的效用，我们称为'图画文字'。另一种文字是用形体来做声音的记号的，各个字体是由几个语音符号——就是拼音字母——拼切成功的，从字体上得到音读因而认识所代表的意义，我们称为'标音文字'。还有一种文字，可以说是介于图画文字和标音文字这两者中间的；在这种文字当中，有一部分的字体是由图画文字上脱胎而来的，如果我们追溯这些字体原来的写法，或者分析它们形体的结构，便可以知道它们原是用形体来直接显示意义的。可是其中另有一部分的字体，在结构和实际应用上，却已经有进入到标音文字的趋向了。这种文字，我们称为'表意文字'。我们从这种文字的性质和演化的历史上看来，一方面还保持着一些图画文字的遗迹，另一方面却又具有很丰富的标音成分；但是我们对这种文字的应用，既不能纯粹从形体上看出意义，又不能完全依据字体的分析得到确凿的音读，而只是把许多字体作为习惯上各种意义的符号罢了；所以称为表意

---

① 索绪尔《普通语言学教程》第 51 页，商务印书馆 1980 年版。
② 沈兼士《沈兼士学术论文集》第 386—387 页，中华书局 1986 年版。

文字。中国现行的文字——汉字——就是现今世界上表意文字唯一的代表。①
此后，汉字为表意文字这一提法普遍为学者所接受，一些文字学专著、教材
等多采用此说。

　　汉字为表意文字说的提出具有重要的理论价值，它第一次把汉字放在世
界文字类型的大背景中，以比较的方式来探讨、概括汉字的本质特征，从而
把汉字的特性与以字母拼音为特点的表音文字严格区分开来。然而，表意文
字这一概念也存在着表述含混、含义不一等缺陷。如索绪尔关于表意体系的
论述，是建立在对汉字的模糊认识的基础之上的。认为汉字表达概念，和概
念对应而不表语言，这容易使人造成汉字的功能不表示语音的误解，这一概
念实际上隐含了西方学者对汉字认识的片面性。沈兼士对汉字表意性质的论
述，从文字的功能角度入手，认为确定汉字表意性质的依据是，汉字不以记
录语音为主，而是以字符显示语义为主，这样从汉字同语音、意义联系的不
同情况去理解汉字的表意性，显然比索绪尔前进了一大步。张世禄从文字的
构形和社会功能两个角度阐释汉字的表意性质，认为任何文字都有形、音、
义三个要素，三个要素的配合决定于文字的性质，表意文字是用形体直接显
示意义（从构形角度分析），各字体虽然具有一定的读音（从功能角度分析），
但不能完全依据字体的分析得到确凿的音读。从构形和功能两个角度来认识
汉字的表意性质，这已和西方学者对表意文字的理解大不相同。可惜的是，
张氏对此未能明确阐述。由于汉字表意说在论证上的不够严密，所以从 20 世
纪 50 年代以后，一些学者在深入研究汉字特性的基础上对汉字的表意性质提
出了不同意见，积极展开了汉字性质问题的讨论。

　　（二）意音文字说

　　为了弥补汉字表意说的不足，20 世纪 50 年代始，一些学者着眼于楷书汉
字的结构提出了意音文字说，最早提出并比较系统论证汉字为意音文字的是
周有光先生。周先生首先确认文字记录语言的三种基本方法：表形、表意、
表音，并把世界文字发展史划分为三个阶段：从形意阶段到意音阶段，再到

---

　　①　陈望道等著《中国文法革新论丛》第 161—162 页，商务印书馆 1987 年版。

拼音文字阶段。他认为："意音文字的产生是文字制度的第一次跃进，它占据了文字发展上的一个重要阶段，有了意音制度的文字才真正开始了有文字记录的历史。拼音文字的产生，是文字制度的第二次飞跃。从甲骨文到现代汉字，文字的组织原则相同，在有记录的三千多年中间始终是意音制度的文字。"① 周先生的意音文字说是着眼于作为汉字主体部分的形声字的分析给汉字定性的，比较客观地总结、概括出汉字在结构上所呈现出来的特性。但是，意音文字的提法也有可商之处：首先，意音文字是建立在世界文字发展的一般公式的基础之上的，世界文字的发展经由表形、表意到表音三个阶段这一公式是受达尔文进化论的影响，从古埃及文字及其后裔的文字演进情况而总结出来的，而作为另一种自源文字的汉字与古埃及文字的发展规律并不相同，同时，世界文字发展的一般公式似有评判文字优劣的嫌疑。事实上，表意文字体系和表音文字体系是两种性质完全不同的体系，某种体系不可能替代另一种体系，更不会由一种体系自然而然地生成另一种体系。其次，意音文字说是从汉字的结构出发，立足于汉字的主体部分——形声字的实际情况而提出的。一般认为，汉字中的形声字在结构上用意符表示一定的意义，用声符来提示语音，现代汉字中形声字又占90%以上，因此得出汉字既表意又表音的结论。要对这一结论有个清晰的认识，就必须对形声字声符的性质有比较透彻的了解。关于形声字声符的性质、作用，李国英先生在全面测查、分析了《说文》小篆中的形声字后认为："形声字的声符具有示源和示音两种功能，声符的示源功能即声符具有显示形声字所记录的词的源义素的作用。词的派生往往会推动字的孳乳，即从书写形式上把源词与派生词区别开来。汉字孳乳的重要方式之一就是在记录源词的源字的基础上增加义符造出分化字来记录派生词，这是早期形声字的主要来源。在这类形声字中，声符是由源字直接转化成的，自然具有示源功能。后期形声字是由义符加声符拼合构成的，但是，由于受到早期形声字声符示源功能的类推影响，其中一部分也往往选择具有示源作用的声符。因此，声符的示源作用不是个别现象，而是声

---

① 周有光《文字演进的一般规律》，载《中国语文》1957 年 7 期。

符具有的一种重要功能。声符的示音功能是声符通过它独立成字时的语音与由它构成的形声字的语音之间的音同或音近关系，提示形声字读音的作用。其中示源声符的示音功能是源字转化为声符客观上产生了提示形声字读音的作用，后出形声字声符的示音功能是自觉选择的结果，其中一大部分是选择示源声符。"① 据此，他认为声符"本身并不具备独立的语音价值，声符本身本质上不能直接独立地标识形声字的读音，而是依赖于作声符的字与形声字之间的语音关系间接地提示形声字的读音"。② 我们赞成李先生的观点，绝大多数形声字的声符在本质上是示源的，其示源功能是主要的、起决定作用的；示音功能是次要的，是由示源功能派生出来的附带功能，是示源功能造成的一种客观结果。从形声字的构成分析，正是由于意符和声符各都有着自己的区别功能，同意符的字用声符来区别，同声符的字通过意符区别开来，在这双重的区别之中，使汉字实现了以形声字为主体的构形系统，这也正是汉字顽强地坚持其表意性的表现所在。以形声字为主体的汉字体系的定型，并未改变汉字的基本性质，只是使表意文字的汉字进入一个更高的新阶段。

（三）表音文字说

明确提出汉字是表音文字的是姚孝遂先生。姚先生根据甲骨卜辞中存在着大量的假借现象这个事实，从文字的功能角度出发，提出："就甲骨文字的整个体系来说，就它的发展阶段来说，就它的根本功能和作用来说，它的每一个符号都有固定的读音，完全是属于表音文字的体系，已经发展到了表音文字的阶段。其根本功能不是通过这些符号形象本身来表达概念的。把它说成是表意文字是错误的。"③ 姚先生的汉字表音说，得到了一些学者的支持，如周大璞先生就汉字的假借现象也表述了相同的看法："假借的出现，表明汉字已经由象形的图形开始变成标音的符号，这是汉字发展史上从象形表意阶

① 李国英《小篆形声字研究》第36—37页，北京师范大学出版社1996年版。
② 同上，第37页。
③ 姚孝遂《古汉字的形体结构及其发展阶段》，载《古文字研究》第4辑，中华书局1980年版。

段向表音阶段过渡的开端。"① 我们认为，任何文字都具备形、音、义三个要素，都是运用一定的形体去记录语言单位从而获得音和义，这是世界所有文字的共性，依据是否具有固定的读音来判断文字的性质似乎是没有什么意义的。况且，甲骨卜辞中的假借字与拼音文字字母的性质并不相同，假借字的记音性质属于文字的使用问题，而且任何一个汉字都存在着被假借的可能性，如果确定汉字的性质要和它的功能相联系，那么任何字符都具有多种切分的可能性，要是这样分析的话，恐怕会得出世界上所有的文字都是表音文字的结论，这样就很可能混淆了表音文字与表意文字的本质区别。

（四）表词文字说和语素文字说

最早明确提出表词文字这一名称的是美国的布龙菲尔德。20 世纪 30 年代布龙菲尔德在他的《语言论》中提出："用一个符号代表口语里的每个词，这样的文字体系就是所谓表意文字（ideographic writing），这是一个很容易引起误会的名称。文字的重要特点恰恰就是，并不是代表实际世界的特征（'观念'），而是代表写字人的语言的特征，所以不如叫作表词文字或言词文字（word-writing 或 logographic writing）。"② 20 世纪 50 年代，赵元任先生提出汉字为语素文字说，他认为："用一个文字单位写一个词素（现译为'语素'——作者注），中国文字是一个典型的最重要的例子。"③ 后来，一些学者接受了表词文字或语素文字说，有的还对此予以补充。如郑林曦先生认为："汉字主要是记写汉语的词以及词素的单音节符号体系。"④ 尹斌庸先生则更明确地提出："一个汉字基本上代表一个语素。从语音上来说，一个汉字又表示一个音节。因此，综合上述理由，我们建议把汉字定名为音节－语素文字，或简称为语素文字。这一名称较好地反映了汉字的本质特点。"⑤ 表词文字说和语素文字说在讨论汉字的性质时所采用的标准是一致的，都是就汉字记录

---

① 周大璞《假借质疑》，载《武汉大学学报》1982 年 2 期。
② 布龙菲尔德《语言论》第 360 页，商务印书馆 1997 年版。
③ 赵元任《语言问题》第 144 页，商务印书馆 1980 年版。
④ 郑林曦《汉字是什么性质的文字》，载《河南教育》1981 年 9 期。
⑤ 尹斌庸《给汉字"正名"》，载《中国语文通讯》1983 年 6 期。

的语言单位来讲的，两者的不同只是前者认为一个汉字所对应的语言单位是词，而后者认为一个汉字所对应的语言单位是语素。我们认为，表词文字说的提出比西方人观念上的"表意文字"显然是进了一步，但这种说法从理论上又是讲不通的。讲文字性质总要和其他类型的文字作比较，相比较的双方总要能够相互区别，认为汉字是表词文字，是拿汉字和西方拼音文字的字母作对比，而这种对比显然是不对等的，用几万个汉字去对比 26 个字母，势必会得出错误的结论。语素文字说虽然比较客观地反映了现代汉字一般记录语言中的一个语素这个特点，但是，同样地，它和表词文字说并无性质上的差异，用古今汉语发生的变化来决定汉字性质的不同，这在理论上也难以成立。汉字是"音节－语素文字"的提法，是用双项术语来概括汉字的特点，汉字既可记录词、语素，自然也记录音节，但是，作为语言单位的词和语素，和作为语音平面单位的音节并不处在同一个层次，从同一个角度的不同层次来给汉字的性质命名，既不可能揭示汉字的本质特点，也是没有多大必要的。

　　（五）意符音符记号文字

　　裘锡圭先生第一次提出，在讨论汉字性质时，首先要把作为记录语言符号的文字跟文字本身所使用的字符区别开来，并把汉字的字符划分为三类：（1）意符，即跟文字所代表的词在意义上有联系的字符，如传统六书中的象形字、指事字、会意字、形声字的形旁。（2）音符，即跟文字所代表的词在语音上有联系的字符，如假借字、形声字的声旁。（3）记号，即跟文字所代表的词在语音和意义上都没有联系的字，如古汉字的"五""六""七""八"等数目字，楷化后的"日"作为字符成为记号符。根据以上三类字符的性质，裘先生认为："汉字在象形程度较高的早期阶段（大体上可以说是西周以前的阶段），基本上是使用意符和音符（严格说应该称为借音符）的一种文字体系；后来随着字形和语音、字义等方面的变化，逐渐演变成为使用意符（主要是义符）、音符和记号的一种文字体系（隶书的形成可以看作这种演变完成的标志）。如果一定要为这两个阶段的文字分别安上名称的话，前者似乎可以称为意符音符文字，或者像有些文字学者那样把它简称为意音文字；后者似乎可以称为意符音符记号文字。考虑到后一阶段的汉字里的记号几乎都由意符和音符变来，以及大部分字仍然由意符、音符构成等情况，也可以称它为后期意符音符文字或后期意音文字。"① 裘先生明确提出要把作为记录语言符号的字和文字本身所用的字符区别开来，应从字符的性质去认识文字的性质，这澄清了前人对于作为记录语言符号的字和文字本身所用的字符这两个不同层次的东西的模糊认识，无疑是研究方法的一个重大突破，大大深化了汉字性质的研究。但裘先生在阐述他的观点时也有几个问题值得商榷。首先，裘先生明确指出，一种文字的性质应由这种文字所使用的符号的性质来决定，并把汉字的字符分为三类，而在理论的阐述中，却没有把这一观点贯彻到底，有时讲的是作为记录语言符号的字，有时讲的又是作为文字本身所用的字符，这就影响了结论的可靠性。其次，对于假借字和形声字声符性质的认识也值得探讨，假借字和形声字的声符与拼音文字的字母不具备一致性（这一点前文已述）。再次，对于记号的界定在操作上存在着一定的困难。记号的提法是从字符的形义关系角度考察的，只要形义关系脱节便成为了记号，事实上，任何文字系统，形义关系的脱节是必然的，汉字的形义关系脱节是语言的变异性和文字的相对稳定性造成的，语音有变化，词义有引申，而汉字的形体一般不随之而变动，这就造成大量的汉字形义关系脱节——不仅汉字如此，拼音文字也是这样——如果从楷化的汉字字符上去寻找它的象物性，恐怕会得出多数汉字字符成为记号的结论，所以在实践上对记号进行界定是非常困难的。

第二节　汉字是表意体系的文字

通过上面对汉字性质各种说法的简要介绍、评析可以看出，造成对汉字性质认识的歧异主要有以下几个原因：第一，使用了同一个术语，含义却不相同，如汉字是表意文字是目前最通行的一种提法，而对"表意文字"这一概念的内涵，各家的理解并不一致。第二，判定汉字的性质时，各家所持的

---

① 裘锡圭《汉字的性质》，载《中国语文》1985 年 1 期。

标准不同。有的学者主张以字符同语言的音义联系状况为标准，于是就有表意文字说、表音文字说。有的主张以汉字记录的语言单位为标准，于是就有表词文字说、语素文字说、音节文字说的区别。有的主张以汉字的主体部分——形声字的结构功能为标准，则有意音文字说。第三，对汉字的处理、分析不同。有的学者着眼于汉字的全体，对古今汉字作综合分析来讨论性质；有的则是着眼于汉字的局部，对汉字进行分阶段的断代分析。由于以上几种原因，导致了对汉字性质认识上的分歧。

确定某事物的性质，总是要在比较中进行，要概括出该事物区别于其他事物的本质属性。根据汉字的功能，根据汉字所记录的语言单位来判定汉字的性质，不可能准确、全面地揭示出汉字的一般特征，显示出汉字和其他文字体系的本质区别。我们认为，应该通过文字记录语言的方式——即构形原则，从整个文字系统发展演变规律的角度判定汉字的性质。

文字是为满足记录语言的需要而产生的，并能概括地记录语言的符号体系。实质上，任何文字的造字过程，都是尽量满足记录语言需要的过程；文字的发展历史，就是构形方式即记录语言的方式不断演进的过程。任何语言都具备两个要素：一是语言的外部形式——语音；二是语言的意义内容——语义。运用一定的符号把语言记录下来，只能从语言的这两个要素着手：或者从语音入手，或者从语义入手。记录语言的方式不同，因此产生了两种性质不同的文字体系：一种是根据语言的语音来构造字形的文字体系，我们称之为表音文字；一种是根据语言的意义来构造字形的文字体系，我们称之为表意文字。表音文字利用构形直接记录语音，间接记录语义；表意文字通过构形直接记录语义，间接记录语音。两者的构形原则不同，而记录语言的功能是相同的。

根据汉字的构形原则，我们可以判定汉字是表意体系的文字。表意汉字发展的历史，是汉字据义构形方式不断发展与完善的历史。表意汉字由图画脱胎而来，为了更加有效地记录汉语，汉字的符形都经过构造和演变阶段。纵观汉字构形的发展史，其构形方式大致经历了以下三个阶段。

第一，象形阶段。象形阶段是汉字发展的最早阶段。在这一时期，汉字或者通过直观物象的描写来构形，或者运用直观物象的复合来构造文字形体。通过直观物象的描写来构形的汉字具有很强的图形性，运用直观物象的复合来构造的形体均为一次性合成的平面结构。象形是汉字构形方式中最原始的一种方式，早期的甲骨文、金文大多是用这种方式构形的。如：

① 𝄆（牛）　𝄇（羊）　𝄈（贝）　𝄉（日）　𝄊（臣）

② 𝄋（饮）　𝄌（采）　𝄍（伐）　𝄎（县）　𝄏（涉）

①组的构形是直观物象的描写，是典型的象形字；②组的构形是通过物象的上下左右位置组合反映事物之间的直观关系，从而体现字的构造意图。如甲骨文的"饮"字，人伸出的舌头形一定在"酉"的上面；"采"字手一定是在树的上面，表示采摘果实；"伐"字戈的刃部一定要接触人的头部，以表示杀伐义；"县（悬）"通过物象的位置表示砍下来的头挂在树上；"涉"字徒步渡水，两个"止"一定置于河道的两旁。以上两组字的构形，无论是独体还是合体，都完全体现了事物的本来情景，具有很强的象物性。

在汉字的发展过程中，构形的象物性逐渐淡化，逐渐发展成为不再具有象物性而具有意义信息的字符。这种字符的象物性逐渐淡化，由象形符号转化为表意符号的阶段，代表了汉字构形方式发展的第二个阶段——义化阶段。

第二，义化阶段。所谓义化，是指汉字由象形符号发展演变为表义符号。在这一时期，象形符号逐渐与语言的意义固化，并找到了对应的词，与语言相结合，语义变成了它所负载的东西，而不再是物象，从而生成了一批具有意义的基本符号。这批义符不再靠着直绘物象或通过形体的组合来体现构意，而是通过义符的不同的组合手段构形，从而直接把意义信息携带进字形。汉字发展到小篆已基本进入义化阶段。如：

① 𝄐（日）　𝄑（水）　𝄒（犬）　𝄓（首）　𝄔（目）

② 𝄕（尽）　𝄖（县）　𝄗（吹）　𝄘（因）　𝄙（得）

①组为独体字，与甲骨文、金文字形相比较，其象物性明显淡化，已不再通过物象而是直接成为词义的载体。如"日"虽然不再像太阳之形，但它的意义可以从与之构成的合体字中归纳出来，"明""晴""景""昭""晖"等皆以

有阳光而成义；"暗""晦""昧""昏""晚"等皆因不见阳光而成义。凭借着与之构成的这些合体字作背景，足可以把"日"与"太阳"义联系在一起。②组为合体字，这些通过义符的意义关系组合而构成的字与上面通过直观物象的复合而构造的字在构形方式上不同。前者是直观物象的有机组合，需要用物象的上下左右的相对位置来反映事物关系，是形合，并且是一次性的平面合成。而后者是由义符组合而成，靠字符意义的累积来体现构意，是义合，而且多是有层次的合成。如"尽"甲骨文形体为，像一只手持工具在盛水的器皿里洗涮，表示食物已尽，完全是一个平面图形；小篆则把这一形体析为"聿""火""皿"三个意符，并且由"聿"＋"火"成"聿"，再由"聿"＋"皿"而成"盡"，依层次组合成字；"县（悬）"小篆不再靠直观物象的位置表意，变为从"系"从""，将二者的意义累加起来表示"悬挂"义。

第三，形声字阶段。在汉字的发展过程中，为了书写的便利，汉字的符形逐渐简化，字形所表现出来的意义信息逐渐淡化，或由于字少词多，往往借用读音相同、相近而意义无关的字来记录他词，这样就造成了汉字形与义之间的脱节。为了维护汉字的表意性，加强汉字的记录功能，于是在原有意符上累加意符，从而生成了大量的形声字。例如：

　　①罒——蜀　　②止——趾　　③它——蛇　　④隹——唯

①"罒"本为"葵中蚕"的象形，在汉字的发展过程中由于造字理据淡化，需要增加意义信息强化其表意性，于是增加意符"虫"而成"蜀"；②"止"的本义是"足（脚）"，引申为"至、站、停止"之义，故又加意符"足"以强调本义；③"它"本义指"蛇"，后借为旁指代词，为了区别意义，便在"它"上加注意符"虫"而构成新字；④"隹"本为鸟名，借为语气词，故又在"隹"上加"口"以强调其假借义。上面这4组形声字都是为了增加字符的表意信息而添加意符构成的，传统上对这些字的结构进行静态、平面的分析，认为由形旁和声旁组成，并称之为"形声字"。但其"声符"从来源看，却是地地道道的意符，只是在这些意符上重新添加新意符后，由于这些意符与构成的新字客观上存在读音的联系，因而也就具有了提示读音的作用，被动转成了"声符"。实际上这些"声符"本身与汉语的语音并无必然的联系。

综观汉字构形的发展史不难看出，汉字在几千年的历史发展中，其构形方式发生了一些变化，个体字符的形体也或多或少地产生了一些差异，但从总体上看，汉字的构形原则却未发生变化——都是根据语言的意义来构形。从这一角度出发，我们认为，把汉字命名为表意体系的文字，是能够概括出汉字的本质特性的。

第三章

汉 字 的 起 源

第一节　关于汉字起源的几种传说

汉字是目前世界上正在使用的各种文字中最古老的文字体系。汉字是怎样产生的？起源于何时？早期汉字的状况如何？这是每个关心中国文化史的人都很感兴趣的问题。

公元前 14 世纪至公元前 11 世纪殷商时期的甲骨文，是我国目前已经发现的最早的成系统的文字。在殷商甲骨文之前，汉字还应当有一段孳乳、发展的时期。这一时期汉字的发展状况如何？由于考古资料与文献的不足，成了多年来一直争论的问题。

关于汉字的起源，历史上有许多传说。从前，人们往往以为这些传说是无稽之谈而将它们弃之不顾。但实际上，一种传说的出现，都有其特定的文化背景，其中虽有夸张、无理的成分，但也常常隐含着合理因素。我们应透过表面的错误看到其深层的价值。关于汉字起源的传说，大体可分成两类：一类是关于前文字时期的传说；另一类是关于创造文字本身的传说。从这些传说中，我们可以窥见原始汉字发生的因由，以及由原始汉字向成熟的文字体系过渡时期的一些历史状况。

一、结绳说

将汉字起源与结绳联系起来，由来已久。《周易·系辞下》说："上古结绳而治，后世圣人易之以书契。"许慎在《说文解字·叙》中也提到了结绳："及神农氏结绳为治而统其事，庶业其繁，饰伪萌生。"实际上，结绳只是一种原始的记事方法，这种方法在我国古代确曾使用过。《庄子·胠箧篇》说："昔者容成氏、大庭氏、伯皇氏、中央氏、栗陆氏、骊留氏、轩辕氏、赫胥氏、尊卢氏、祝融氏、伏牺氏、神农氏，当是时也，民结绳而用之。"根据这个说法，上古曾经有过一段很长的时间都用结绳记事，而神农氏是使用结绳的最后时代。至于如何用结绳这种方法来记事，《周易正义》引《虞郑九家易》说："古者无文字，其有约誓之事，事大大结其绳，事小小结其绳，结之多少，随物众寡；各执以相考，亦足以相治也。"根据记载，古埃及、古波斯、古代日本都曾有过结绳记事的方法，我国的藏族、高山族、独龙族、哈尼族、怒族……都有结绳记事的风俗。

在大部分地区，结绳主要是用来记数。因为在原始社会时期，随着生产力的逐步发展，人们对计算和数量的记录产生了迫切的需求，猎取的禽兽、收获的谷物需要计算，路途的远近、区域的大小需要标记，甚至生活琐事、时日岁月也都需要用数字来记录。于是，他们便逐渐探求能够帮助记忆的各种方式，结绳便是其中的一种。这样，绳结便和数量建立了联系。

人们把结绳和文字联系起来，是由于人类创造结绳记事的方法与发明文字的想法是很一致的。某件事情要想存储在大脑中，只有在记忆能力所能达到的时间和准确度之内，才是可能的。但人类记忆的延续时间和可负荷的容量都是有限的，只有依靠外部标志的提示作用，才可能使这些限度有所提高。这种对记忆超越时间限制的需求，正是激发人类发明文字的动因。可以说，在原始人利用结绳来帮助延长记忆时间的时代，文字产生的主观要求就已经具备了。原始社会的人群活动范围还不是很大，对记事符号的交际功能要求不高，突破语言的时间限制比突破空间限制更迫切一些，在这种特定的时代，结绳这种低级的记事方法确曾起到了一定的作用。虽然绳结的可区别性很低，其记事的数量和明确度都还非常有限，但它毕竟是人类在使用符号方面的一个成功尝试。

随着社会的不断发展和生产力的日益提高，出现了"庶业其繁，饰伪萌生"的局面，简单的结绳之法再也满足不了"统其事"的要求了。于是，另一种全新的符号体系——文字开始孕育而生。从结绳到文字，虽然不存在直接的渊源关系，但在用符号帮助记忆的思路上却是相似的。

有人根据甲骨文、金文中｜（十）、Ｕ（廿）、Ｗ（卅）、Ｗ（卌）等数目字的形体很像打结的绳子，认为汉字来源于原始的结绳记事。我们认为，极个别的汉字采用结绳形象作为构字符号，这只能说明结绳记事法对汉字的产生具有一定影响，但不能由此得出汉字起源于结绳的结论。这正如"口""耳"等字采用人体器官形象作为构字符号，却不能由此说汉字起源于人体器官，其道理是一样的。结绳仅仅是一种帮助记忆的实物性记号，不可能成为记录语言的交际工具。它与文字既不是因袭关系，也不是相生关系，两者的功用是不能相提并论的。

二、刻契说

刘熙《释名·释书契》说："契，刻也，刻识其数也。""契"字金文从"丰"从"刀"，会意。"丰"像刻契之形，三横表示所刻画的道道，中间一竖表示一分为二（古代契约刻好后，都从中间剖成两半，双方各执其一，合券时以刻纹吻合为据。郑玄注《周易·系辞》时就说："书之于木，刻其侧为契，各持其一，后以相考合。"）；加上"刀"旁，表示用刀刻契。后来，"韧"字又加"木"旁作"栔"，表示契约多刻在木条上。最后又改"木"为"大"（"大"在古汉字中像正面人形），表示契约属于人事。

刻契实际上就是在木片或竹片上刻上道道或锯齿，用来记数。《周易·系辞下》说："上古结绳而治，后世圣人易之以书契。"这里所说的"书契"，实际上就是刻契。刻契是先民所采用的另一种实物记事法，时间略晚于结绳，但功能却比结绳大。它主要用于契约和交换，在超越空间限制传递信息方面起到一定的作用。

有人推测，甲骨文中从"一"到"八"的几个数目字来源于原始刻契。这种说法不无道理，因为甲骨文的"一""二""三""四"几个数字明显是积画而成。但如果因此就断言汉字起源于刻契，显然过于武断。汉字是一套记录汉语的书写符号体系，其复杂的构形是不可能从简单的刻契演化而来的，仅仅几个数目字与刻契具有渊源关系，只能说刻契对汉字产生过一定影响，并不能说明整个汉字系统起源于刻契。

实质上，刻契对汉字的影响，主要并不在于几个数目字，而在于它的"约定俗成"的性质。"约定俗成"是文字所必备的特征之一。在此方面，文字肯定从结绳和刻契之中获得了某种启示。与结绳相比，刻契与文字有了更多的共同点。因为结绳仍属于实物性符号，而刻契则已经带有"书写"性质了。总的来说，刻契是人类在符号运用方面迈出的又一大步。

三、八卦说

八卦在历史传说中被认为是伏羲所作的。《周易·系辞传》说："（伏羲）仰则观象于天，俯则观法于地，观鸟兽之文与地之宜，近取诸身，远取诸物，于是始作八卦，以通神明之德，以类万物之情。"许慎《说文解字·叙》也说："古者庖牺氏之王天下也，仰则观象于天，俯则观法于地，视鸟兽之文与地之宜，近取诸身，远取诸物，于是始作《易》八卦，以垂宪象。及神农氏，结绳为治，而统其事。庶业其繁，饰伪萌生。黄帝之史仓颉，见鸟兽蹄迒之迹，知分理之可相别异也，初造书契。"许慎认为，在"仓颉造字"之前，先有八卦，但他并没有明言八卦为汉字之源。首先明确将八卦与汉字联系在一起的，是汉代人所作的《易纬·乾凿度》。此书认为："☰，古文天字；☷，古文地字；☶，古文山字；☱，古文泽字；☵，古文水字；☲，古文火字；☴，古文风字，☳，古文雷字。"近人刘师培对此作出了更加明确的论断："大约《易经》六十四卦，为文字之祖矣。"① 直到现代，仍然有人坚持这种观

---

① 刘师培《小学发微》，载《国粹学报》乙巳七期。

点，认为："结绳与文字没有什么关系，而八卦与文字的关系则很密切。如八卦的阳爻作一，即演化为"一"字；两个阳爻作二，即演化为"二"字；乾卦作三，即演化为"三"字；坎卦作☵，即演化为"水"字。"①

从八卦的起源与发展来看，汉字起源于八卦的观点恐怕是站不住脚的。

八卦是否像许慎所说的那样由庖羲氏所作，目前还不敢肯定。但近年来的研究结果表明，八卦起源于原始社会的数卜法。数卜法是通过组合奇数字和偶数字进行占卜的方法，具体的做法是：取一束细竹或草秆握于左手，右手随意分去一部分，看左手所剩余的数目是奇数还是偶数，如此操作三次，便可得出三个数字。然后，巫师根据三个数字是奇是偶及其先后顺序，来判断所卜之事的吉凶。这种方法将数目分为奇和偶两种，而且卜必三次，便会产生八种排列组合：奇奇奇、偶偶偶、偶偶奇、奇奇偶、偶奇偶、奇偶奇、奇偶偶、偶奇奇。这正相当于八卦的八种组合方式。起初，原始人是按占卜时所得的实际数目记录占卜结果的，后来，古人便选取"一"和"∧"（甲骨文"六"）分别作为奇数和偶数的代表。这样，八种排列组合结果便可以记录为：

①☰ ②☷ ③☶ ④☱ ⑤☵ ⑥☳ ⑦☴ ⑧☶

这基本上就是八卦的雏形了。到了西周及春秋初期，阴阳思想逐渐盛行，原始的数卜法开始与阴阳哲学相结合，原来记录占卜结果的数目字也逐渐转化为象征性符号。"一"成了阳的象征，称阳爻；"∧"成了阴的象征，称阴爻，其形体也逐渐演化为 。至此，哲学意义上的八卦才算诞生，人们开始用八卦去比附自然界及人类社会的各种事物。②

清楚了八卦的来龙去脉，我们可以肯定地说，汉字的起源与八卦毫无联系。首先，汉字与八卦，在形体上并没有继承关系。如说"水"字来源于坎卦的卦画，在历史时代上完全是错误的。坎卦的卦画定形为☵，最早不超过西周中期，而在殷商时期，甲骨文就已经成体系了。与其说汉字"水"来源

---

① 罗君惕《六书说》，载上海语文学会编《语文论丛》第一辑。
② 楼宇烈《易卦爻象原始》，载《北京大学学报》哲社版 1986 年 1 期。

于坎卦，倒不如说因为坎卦的卦画像"水"字，所以用它来象征水，这在逻辑上似乎更合理些。其次八卦的每个符号，往往代表着多种事物，如乾卦代表天、圆、君、父、金、玉、寒、冰……就记录的功能而言，它能代表多种不同的事物，似乎具有文字的某些因素，但它并不固定地记录语言中的一个词或语素，与文字本质完全不同。

汉字起源于八卦说的错误是显而易见的，但从中我们也可以得到一些有关汉字起源的启示。八卦后来演化为象征性符号，每种符号都代表着一定的物象，符号与符号之间又能够相互别异。八卦所具有的"象"与"别"这两个要素，正是汉字这种作为记录汉语的书写符号所必须具备的两个重要条件。如 ￥（牛）与 ￥（羊），它们各有所象，又相互区别。而这些物象的获得，正如许慎所说，是通过"仰则观象于天，俯侧观法于地，视鸟兽之文与地之宜，近取诸身，远取诸物"的方式进行的。这其中确实隐含着有关汉字生成的一些道理。

四、仓颉造字说

仓颉造字的传说，最早见于战国时代的文献。《吕氏春秋·君守》说："奚仲作车，仓颉作书，后稷作稼，皋陶作刑，昆吾作陶，夏鲧作城，此六人者，所作当矣。"《荀子》《韩非子》也有关于仓颉造字的记载。到了秦汉时代，这种传说流传更广，影响更深。《淮南子·本经训》说："昔者仓颉作书而天雨粟，鬼夜哭。"《论衡·骨相》甚至说"仓颉四目"。许慎《说文解字·叙》说："及神农氏结绳为治而统其事，庶业其繁，饰伪萌生。黄帝之史仓颉，见鸟兽蹄迒之迹，知分理之可相别异也，初造书契。"还说："仓颉之初作书，盖依类象形。"

对于仓颉造字说，过去的学者主要着眼于考证仓颉是否真有其人，如果有，大约在哪个年代，由于史料的缺乏，很难得出可信的结论。我们认为，仓颉造字说虽然具有浓厚的神话色彩，且无一定的信史可证，但它还是能够折射出汉字起源的一些道理，是有一定的参考价值的。

首先，这种传说把结绳与仓颉造字衔接起来，认为在"庶业其繁"之后，结绳无法适应更多、更快地记录、传递信息的需要，人们必须探索新的方式，创造更多的相互区别的符号，来记录更多的信息。在"兽蹄鸟迹之道，交于中国"的时代，人们从"鸟兽蹄远之迹"中得到了"依类象形""分理别异"的启示，逐渐创造了文字。这个说法是可以用汉字的构形系统得到证明的。如"番"金文作 🐾，义为兽足，上从"采"（biàn），像兽的蹄爪印，下从 🔲，是兽的足掌的形状。从汉字构形可以看出，许多从"采"、从"番"的字都有"仔细观察""分析"等意义，如"审"（审）义为"仔细辨别"，"释"（释）义为"分别物类"，"悉"义为"详尽明白"等，通过这些字的构形可以看出"兽足"和"分别"义之间的关系。古人靠辨别各种足迹来得到鸟兽活动的信息，据以躲避猛兽、猎获食物。日积月累，人们逐渐懂得，不同的图像纹路可以标示不同的事物和意义。因而，从鸟兽足迹的辨析而得到图画文字、象形文字的启发，是合乎逻辑的。

其次，仓颉造字说认为仓颉是黄帝的史官，也是有一定道理的。因为文字是具有高度"约定俗成"性的符号体系，其应用范围应该是相当广的。所以，只有在大范围社会交往的需求下，文字才可能产生。仅仅在单个氏族内部，由普通人出于某种个体需要而刻画一些符号，是难以形成文字体系的。当社会进入较大规模的部落联盟阶段，联盟之间外交、战争事务频繁，迫切需要能够为各联盟所共用的交际符号，于是对民间刻画符号进行搜集并从中整理出共用文字的工作成了当务之急。这项工作不可能由民间某个普通人来完成，而只能由与文字有密切关系的巫史来承担。传说黄帝是古代中原部落联盟的领袖，由他的史官仓颉来做这项工作，应该是合乎情理的。

汉字和史官的关系，从汉字构形中也可得到证实。

甲骨文"史"作 🖋、🖌 等，字形从"又"（手）从"中"，"中"是簿书、典册，以"又"持"中"，正是史官的形象。《周礼·春官·天府》："乡州及都鄙之治中，受而藏之。"《秋官·小司寇》："岁终，则会群士计狱、毙、讼，登中于天。""中"均作"书册"讲。可见，"史"是书写、收藏簿书、典册的官，他们是直接并大量使用文字的人。

仓颉是史官，由于能够集中使用原始文字，得以对自发产生的字符加以规整，所以《荀子·解蔽》说："好书者众矣，而仓颉独传者，壹也。"这里的"壹"指正道，亦即正确的规律。荀子认为，仓颉在整理汉字方面做了很多工作，掌握了汉字的正确规律，从而成为了整理汉字的专家。可以推断，在汉字从原始文字过渡到较为规范的文字的过程中，仓颉起了独特的作用。以前，对于仓颉造字说，学者们多着眼于考证仓颉是否实有其人。我们认为，仓颉其人的有无，其实并不十分重要，即使当时没有名叫"仓颉"的史官，也会有叫别的名字的史官来做这样的工作。至于"仓颉"出现的时代，应在原始汉字有了一定数量积累的阶段，也就是中华民族由蒙昧走向文明的初期。许慎说他在神农氏之后的黄帝时代，是因为黄帝代表着中华民族的共同祖先，黄帝时代是部落联盟大规模形成的时代，而且是中华文明的发源时代。至于具体的时间，是不足为据的。

第二节　汉字起源的年代

关于汉字起源的种种传说，毕竟未被确凿的史料所证实，都还无法解释汉字的真正起源。近几十年来，随着地下考古资料的不断增多，关于汉字起源这个谜，才开始逐步揭去了它的神秘面纱。

殷商时期的甲骨文是现存最早的成系统的汉字，其中不仅有大量的象形字，而且也出现了许多会意字和形声字，具备了各种类型的造字方法；假借现象大量产生，说明当时人们对借字表音法已有了高度的认识，并能够熟练地加以运用；甲骨文有约 4000 个单字，基本上能满足记录当时语言的需要。这些事实都说明，殷商甲骨文的时代虽然很早，但它决不是汉字的产生阶段，而是已经步入了汉字发展的成熟时期。从汉字起源到甲骨文之间，应当经历了一段较长的时间。另一方面，甲骨文甚至西周金文中，还保存着一些构形较为原始的字体，有些字象物性极浓，有些字构形还不固定，正反侧倒不一等。这又说明，甲骨文时期距离汉字起源的时代应不会十分遥远。

甲骨文的时代是商代后期，大约为公元前 14 世纪至公元前 11 世纪。以此为基点，上推至商代前期。此期的郑州二里岗商代文化，被认为是与殷墟文化一脉相承的，其年代大约在公元前 1750 年至公元前 1350 年范围内，早于殷墟文化三百多年。此处出土的三件字骨上，发现了 12 个字，考古学家认为这是为练习刻字而刻的，其形制与殷墟甲骨文相近。这说明，在商代前期就已经使用甲骨文了。

再往上推到夏代，在属于此期的河南偃师县二里头文化遗址中，发现了一些刻在陶器上的刻划的记号。例如：①

ㅣ ‖ ‖‖ M ↑ ✕ W ▽ ☠ ☧

这些刻划记号用意不清，还不能确证为文字资料。但夏代已经进入阶级社会，至少应该有一些原始文字。我们之所以没有看到更多的文字资料，或许是因为夏代人没有把文字刻在甲骨或陶器上，而是用兽皮、木片等作为书写材料，时间一长，自然就腐烂了。在古代文献中，有关于夏代有图书的明确记载。《尚书·多士》："惟尔知，惟殷先人，有册有典，殷革夏命。"再者，甲骨文中有关于殷先公世系的记载，这些先公显然是夏人，夏代的世系能流传到殷商后期，也是能够从侧面反映出夏代应该是有文字有典册的。

隔开夏代，比之更早的新石器时代，我们却可以窥到一些汉字起源的信息。在约公元前 2800 年至公元前 2500 年之间的山东大汶口文化晚期的陶器上，发现了一些象形符号：②

①   ②   ③   ④

上面这些刻符的图像竟然与甲骨文及早期金文的象形字非常接近，所以很多学者都认为这应当是文字。如于省吾将①②两个符号释为"旦"，将③④两个符号释为"戊"；③ 唐兰把①②释为"炅"字；④ 李学勤释①为"炅"字，②

----

①　方西生《河南偃师二里头遗址发掘简报》，《考古》1965 年 5 期。

②　转引自高明《中国古文字学通论》第 34 页，北京大学出版社 1996 年版。

③　于省吾《关于古文字研究的若干问题》，《文物》1973 年 2 期。

④　唐兰《从大汶口文化的陶器文字看我国最早文字的年代》，《光明日报》1977 年 7 月 14 日。

为"炅山"合文，③为"戌"字，④为"斤"字。[1]

尽管这些刻符都是单独出现的，相互之间并不连贯，看不出是记录语言的符号，但它们与甲骨文、金文是如此相似，说它们是原始汉字，已有相当的理由。

在此之前的约公元前 5000 年至公元前 4500 年之间的属于仰韶文化早期的半坡遗址中，发现了一些精美的陶纹，其中有一些鸟兽虫鱼等动物的形象：[2]

① 　② 　③ 　④

考古学家认为这些图形有的用于图饰，有的可能就是氏族的族徽。近年来，有人把这些陶纹与早期的甲骨文、金文相比照，据此认为是"鱼""黾""鸟""鹿"等早期象形字的前身，它们之间存在着一脉相承的关系。如果这种说法能够成立的话，这就是目前所能追溯到的汉字起源的最早时限了。

综上所述，汉字起源大致开始于仰韶文化时期（约公元前 4000 年前后），到夏代初年（约公元前 2100 年前后），开始进入字符积累阶段，到商代后期（约公元前 1400 年前后），就已经形成较为成熟的文字体系了。

---

[1]　李学勤《论新出大汶口文化陶器符号》，《文物》1987 年 12 期。
[2]　转引自高明《中国古文字学通论》第 33 页，北京大学出版社 1996 年版。

第四章

汉字字体的发展

第一节　古文字阶段的汉字

随着社会的不断进步和汉语的发展，作为记录汉语的书写符号系统，汉字从产生、发展到现在，从字符的构形到书写体势，都有过几次重大的变化。按照通常的习惯，汉字的形体演变可划分为两大阶段，即古文字阶段和今文字阶段。隶书以前属古文字阶段，主要包括甲骨文、金文、战国文字以及秦代小篆，隶书以后属今文字阶段，主要包括隶书和楷书。

一、殷商甲骨文

甲骨文是古代刻在龟甲、兽骨上的文字的通称。商代和周代都有甲骨文，但现在发现的甲骨文大部分属于殷商时期，因而人们习惯上把甲骨文视为殷商文字的代表。

甲骨文有几种不同的名称：因为甲骨文大多刻在龟甲兽骨上，所以有人称之为龟甲兽骨文字；因为甲骨文大多是用刀刻写的，所以有人也称之为契文、刻契或刻辞等；因为甲骨文多是用来占卜的，所以有人称之为卜辞、贞卜文字；因为甲骨文大多是从河南安阳西北的小屯村发现的，小屯村一带是晚商都城的遗址，所以甲骨文又称为殷墟文字等。

甲骨文自 19 世纪末一经发现，便得以迅速的发掘和搜集。到目前为止，共发掘出约 15 万片。目前汇集出土甲骨片最精、最全的是中国科学院考古研究所编的《甲骨文合集》《甲骨文合集补编》。早期搜集单字最完备的是考古研究所在孙海波《甲骨文编》的基础上编写的改订本，其中正编收已识字 1723 个，附录收未识字 2949 个，共计收单字 4672 个。最新的研究成果是刘钊等编著的《新甲骨文编》与李宗焜编著的《甲骨文字编》。

甲骨文的内容相当丰富，但绝大部分是关于占卜的记录。殷商时代，社会文明还比较落后，人们非常迷信，相信上帝左右一切，因而无论大事小事，诸如天气、收成、田猎甚至做梦等，都要卜之于天。具体的占卜过程是：先对甲骨予以加工刮治，然后在它的反面凿出一个椭圆形槽，再在槽边钻出一个个小圆坑。占卜时，用火烧灼钻穴，甲骨经火烧灼，在光滑面沿槽坑的位置就出现"卜"形的裂纹，这种裂纹就叫作卜兆。商王或史官就是根据这些卜兆去判断所卜之事的吉凶的。在占卜结束之后，还要把占卜的过程及内容等刻在卜兆旁边，这便是卜辞。

一则完整的卜辞通常包括前辞、命辞、占辞、验辞四部分。前辞（也叫叙辞）是占卜日期和占卜者，命辞（也叫问辞、贞辞）是所占卜的具体事情，占辞是根据兆纹占卜将发生什么事情，验辞是占卜过后的结果或应验的情况。例如下面这条卜辞：

庚子卜，争贞：翌辛丑，启？贞：翌辛丑，不其启？王占曰：今夕其雨，翌辛丑启。之夕允雨，辛丑启。

这条卜辞中的"庚子卜，争贞"是前辞，意思是庚子这一天占卜，一个叫争

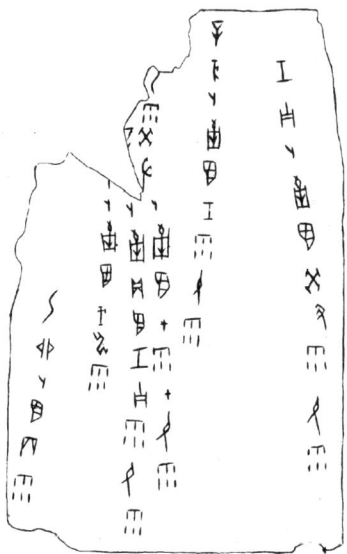

殷虚书契前编七·四十四·一

的史官卜问；"翌辛丑，启？贞：翌辛丑，不其启？"是命辞，即问："第二天辛丑，天晴吗？第二天辛丑，天不晴吗？""王占曰：今夕其雨，翌辛丑启"，即商王看了卜兆以后说："今天晚上要下雨，第二天辛丑天要晴了。"这是占辞；"之夕允雨，辛丑启"——到了晚上果真下雨了，第二天辛丑，天也晴了——是验辞。

甲骨文是我国现存的最古老而又成系统的文字，从构形的角度看，传统六书中的象形、指事、会意、形声四种造字方法，在甲骨文里都已具备，例如：

象形：凵（山）　四（目）　鼎（鼎）　自（自）

指事：刀（刀）　亦（亦）　肱（肱）　百（百）

会意：伐（伐）　保（保）　雀（雀）　及（及）

形声：凤（凤）　鸡（鸡）　星（星）　汝（汝）

这说明，当时人们对汉字基础部件的各种功能已有了初步的认识，既看到了独体字符较原始的表形功能，也懂得了将它们转化为表义或示音功能，并且能够自觉地运用各种基础部件构造新字。所有这些都为汉字构形系统的形成和进一步完善奠定了基础。

但是，殷商甲骨文毕竟还处在汉字发展的初级阶段，在有些方面还较原始，带有明显的早期汉字的特点：

（1）此期汉字象形性很强，有些甚至带有原始图画的特征。例如"燕""鱼"等字的形体：

（2）许多字书写置向不定。或朝左，或朝右；或横置，或竖置。例如"鹿""鸟"等字的构形：

（3）字形结构不固定，异构字较多。有些字采用了不同的构件，例如

"牢"字（分别从"牛""羊""马"）：

有些字构件的多少不同。例如"春"字：

有些字的结构不同。例如"灾"字：

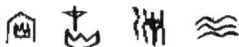

（4）有少数字形混同现象。如"山"和"火"都写作 ，"甲"和"七"都写作 等。虽然原则上讲"山"为平底、"火"为圆底，"甲"竖略长、"七"竖略短，但在实际材料中又是很难分清的。

另外，甲骨文中还有大量的未识字，有的是因为独体字不知所象何物，有的是因为合体字中的部件所指之事不显，有的是因为合体字虽然部件明确，但结构关系不明。加之这些未识字出现的语言环境不完全，导致考释的难度很大。因此，设法考释出这些未识字，将是今后甲骨文研究的一项基本内容。

二、两周金文

金文是铸（少数是刻）在青铜器上的文字。我国上古时代称青铜为金，因此把青铜器铭文称为金文。钟、鼎是青铜器中乐器、礼器的代表，所以金文又叫钟鼎文；钟鼎上的文字有阴文和阳文两种，阴文叫款，阳文叫识，所以金文又叫钟鼎款识；青铜器常被用来用作祭祀器具，祭礼古代叫吉礼，故青铜器又叫吉金，其上的文字又叫吉金文字；祭器又称彝器，所以金文又有彝器铭文、彝器款识等名称。

在商代中期，金文已开始出现，但现在发掘的商代青铜器较少，并且都只有两三个字。到两周时期，在青铜器物上铸刻文辞开始盛行。金文的发展与盛行，与青铜器的藏礼作用有着非常密切的关系。所谓藏礼，就是寓礼于器，是古代宗法礼制在青铜器上的物化。商代的青铜器，主要是一些日用器具，其上多没有铭文，个别青铜器上也只是出现族徽性质的单字。从商代后期开始，随着奴隶主宗法礼制的逐渐强化，青铜器的藏礼作用日益明显。到西周时期，一些日常用于祭扫宴享的青铜器被赋予了特殊的意义。青铜器的不同组合方式代表着不同的身份和等级，如天子九鼎、诸侯七鼎、大夫五鼎、士三鼎等。青铜器成了家族的荣耀、国家的象征，"问鼎"则意味着挑战和侮蔑，"鼎迁"则意味着国家灭亡。家族成员立了战功，受了赏赐，就要铸刻在青铜器上，以便昭示后人，世代为荣，故金文中常有"子子孙孙永宝用"的字样。到了西周后期，青铜器的这种作用达到了顶峰，其上的铭文也变得越来越长。西周末年的毛公鼎共铸有 497 字，是现知最长的一篇铭文。西周晚期以至春秋，宗法制关系逐渐瓦解，王室势力日渐衰落，"礼崩乐坏"的局面愈演愈烈，青铜器的藏礼作用逐渐衰落，到战国时期重又回复为日用器具，长篇铭文已非常罕见。

　　由于西周金文是在宗法礼制的推动下走向兴盛的，因而此期金文的内容多数与君臣、宗族有关，如祭祖典礼、颂扬先祖、征伐纪功、赏赐册命、训诰臣下等。在书体风格上，西周初期金文与殷商甲骨文大体上一脉相承，那些"随体诘诎"的象形、象物字仍然较多，象形、象物性仍然较强。所不同的是，由于金文是用形范铸出来的，比较容易体现毛笔书写的点画形态，字的笔画经常出现粗细变化，有的笔画呈方、圆等形状的团块，如周武王时期的利簋表现出这种典型的书写风格（见附图）。

利簋

　　西周中后期，金文有了显著的发展进步（参见西周晚期的史颂簋）。与晚商和周初相比，此期的金文有以下几个方面明显的变化：

　　（1）字的象物性程度降低，笔画粗细悬殊的现象逐渐减少，一些呈方、圆等形的团块状笔画逐渐线条化。

　　（2）新的象形字很少出现，而形声字却大大增加。如"走"部、"言"部、"金"部、"厂"部、"食"部的字在甲骨文中很少或几乎没有，而到了西周晚后期则大量出现，并且多为形声字。这些形声字中一部分是在原

史颂簋

有的字形上增加形旁或声旁而使原来的非形声字变成形声字，另一部分是新造的形声字。形声字的大量增加，是汉字构形系统走向成熟的一个重要标志。

（3）结构渐趋定型，异构字相对减少。形旁因意义相近而混用的现象已不普遍，如"辵"部的字，在甲骨文中往往有从"彳"、从"止"、从"辵"三种写法，到西周晚后期则基本固定为"辵"；某些基础部件的形态不再随字而异而趋于固定，如甲骨文的"水"在"沉""涉""河"等字中形态各异，到西周中后期形体基本固定下来；某些部件的置向及位置已不再随意改变，如从"彳"之字已基本将"彳"固定在左边，从"水"之字其"水"已基本固定在字的左侧或下边。

（4）由于书写材料和书写方式的不同，西周金文在笔画上一改甲骨文方折瘦削的特点，变得肥厚粗壮，圆浑丰润。字体庄重美观，大小渐趋一致。行款多为直书左行，排列也越来越整齐，有时甚至先打格、后书写。

不过，可能是出于某种特殊的需要，西周金文中还保留着一些图形性很强的早期象形文字，有些甚至比殷商甲骨文的象物性还要浓厚。这些个别的复古现象，并没有阻止西周金文在总体上走向进步的步伐。

春秋时期，周王室势力衰落，诸侯各自为政，作为王权象征的青铜礼器的铸造已不再是周王朝的特权，各个诸侯国为了铭功记德以及联姻等目的，纷纷私自冶铜铸器，铜器铭文也因之表现出一定的随意性，不同国别、不同地域的金文也随之体现出不同的书写风格。其特点最为显著的有以下几种情况：

（1）故意将字形拉长，字中的纵向线条，有的笔直挺健，有的屈曲委婉，呈现出刚柔相济之美。例如：

（永）　（齐）　（姜）　（保）

（2）有些字中纤细的线条中间常常装饰有囊肿状粗笔，有的还添加上与文字构形无关的装饰性线条。这种风格的字体多见于江淮流域的吴、楚诸国。例如：

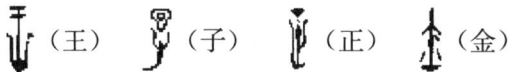

（王）　　（子）　　（正）　　（金）

（3）在江淮流域出现了一种添加鸟首、鸟身、鸟爪、虫形等装饰意味浓厚的美术字体——鸟篆。这种字体多见于兵器铭文中。例如：

（王）　　（州）　　（用）　　（之）

尽管春秋时期不同区域的金文在构形和风格上存在着一些差异，但这并不是这一时期金文发展的主流。这种区域性差异，只是书写风格的不同，而文字的构形属性是基本相同的，仍然属于同一个文字系统。从总体上看，春秋金文还是沿着西周金文的方向发展的。

两周时期，还有一种字体叫籀文。籀文也叫籀书、大篆，是指《史籀篇》上面的文字。据史书记载，史籀是周宣王时代的史官，他编写了一部教儿童识字的课本叫《史籀篇》，共十五篇，约有一千五百字。东汉以后，《史籀篇》已经全部亡佚，人们所能间接见到的一小部分籀文，只是许慎《说文解字》中所移录的二百多字。《说文解字》所录的籀文虽然可能有书写体势与风格的失真，但大部分形体可以从古文字（特别是西周金文）得到印证，这说明《说文解字》援引的籀文应该是可信的。下面是《说文解字》中的几个籀文形体（括号内为小篆）：

秦：（秦）

员：（员）

则：（则）

囿：（囿）

商：（商）

农：（农）

匋：（匋）匋

嗌：（嗌）㗊

《说文解字》中的籀文绝大多数可以从周宣王及其前后时代的古文字资料中找到相应的形体，这说明《史籀篇》所收的字应当是当时的通用文字，籀文应当是周宣王时期的正规字体。

三、战国文字

战国文字是对战国时代周王室和各诸侯国所有品类文字的统称。它不像甲骨文、金文那样是对某一特殊品类文字的专指，也不像小篆、楷书那样是对某一定型字体的专称。之所以这样指称，是因为这一时期无论哪一种器物上的文字，都不能成为该期所有文字的代表。

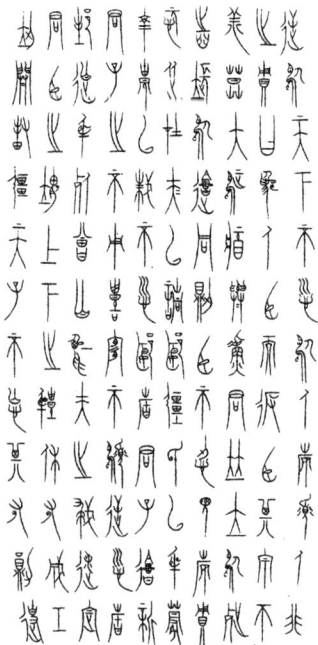

中山王方壶铭文（部分）

战国时期指七大强国相互争战直到秦国最后完成统一的这段时间，如果以鲁国编年史《春秋》来定春秋的时代（公元前722年—公元前481年），那么战国就是从公元前481年开始，到公元前221年结束。经过春秋时期的动荡，战国时期已经形成了诸侯割据的局面。在战国两百多年的时间里，战争连绵不断，战火从未熄灭。根据文献记载，战国时期发生大小战争二百二十二次。他们"争地以战，杀人盈野；争城以战，杀人盈城"。① 在战争形势下，各国之间频繁来往，他们要下战书、定盟约，有公文书信来往商讨军事大事，这些都免不了有文字材料的传递。如属于春秋战国交替之际的《侯马盟书》，就是晋国的官方文书。

① 见《孟子·离娄上》。

它是晋国六卿之一赵鞅在晋国都城主盟宣誓的文辞，用毛笔写成，书法相当熟练，应当出自祝史一类官吏之手。同时，连年的战争使得兵器的铸造格外受到重视。因为兵器的好坏是关系到战争能否取得胜利的一个重要因素，自古以来，无论哪个国家的统治者都十分重视兵器的发展和制造。在战国时期，这一点尤为突出，各国统治者都加强了对兵器铸造的组织和管理。因此，这时的各国兵器刻辞非常丰富。在战争形势下，玺印或封泥的作用也非同一般。无论是下命令还是来往的公文，都必须用玺或封泥封缄作为凭信，否则便不能生效，所以官玺在当时非常重要。此外，战国是商业迅猛发展的时期。这种商业大潮出现的一个重要标志是铸币的发行。当时，钱币的铸造出现了百花齐放的局面，钱币上使用的文字也不少，但是受政治割据的影响，各诸侯国的货币都力图区别于其他国家，在形状、币制、文字等方面都希望显示出自己的特色。从以上各个方面可以看出，战国时期虽然政治割据，但各诸侯国之间的沟通，社会上人员的流动，学术上的交流不仅从来没有停止过，而且不断扩大发展，作为交际工具的汉字也一如既往能出色地完成其自身的使命。

目前所见的战国文字的种类可分两个系统：一类是见于后代文献上的战国文字，如《说文》中的古文，三体石经中的古文，郭忠恕《汗简》、夏竦《古文四声韵》中的古文等；另一类是见于各种出土文物上的战国文字真迹，如用毛笔写在竹简上的简册文、写在丝帛上的帛书、写在玉片上的盟书，以及刻在石头上的石刻文、刻在印章上的玺印文、刻在陶器上的古陶文以及铸或刻在金属器物上的铭文、符节文和货布文等。文献上的战国文字几经传抄，往往失去了原来的真实面目，而文物上的战国文字则是当时的真迹，是研究战国文字最可靠的资料。

战国文字虽然地域性差异非常复杂，但也具有一定的规律性，即距周王朝所在地越远，变化就越大。秦居西周故地，基本上继承了西周文化，其文字形体也与西周金文一脉相承，除了书写风格上渐趋规整匀称之外，结构上的变化并不明显。而六国文字则变化剧烈，与西周金文差距越来越大。所以，人们习惯把战国文字分成两大系，即西方秦系文字和东方六国文字。

秦系文字上承西周金文，下启小篆，是汉字发展主线的一个重要环节，

石鼓文

因而它是战国文字的主流。目前所能见到的战国秦系文字的主要资料有石刻、金文、玺印、陶文、简牍等，其中最值得注意的应该是保留着战国秦文字原貌的石鼓文（见附图）。石鼓文是刻在十个像高脚馒头的石碣上的文字。因为这些石头形状有点像鼓，故称石鼓。每个石鼓上面刻有一首六七十字的四言诗，记载秦国国君游玩打猎的情形，格调与《诗经》基本相仿。石鼓文是现存最早的石刻文字之一，但自唐朝初年发现以来，几经搬迁磨损，大约有一半的字已残泐不清了。这些石鼓文大小一致，结构端庄严谨，笔形布局极有法度，偏旁部首的写法和位置也都基本定型；笔道粗细均匀，已基本实现线条化；字体风貌已与小篆十分近似，明显处于西周晚期金文向小篆的过渡阶段。

与秦系文字相比，六国文字则文字异形现象非常突出。总的来说，六国文字具有以下几个特点：

（1）地域性差异较大。在战国以前的春秋金文中，就已经出现了某些地域性特点，但当时主要体现在书写风格上，字形结构方面还看不出明显的特色。到战国时期，各国的字形结构产生了很大分歧，带有很强的地域性。例如：①

	秦	楚	齐	燕	三晋
者：	者	者	者	者	者 者
市：	市	市	市	市	市 市

---

① 转引自裘锡圭《文字学概要》第57页，商务印书馆1990年版。

（2）同一地域国别内部的异写异构现象也很普遍。战国时期，文字异形现象不仅表现为由于政治区划、地理环境等造成的字形差异，而且表现在同一系别内部不同文字材料的分歧，甚至同一系别同一种文字材料上的字形也呈现出一定的差异。如在属于晋系文字材料的《侯马盟书》中，"敢"字就有90多种写法。这里略举数例：

（3）部分文字带有装饰性笔画或构件。战国是文化上"百家争鸣"的时代，也是人们追求艺术和美的时代。反映在文字上，就是常常添加装饰性笔画或构件以追求文字的艺术美。经常添加的装饰笔画有"一""、"等。例如：

白：晋系有作 形，加"一"为饰；

长：燕系有作 形，其右侧有装饰笔画。

经常添加的装饰性构件有两横、"口""日""土"等。例如：

石：齐系有作 形，晋系有作 形；

巫：晋系作 形，下加装饰构件"口"；

邵：晋系作 形，加"日"为装饰；

阿：齐系作 形，加"土"为装饰，晋系作 形，则未加饰笔。

（4）简化倾向十分明显。这或许是因为当时的正统文字不便于快速书写，无法满足日常事务的需要，于是就对形体繁缛的字形予以简化。例如：

寺：秦系作 ，从寸之声，齐系作 ，构件"寸"省为"又"；

负：秦系作 ，齐系、晋系常省略"贝"下两笔作 、 ；

某：秦系作 ，从甘从木，晋系作 ，"甘"省略了中间的短横。

尽管六国文字存在着非常明显的地域国别差异，但这种文字异形大多是字体风格的差异而没有构形系统的本质不同。由此可见，文字有其自身的发展规律，政治对文字的影响是有限的，汉字即使在政治割据、战争频仍的战国时期，仍然是一个有规律的文字体系，没有因为政治的分裂而离析为几种不同的文字体系，它依然为我们先民的交流起到了应有的作用。但是，也应该承认，六国文字歧异的构形，或多或少地破坏了汉字的构形理据，违背了汉字自身的发展规律，因而随着六国的相继灭亡，六国文字也逐渐退出了历史舞台。

四、小　篆

泰山刻石（局部）

小篆也叫秦篆，是秦始皇统一中国后实行"书同文"政策时所采用的标准字体。小篆成为正统文字，一方面得益于秦朝利用国家权力进行推广，另一方面也是汉字自身发展规律的必然结果。

秦始皇统一中国后，为了便于对六国进行统治，便进行了文字的统一工作。《史记·秦始皇本纪》记载秦始皇二十六年统一中国后，李斯奏定："一法度衡石丈尺，车同轨，书同文字。"两年后，即秦始皇二十八年（公元前 219 年）秦始皇东巡到琅琊山，立石纪功，又提到"器械一量，同书文字"[1]，可见秦始皇对于书同文字是相当重视的。对于这一事件，许慎的《说文解字·叙》中说："秦始皇帝初兼天下，丞相李斯乃奏同之，罢其不与秦文合者。斯作《仓颉篇》，中车府令赵高作《爱历篇》，太史令胡毋敬作《博学篇》，皆取史籀大篆，或颇省改，所谓小篆者也。"

目前所能见到的秦朝小篆有文物和文献两类。文物上的小篆比较少，其中较有代表性的有《泰山刻石》和《峄山刻石》（见附图）。其中《泰山刻

---

① 见司马迁《史记·秦始皇本纪》。

石》据说是李斯手迹，可谓是标准的小篆。文献上的小篆主要见于东汉许慎的《说文解字》所收录的字体。我们拿《说文解字》中的小篆和战国文字对比可以看出，秦统一后颁布的小篆字体具有以下几个特点。

（1）小篆明确规定了各种基础构件的形体。战国文字的大多数基础构件都有数量不等的变体，没有固定的形式。不但各国之间同一基础构件有异体的差异，在一国所用的文字内部也同样存在构件变异的情况。经过小篆的整理规范，各个基础构件的形体基本固定下来了。如"马"字在战国时期每一地域都有不同的形体，小篆统一规整为"馬"。

（2）小篆确立了构件摆布的平面位置关系。战国文字中的一部分异形是由于构件的摆

峄山刻石（局部）

放位置不固定而引起的，小篆统一了构件摆布的平面位置关系。例如"黍"字，在战国文字中或左右结构，或上下结构而产生异体，小篆作"黍"，一律以上下结构为规范写法。

（3）规范战国文字中的异构字。战国文字中存在很多构件换用的现象，既有义近构件的换用，也有音同音近构件的换用。小篆淘汰异构，大部分字的构件都已确定。

（4）小篆规定每一个字的基本形体，去掉战国文字中不必要的装饰性笔画和繁化装饰部件，也抛弃了一些过于简省而难于解释造字理据的形体，从而使汉字形体走向整体规范。如战国文字中"石"有写作戻、戻者，小篆则去掉装饰性笔画，统一作"厂"。

小篆的流行，虽然带有一定的政治原因，但也是符合汉字发展的自身规律的。它一举结束了春秋战国以来汉字长期混乱的局面，为促进国家的统一

做出了重大贡献。小篆是古文字阶段的最后一站，它对于古文字形体的整理和规范，为汉字顺利地过渡到以后的隶书奠定了坚实的基础。

第二节　今文字阶段的文字

一、隶　书

隶书是用笔画结构取代篆文的线条结构，使之便于书写的字体。隶书起源于战国中晚期，通行于两汉，是两汉时代的代表性字体。过去隶书还有佐书、史书、八分等不同的名称。

隶书起源于战国中晚期，由秦国文字的俗体发展而来。《汉书·艺文志》说："是时始造隶书矣，起于官狱多事，苟趋省易，施之于徒隶也。"《说文解字·叙》也说："是时秦烧灭经书，涤除旧典，大发隶卒，兴役戍，官狱职务繁，初有隶书，以趣约易……"篆书固然比它以前的甲骨文或金文要简易些，但写它那种粗细一致、弯曲圆转的线条，在书写上是不便利的。秦王朝统一中国后，法律苛刻，政务繁忙，官吏应急求书，便采用民间的手头字体，于是就产生了隶书。汉字字体演变的总体趋势是由繁趋简，战国时期的六国古文和秦国文字一样，都是由商周古文字演化来的。六国文字对商周古文来说是简化，小篆对大篆及以前的古文字来说是简化，早期的隶书是小篆的简易潦草的写法，它是汉字发展中的又一次简化。任何一种新字体都是从它以前的旧字体中孕育脱胎而来，都有一个发生、发展的过程，都不是突然出现的，隶书也不例外。由此可以说，隶书的直接来源是战国时期秦国文字的俗体，作为一种独立的字体，它产生于战国中晚期。

关于"隶书"的命名，《说文解字·叙》说王莽时有"六书"，其中："三曰篆书，即小篆；四曰佐书，即秦隶书，秦始皇帝使下杜人程邈所作也。"晋卫恒《四体书势》也说："下杜人程邈为衙吏，得罪始皇，幽系云阳十年，从狱中改大篆，少者增益，多者损减，方者使圆，圆者使方。奏之始皇，始皇善之，出为御史，使定书。或曰，程邈所定，乃隶字也。"程邈既做过管理犯人的官吏，又坐过牢，所以有人据此认为"隶书"之名来源于程邈所作。我们认为，任何字体都不会是一个人创造的，如果程邈确有其人的话，也大概只是把群众创造的隶体字加以搜集并整理的人。隶书来自民间，由于隶书的使用者和整理者都是地位卑贱的人，因而称之为"隶书"。

　　汉代的隶书经历了从秦隶到汉隶的演变过程。秦隶又叫古隶，指秦王朝及秦以前战国末年处于由篆向隶演变过程中的隶书，其文字结构已经比较接近后来的隶书，圆转的线条很多改变为方折的笔画，笔画的形态尚未形成波磔的形式。目前发现的秦简牍上的文字基本都是古隶。汉隶又叫今隶，指汉以后经过秦隶进一步演变之后而形成的一种字体。汉隶不仅从书写上变

《熹平石经》

圆转的线条为方折的笔画，而且笔画形态出现了新的统一的特点，即所谓的挑法。《熹平石经》是汉隶的典型代表。

　　和前代的汉字字体相比，隶书主要有以下几个特点：

　　（1）象形性彻底消失。从甲骨文到小篆，汉字的象形性不断地减弱，但由于一直保持了以线条作为书写基本单位的特点，所以汉字的象形性并没有彻底消失。即使是经过人为整理之后形体非常规整的小篆，也还在一定程度上保持了象形的特点。隶书把书写的基本单位由线条改为笔画，彻底改变了汉字的书写形式，实现了汉字的笔画化，使象形的特点完全不复存在了。例如：衣，小篆作 ，本象上衣之形，小篆还大致保持着象形的特征。隶书写作 衣，完全看不到上衣的样子了。由线条到笔画，是汉字由古文字变为今文字的分水岭，是汉字发展史上一次带有根本性的巨大变化。

　　（2）局部地改变了汉字原有的结构，使汉字构形的系统性和汉字构形的理据遭到局部的破坏。为了追求书写的快捷，隶书改变了一些字的原有结构。例如"泰、春、舂、奉、奏"五个字，在小篆中其上部是各不相同的结构，各自表示不同的意义，隶书则统统改为"春字头"，这个符号也不再具有表义

或标音的功能，构形理据也就自然不能体现了。再如小篆"令、危、辟、色、卸"等字中都有一个相同的表义构件"卩"，在隶书中分别变成了不同的点画形态，原有部分构件的构形功能随之消失，这样就使得整个字的构形理据不能解释了。

（3）异写纷繁。从甲骨文到小篆，汉字形体的演变是不断定型化、规范化的过程，共时异写字呈现日趋减少的趋势。隶书局部地改变了汉字原有的结构，书写的基本单位由线条变成笔画，彻底改变了古文字的书写形态。由篆而隶，是汉字的一次剧烈的变化，是一次大规模的书写变异过程。

总之，隶书是从古文字向今文字过渡的字体，从小篆变为隶书，是汉字字体变迁史上最大、最深刻的一次变革。这次变革彻底改变了小篆和小篆以前象形文字的面貌，使汉字的结构发生了局部的变化。

二、楷　书

楷书又叫真书或正书，是继隶书之后萌芽于西汉，流行于魏晋南北朝，成熟于隋唐，沿用至今的一种通行字体。因为被认为是可以作为楷模法式的字体，故称为楷书。

楷书是由隶书逐渐发展演变而来的。无名氏《宣和书谱》说："西汉之末，隶字石刻间杂为正书，若属国《封陌茹君》等碑，亦班班可考矣。降及三国，钟繇者乃有《贺克捷表》，备尽法度，为正书之祖。东晋聿兴，风流文物度越前世，如王羲之作《乐毅论》《黄庭经》，一出于世，遂为今昔不赀之宝。"隶书发展到今隶之后，逐渐形成了明确的书写规范和以挑法为特色的笔形特征，蚕头雁尾的波磔挑法写起来

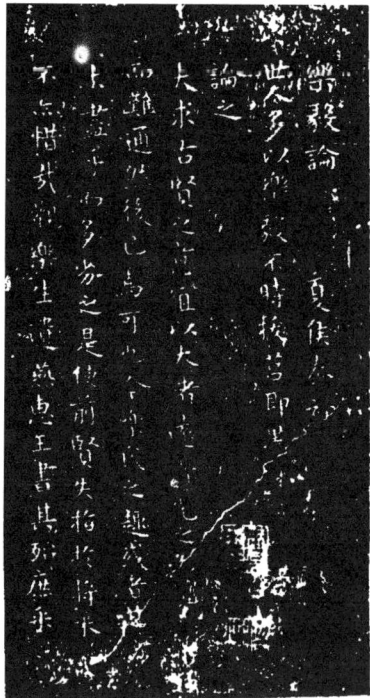

王羲之《乐毅论》

速度缓慢，不便日常书写。

为了书写的快捷，在日常书写中又在今隶的基础上逐渐孕育出舍弃隶书挑法、书写更为便捷的字体，这就是早期的楷书。

楷书的特点是：

（1）形体长正，横平竖直。隶书形体呈横宽的四方形，是"八"字形的扁方块字，楷书形体变为竖长的长方形，是"永"字形的长方块字。

（2）笔画形态丰富。隶书变篆文的线条为笔画，但笔画的形态尚不丰富。楷书比隶书增加了斜勾、挑、折等基本笔画，每种基本笔画的个性特征也比隶书更加鲜明。

第三节　汉字发展的一般规律

一、书写的简化

文字要便于书写，书写要求便捷。在汉字的形体演变过程中，为了追求书写的快捷，汉字的笔画（或线条）和结构呈现出简化的发展趋势与过程。纵观汉字形体的发展，从甲骨文开始到现行的楷书，形体的简化从未中断。例如：

車（金文）車（小篆）車（繁体）车（简体）

馬（甲骨文）馬（金文）馬（小篆）馬（繁体）马（简体）

鳥（甲骨文）鳥（金文）鳥（小篆）鳥（繁体）鸟（简体）

汉字的由繁趋简是形体演变的一个重要趋势。但在简化的同时，也存在着繁化的一面。这是因为，文字是记录语言的书写符号，要圆满地完成记录语言的功能，就要保证字与字之间有足够的区别度，字形本身尽可能提供较多的音义信息。只有这样，汉字才能有效地发挥其记录语言的功能。

二、字形的定型化

字形的定型化是指汉字的形体和结构由不定型向定型发展的方向和过程。

早期汉字的字形不固定，尤其是在甲骨文阶段，异写字、异构字繁多，构形时线条数量的繁简、字样置向、相同构件的数量及构件的相对位置不定等现象大量存在。随着汉字构形的不断成熟，汉字不断朝着定型化的方向发展。

三、结构的形声化

结构的形声化是指汉字的构形模式由以表意为主体发展为以形声为主体的演化方向和演化进程。早期汉字是以象形字为主体的。据统计，在甲骨文中，形声字只占 20％左右，到小篆时期，形声字的总数已经超过了 80％，到了现行汉字中，形声字占了 90％以上。形声系统的形成和完善是汉字构形系统逐步走向成熟的一个重要标志。

第五章

汉字的构形

第一节 传统的汉字分析法——六书

一、"六书"的名称与次第

六书的名称最早见于《周礼》。《周礼·地官·保氏》说："保氏掌谏王恶，而养国子以道，乃教之六艺：一曰五礼，二曰六乐，三曰五射，四曰五驭，五曰六书，六曰九数。"但《周礼》只有"六书"的名称而没有对"六书"的具体阐释。直到东汉的班固才在《汉书·艺文志》里首次将"六书"细目罗列出来，《汉书·艺文志》中说："古者八岁入小学，故《周礼》保氏掌养国子，教之六书，谓象形、象事、象意、象声、转注、假借，造字之本也。"最早为"六书"逐一下了定义并运用它全面分析汉字结构的是汉代的许慎。许慎在《说文解字·叙》中说："周礼八岁入小学，保氏教国子，先以六书。一曰指事，指事者，视而可识，察而见意，上下是也。二曰象形，象形者，画成其物，随体诘诎，日月是也。三曰形声，形声者，以事为名，取譬相成，江河是也。四曰会意，会意者，比类合谊，以见指㧑，武信是也。五曰转注，转注者，建类一首，同意相受，考老是也。六曰假借，假借者，本无其字，依声托事，令长是也。"后来的文字学著作一般细目的名称遵从许慎，顺序遵从班固，即象形、指事、会意、形声、转注、假借。

汉字"六书"理论是在古人对汉字构形认识的基础上发展起来的，是在汉代今古文经学派的争论中产生的。早在先秦时期，人们就有了对汉字结构分析的朦胧认识，如《左传》中有"止戈为武""皿蟲为蠱"的说法，《韩非子·五蠹》中有"自环者谓之厶，背厶谓之公"的说法，尽管这些对字形字义的分析是零星的，并且带有很大随意性，但却启发了"六书"理论的产生。而汉代的今古文经学之争则直接诱发了许慎研究古文字，提出"六书"理论并具体运用于汉字结构分析的实践中。汉代的今古文经学派争论的焦点在于经书的内容以及经义的阐释，但是由于先秦儒家经典的来源各不相同，古文经多为壁中书，是用战国文字抄写的文本，而今文经则为博士们所传习，是用隶书写成。因此，这场争论与记录典籍的汉字关系非常密切。今文经学家们不承认古文字，依据已经隶变了的汉字形体任意分析字义，认为"秦之隶书为仓颉时书……父子相传，何得改易?"① 于是产生了诸如"马头人为长，人持十为斗，虫者屈中也"② 一类的荒唐说法。在这种历史背景下，作为古文经学家的许慎，为了比较客观地探索经义，使古书解释有所依凭，撰成《说文解字》，比较系统地提出了分析汉字结构的"六书"理论。自此以后，"六书"成了汉字研究的基本理论和核心内容。在以后的汉字研究中，人们对"六书"提出了各种各样的看法，几乎可以构成一门"六书学"。

二、"六书"例释

1. 象形

《说文解字·叙》说："象形者，画成其物，随体诘诎，日月是也。""诘诎"是"曲折""弯曲"的意思。意思是运用线条把客观实物的外形轮廓大致勾画出来，勾画的方法是随着客观实物形状的不同，字形也屈曲宛转而不同，"日"和"月"就是用象形的方法造出来的字。用象形的方法造出来的字就是象形字。

---

① 许慎《说文解字·叙》。
② 同上。

象形字有以下两种类型：

（1）独体象形字。独体象形字是由单独的象形符号构成的。例如：

（此处为古文字字形图）

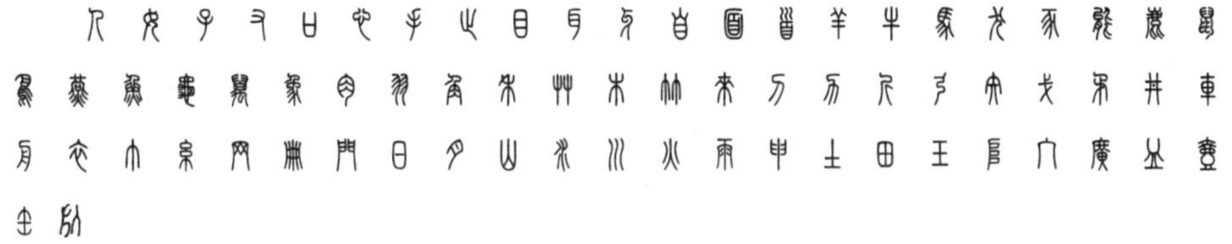

"人"象侧立的人形；"女"象端坐的女子之形；"子"象初生的幼儿之形；"又"象右手形；"口"象人口形；"心"象心脏形；"手"象手形；"止"象脚趾形；"目"象眼睛之形；"耳"象人耳形；"牙"象交错的牙形；"自"象鼻子形；"面"象人面形；"首"象人头形，上象发，下象面目；"羊"象羊形；"牛"象牛形；"马"象马头毛尾四足之形；"犬"象狗形；"豕"象猪形；"能"象熊形；"鹿"象鹿形；"鼠"象老鼠之形；"鸟"象鸟形；"燕"像燕子形；"鱼"象鱼形；"龟"象龟形；"万"象蝎子之形；"象"象大象之形；"肉"象一块肉形；"羽"象羽毛之形；"角"象兽角之形；"禾"象谷穗下垂的禾形；"艸"象丛生的草形；"木"象树形；"竹"象竹形；"来"象麦子之形；"刀"象刀形；"力"象古代一种农具之形；"斤"象斧子一类的工具形；"弓"象弓形；"矢"象矢形；"戈"象戈形；"矛"象矛形；"井"象井形；"车"象车形之省；"舟"象独木舟形；"衣"象上衣之形；"巾"象佩巾形；"糸"象成束的丝形；"网"象鱼网形；"册"象编联的简册形；"门"象两扇门形；"日"象太阳之形；"月"象弯月形；"山"象山形；"水"象流动的水形；"川"象河流之形；"火"象火焰上腾形；"雨"象雨滴自天而降之形；"申"像闪电之形；"土"象土块之形；"田"象阡陌纵横的田形；"玉"象以索贯串的玉之形；"阜"象起伏的山坡之形，变后作偏旁一律在左，写作"阝"；"宀"象房屋之形；"广"象依山崖建造的房屋之形；"皿"象器皿之形；"壶"象酒壶之形；"缶"象盛酒浆的瓦器之形。"㫃"象飘扬的旌旗之形。又如：

（此处为古文字字形图）

（2）合体象形字。合体象形字是由复合的象形符号构成的。例如：

眉 石 瓜 果 巢

"眉"下部目形作衬托,上象眉毛形;"石"字"口"在"厂"之下,象依于山崖的石块之形;"瓜"字外象瓜蔓,内象瓜实,整字象悬于瓜蔓的瓜实之形;"果"字下部"木"形作衬托,上象果实之形;"巢"字下部"木"形作衬托,上象鸟巢之形。

象形字脱胎于原始图画,因而带有图形的特征,但是由于文字符号性的本质特点决定了象形字的形体不必像图画那样逼真、细致,只要大致描摹出物体的轮廓或突出区别特征即可。就形体的结构而言,象形字的形体不能包含两个独立成字的构件,并且形体中不能包含表音的成分。

汉字里象形字不多。《说文解字》中象形字只有 364 个①。汉代以后,两千年来只造了"伞、凹、凸"等少数几个象形字,现在已基本不再用这种方法造字了。象形字为数不多,却是汉字造字的基础,后来的合体字有相当一部分是用象形字构成的。例如"人"是"侄、俭、仙、企、伐"等字的构成成分,"马"是"驴、驮、驾、驶、妈、骂"等字的构成成分,"贝"是"财、货、贸、狈、贼"等字的构成成分。因此,从字源上了解象形字的形、音、义,可以帮助我们掌握一大批现代汉字。

古老的象形字是一种表形文字。"象物之形"的方法具有很大的局限性。这种"见形知义"的汉字符号,远远不能适应记录日益丰富的语言的需要,口语中的许多语词,无法使用这种方法造出字符来,汉字和汉语之间达不到密切无间的地步。如大量表示抽象概念的语词,它们的意义不是具体的物象或简单事理的概括,因为没有具体的"形",就无法构造出字符来。"象形"这种构字方法不能满足记录语言的需要,汉字由表形向表意发展,于是指事字和会意字应运而生。

2. 指事

《说文解字·叙》说:"指事者,视而可识,察而见意,上下是也。"意思是说,一看就可以认识,但要经过仔细考察之后才可以了解它的含意,"上"

---

① 见朱骏声《说文通训定声》。

"下"就是用这种方法造出来的字。许慎对"指事"的界定显然不够明确。一般认为，指事是在象形字的基础上增加指事符号，或用纯粹的抽象符号来"指点"意义所在的一种造字方法。用指事的方法造出来的字就是指事字。

指事字有以下两种类型：

（1）纯体指事。也叫独体指事，是由纯粹的抽象符号构成的指事字。例如：

一 二 三 ⏝ ⏜ ⏜

"一"用抽象的一画表示数字"一"；"二"用抽象的二画表示数字"二"；"三"用抽象的三画表示数字"三"；"上"用抽象的一横画表示基准，在基准之上加一横画表示位置在上；"下"用抽象的一横画表示基准，在基准之下加一横画表示位置在下。

（2）加体指事。也叫合体指事，是在象形字的基础上增加指事符号而构成的指事字。例如：

夾 ヨ ㄅ 血 岽 朿 曰 凵 牟 交 血

"亦"在象形字"大（正面的人形）"上加指事符号，指明人的腋窝之所在，本义为腋窝；"寸"在象形字"又（象手形）"下加指事符号，指明寸口所在的位置，本义是寸口；"刃"在象形字"刀"上加指事符号，指明刀刃的位置，本义为刀刃；"立"在象形字"大"下加指事符号，指明人站立在某处，本义为站立；"本"在象形字"木"的下方加上指事符号，指明树根的位置，本义为树根；"末"在象形字"木"的上方加上指事符号，指明树梢的位置，本义为树梢；"甘"在象形字"口"中加上指事符号，表示口中含有味美的食物，本义为味道好；"曰"在象形字"口"的上面加上指事符号，表示口中出气，本义为说；"牟"在象形字"牛"的上面加上指事符号，指明牛口出声，本义为牛叫；"卒"在象形字"衣"的上面加上指事符号，表示某种标记，本义为士卒；"血"在象形字"皿"的上面加上指事符号，表示那里有血，本义为牲血。

指事字和象形字不同。象形字是一个独体实物的形象；指事字主体不是描摹物象的图形，而是抽象的指事符号，或者是纯粹的抽象符号。象形字的特点是象物之形，因此一看就知道它表示什么，指事字靠符号"指点"，不像象形字那样直观具体。象形字所表示的东西是具体的，整体性强，一般可以单独画出来的；指事字所表示的东西是抽象的，或者虽不抽象，却是局部的，不便单独表示出来的。

就构字能力而言，由于指事字主要的构形手段是凭借抽象的指事符号，这种指事符号的最大作用是指明相对位置，而位置关系在语词中是非常有限的，所以指事字的构字能力最差，在《说文解字》中，指事字只有 125 个①，汉代以后，基本上也没有再造指事字。

3. 会意

《说文解字·叙》说："会意者，比类合谊，以见指㧑，武信是也。""比"是并的意思，"谊"即义，"㧑"同挥。意思是把两个或两个以上意义有关联的字比并在一起，从它们的联系或配合上表示出一种新的、通常是抽象的意义，"武"和"信"就是这样的字。用现在的话说，会意就是把两个或两个以上已有的字组合起来，通过被组合的字在意义上的联系从而体现新义的造字方法。用会意的方法造出来的字就是会意字。

依据构成会意字的构件是否相同，可以把会意字分成同体会意字和异体会意字两种类型。

（1）同体会意字。即由两个以上相同构件构成的会意字。例如：

"林"用两个"木"重叠表示很多的树，本义是树林；"森"用三个"木"重叠表示比林更多的树，本义是森林；"炎"用两个"火"重叠，火上有火，表示火光大；"轰"用三个"车"重叠在一起，表示很多车一起行走发出来的声音，本义为车声；"从"从二"人"，表示一个人跟随在另一个人之后，本义为跟随；"並"从二"立"，表示两个人并排站在一起，本义是并列；"多"用两个"夕"重叠构成，表示昼夜更替永远不停之意，本义与"少"相对；"磊"用三个"石"重叠在一起，表示很多石头，本义是很多石头堆积在一起

① 见朱骏声《说文通训定声》。

的样子；"辡"用两个"辛"（古代的刑具）重叠，表示罪人相互打官司之意；"北"由方向相反的两个"人"构成，表示二人相背，本义是相背；"步"由两个方向相反的"止"构成，两脚一前一后，表示步行；"歰"由四个"止"构成，表示不滑之意；"卉"用三个"屮"重叠，表示众草（草的总名）；"茻"用四个"屮"重叠，表示众草之意；"晶"由三个"日"重叠构成，表示光亮之意；"毳"由三个"毛"重叠构成，表示鸟兽的细毛；"麤"由三个"鹿"重叠而成，表示鹿行走时跳跃很远之意。

（2）异体会意字。即由两个以上不同构件构成的会意字。例如：

"取"用"耳"和"又"两个不同的字作构件组合在一起，表示以手取耳的构形意图，本义是打仗时杀掉敌人后割下敌人的耳朵作为汇报军功的依据，引申为夺得、得到等义；"休"用"人"和"木"组合在一起表示人依靠在树旁休息，本义是休息；"及"从"又"从"人"，一只手从后面抓住一个人，表示追及之意，本义是追赶上；"苗"从"艸"从"田"，表示"田"上有"艸"之意，本义是禾苗；"看"从"手"从"目"，把"手"搭在眼睛上表示看的意思，本义是用眼看；"见"从"人"从"目"，侧立的人形上边是睁大的眼睛，表示看见的意思，本义是看见；"采"从"木"从"爪"，表示用手采摘，本义为采摘；"兵"从"廾"从"斤"，本义是持斤作战的士兵；"益"从"水"从"皿"，表示水从器皿中流出，本义是水满溢出来；"盥"从"臼"从"水"从"皿"，表示洗手之意；"舂"从"廾"从"午"从"臼"，表示两只手持杵临臼舂米之意，本义为舂米；"戒"从"廾"从"戈"，表示用两只手持戈，本义是戒备；"秉"从"又"从"禾"，表示手里把持着禾，本义为把持；"兼"从"又"从二"禾"，表示同时拿着两把禾，本义为兼并；"间"从"门"从"月"，表示门有缝隙，月光可以从门缝射入，本义为门缝；"莫"从"日"从"茻"，表示太阳落在草丛中，本义为傍晚；"前"从"止"从"舟"，"止"在"舟"上，表示前进之意；"男"从"力"从"田"，表示在田里出力气干活，本义是在田里出力干活的人，即男人；"瀺"从"水"从"麤"从

"去"，古者诉讼，"廌"能"触不直者以去之"，执法如水平，本义为法令；"吠"从"口"从"犬"，本义为狗叫；"鸣"从"口"从"鸟"，本义为鸟叫；"集"从"隹"从"木"，表示鸟停在树上之意；"麤"从三"鹿"从"土"，表示鹿群行尘土飞扬之意，本义是尘土；"戍"从"人"持"戈"，表示戍守、守卫之意；"字"从"宀"从"子"，表示在屋子里生小孩之意；"即"从"皀"从"卩"，表示人靠近食器就食之意，本义为靠近；"折"从"斤"从"艸"，表示用斧斤断草之意，本义为折断；"表"从"衣"从"毛"，本义为毛朝外的皮外衣；"冠"从"宀"从"元"从"寸"，表示手拿帽子戴在头上，本义为帽子；"香"从"黍"从"甘"，本义为谷物散发出来的香甜气味；"军"从"车"从"勹"，表示用战车围成营垒之意，本义为围成营垒；"寒"从"人"在"宀"下，以"茻"荐覆之，下有"仌"，表示人在房屋里铺盖着草以御寒冷，本义为寒冷；"暴"从"日"从"出"从"廾"从"米"，表示太阳出来持米晾晒之意，本义是晒。又如：

会意字是由两个以上的独立成字的构件组成的，这一点与象形字和指事字都不同。另外，构成会意字的构件不单独直接与据以构形的词义发生联系，而是构件组合在一起共同体现构形意图。

会意是为了补救象形和指事的局限而创造出来的造字方法。与象形、指事相比，会意法具有明显的优越性：首先，它可以表示很多抽象的意义；其次，它的构字能力比象形、指事要强。《说文解字》收会意字 634 个①，比象形字、指事字要多些。现在，人们还用会意的方法创造简体汉字或方言字，例如"孬、灶、尘、仨"等。

4. 形声

《说文解字·叙》说："形声者，以事为名，取譬相成，江河是也。""事"指事物，"名"指字。意思是选一个与该事物相关的字作为新字的形旁，取一

---

① 见石定果《说文会意字研究》，北京语言学院出版社 1996 年版。

个读音相似的字作为新字的声旁，"江、河"就是用形声的方法造出来的字。用形声的方法造出来的字就是形声字。

形声字一般是由一个形旁和一个声旁组合而成的。从产生的过程来看，形声字，特别是早期的形声字，主要并不是由形旁和声旁直接组合而成的。事实上，形声字的形成有多种不同的途径。[①] 主要有以下几种情况：

（1）在原字的基础上增加声旁。例如：

峃——鼻

"鼻"字甲骨文作"峃"，本为象形字，后加声旁"畀"，成为加注声旁的形声字。

𩿗 —— 𩿗 —— 鳳

"凤"字甲骨文本为象形字，后加声旁"凡"，成为加注声旁的形声字。小篆作鳳，形旁类化为"鸟"，成为一般形声字。

（2）在原字的基础上增加形旁。例如：

州——洲

"州"字见于甲骨文，小篆作州，本为象形字，象水中的陆地，本义为水中的陆地。后引申为州县义，于是在州字的基础上加形旁"水"，造出"洲"字用来记录"州"之本义。

取——娶

"取"的本义是打仗时杀掉敌人后割下敌人的耳朵作为汇报军功的依据，引申为抢夺，又因古代有抢亲的习俗而引申为迎娶义，于是在"取"字的基础上加形旁"女"，造出"娶"字专门记录迎娶义。

府——腑

"府"字本为从"广""付"声的形声字，本义是保存文书档案的仓库，也用来泛指保存一切物品的仓库。因为中医认为人体内部器官的功能与仓库的储存功能相似，因此引申指人体的内部器官，于是在"府"的基础上加形

---

① 见李国英《小篆形声字研究》，北京师范大学出版社1996年版。

旁"肉",造出"腑"字专门记录脏腑义。

(3)改变原字的形旁。例如:

赴——讣

"赴"本为从"走""卜"声的形声字,本义为急往。报丧需要急往,故"赴"引申为报丧义。后把形旁"走"改为"言",造出"讣"字专门用来记录报丧义。

倚——椅

"倚"本为从"人""奇"声的形声字,本义为倚靠。后来发明了一种有靠背可倚靠的坐具,字本写作"倚",后来把形旁"人"改作"木",造出了"椅"字专门用来记录椅子义。

具有完整的形旁和声旁的形声字叫正体形声字,这类形声字的形旁和声旁都能独立成字且又形体完整。例如"和"从"口""禾"声,"胡"从"肉""古"声。形旁或声旁简省的形声字叫省体形声字,例如:

瓛,从玉,删省声。

耆,从老省,旨声。

屦,从履省,娄声。

融,从鬲,蟲省声。

禜,从示,齐省声。

形声字声旁和形旁配合大体有以下八种情况:

(1)左形右声:

琳、理、妈、牲、牺、珍

玩、惜、梧、特、峿、珠

(2)左声右形:

刚、顶、割、鹅、锦、攻

鸽、欣、鸠、判、刻、刊

(3)上形下声:

草、宇、苹、苦、茅、营

箱、笺、籀、罟、篇、萌

（4）上声下形：

　　盒、盅、盎、驾、赏、赘

　　费、货、贡、资、盒、贸

（5）外形内声：

　　固、阁、阊、阉、阎、阔

　　圈、闸、闺、囤、园、圃

（6）外声内形：

　　闻、问、闷、哀、闽、辨

（7）形居一角：

　　疆、赖、榖、荆、颖、修

　　颍、媵、腾、滕、胜、毂

（8）声居一角：

　　旌、徒、徙、旗、旂、爬

以上八种情况中，最常见的是左形右声，其次是上形下声。难于分辨的是（7）（8）两种：（7）的"疆"从"土""彊"声，"赖"从"贝""剌"声，"榖"从"禾""殻"声，"荆"从"艸""刑"声，"颖"从"禾""顷"声，"修"从"彡""攸"声，"颍"从"水""顷"声，"媵"从"女""朕"声，"腾"从"马""朕"声，"滕"从"水""朕"声，"胜"从"力""朕"声，"毂"从"车""殻"声；（8）的"旌"从"㫃""生"声，"徒"从"辵""土"声，"徙"从"辵""止"声，"旗"从"㫃""其"声，"旂"从"㫃"斤声，"爬"从"爪""巴"声。上面这两种情况，由于声旁或形旁的位置特殊，在学习时应该注意分辨。

形声字的数量最多。又如：

5. 转注

《说文解字·叙》说："转注者，建类一首，同意相受，考老是也。"许慎为转注下的定义含意不够明确，加上许慎在《说文解字》中所分析的9353个小篆的形体结构，没有明确指出一个字属于转注。因此转注是怎么回事，后人的理解众说纷纭，莫衷一是。我们认为，就其性质而言，转注的问题应该归到学术史中来研究，这里我们不作详细介绍。

6. 假借

《说文解字·叙》说："假借者，本无其字，依声托事，令长是也。""本无其字"是说，口语里有这个词，但没有书写这个词的字。"依声托事"是说，不是为这个词造个新字，而是依照这个词的声音借用一个现成的同音或近音字来寄托那个"本无其字"的词所代表的事物。例如："来"本为麦子的象形字，假借为来去之"来"；"我"本是一种武器的名称，假借为第一人称代词；"亦"本义是"两腋"，假借为虚词；"汝"，本义是水名，假借为第二人称代词等等。

关于假借字产生的原因，清代语言学家孙诒让在《与王子壮论假借书》中说："天下之事无穷，造字之初，苟无假借一例，则逐事而为之字，而字有不可胜造之数，此必穷之数也，故依声而托以事焉。视之不必是其字，而言之则其声也，闻之足以相喻，用之可以不尽。是假借可救造字之穷而通其变。"的确，"据义构形"的造字方法即象形、指事、会意，有直观性强、符合汉民族阅读心理等优点。但是这种"见形知义"的汉字符号，远远不能适应记录日益丰富的语言的需要，口语中的许多语词，无法使用这种方法造出字符来，汉字和汉语之间达不到密切无间的地步。如大量表示抽象概念的语词，它们的意义不是具体的物象或简单事理的概括，因为没有具体的"形"，就无法使用"据义构形"的方法构造出字符来。然而客观上又迫切需要将这些词语视觉化，这些语词也只有采用假借的方法来记录。如汉语中表达比较复杂的思想靠的是词序和虚词，孤立地看，虚词是没有确切具体的含义的，由于它们意义的抽象空灵，用"据义构形"的方法根本不可能造出形义切合的字符来。而这些记录虚词的汉字符号，又是构成能准确记录汉语的汉字体系中的不可或缺的一部分，这部分虚词就只有依靠假借的方法来记录。总之，无论是记录虚词，还是记录实词，用"据义构形"的方法来构造字符，都有它的局限性，而创造记录语言的文字符号又必须要克服这一困难，在文字符号自身和所记录的语词两者之间出现矛盾时，假借这种方法就应运而生了。

假借字的作用表现在以下几个方面：

首先，假借解决了字少词多的矛盾，弥补了表意汉字的不足。假借字的大量出现，解决了象形表意汉字自身不能解决的困难，依据音同音近原则，通过借形的方式，使一些难以"据义构形"的语词有了自己的文字符号，在不构造新字形的前提下，比较圆满地解决了象形表意汉字在逐词记录汉语时遇到的困难，使表意汉字全面记录汉语成为可能。从这个意义上说，假借字的大量运用，完善了汉字记录汉语的功能。

其次，假借促使了新字的创造。假借字借形记词，本来对汉字字数的增加起了制约作用，但另一方面，假借在借形的同时，又增加了被借字的负担，造成了字形与字义、字形与字音以及字的形、音、义三者之间的矛盾，使同形异义、同形异音字增多。如"每"甲骨文像一踞坐之妇女头发上有笄一类的饰物之形，其构意为"母"。卜辞中借指一种昏暗阴沉的天象，即后代的"晦"，又借作"悔"。显然，同一字形"每"负载着"母""晦""悔"三个意义互不关联的语词，造成了字符的兼职过多，降低了字符的区别度。为了解决这部分字兼职过多的问题，在汉字的发展过程中，就不能不创造一些新字，以求解决假借带来的这一棘手问题。因而，从静态的角度观察，尽管假借本身不创造新字，但从汉字发展的历史进程看，它却为新字的创造架设了桥梁。

再次，假借扩大了汉字的使用范围，但同时又导致了字形与字义的矛盾，而汉字的读者又往往习惯于在汉字字形上寻找意义信息。为了避免本字和借字混淆，在多数情况下，采取了给本字或借字添加形旁的办法，使不同的字符各司其职，让汉字的读者见形知义，促成了"依声托事"转向于"以形别义"的演进趋势。在这个汉字的演进过程中，产生了一大批新形声字。戴震云："古字多假借，后人始增偏旁。"① 其方法是：

（1）原字加形旁表示本义。例如：

它——蛇　　其——箕

"它"象蛇形，本义为蛇，卜辞中借作代词，小篆中另给"它"加上形旁"虫"构成形声字"蛇"表示本义；"其"象箕形，本义是簸箕，卜辞中"其"借用为虚词，到战国时期，另给"其"加形旁"竹"构成形声字"箕"表示本义。

（2）原字加形旁表示借义。例如：

隹——唯　　辟——嬖

"隹"象鸟形，本义为鸟，卜辞中"隹"借为语气词，甲骨文中又有"唯"字，显然，"唯"是在"隹"上加"口"旁而成；"辟"字从"卩"从"辛"从"口"，本义是刑法或施加刑法，卜辞中借作"亲近"之义，"辟"的这一假借义到小篆中加形旁"女"构成形声字"嬖"来表示。以上这些例证说明，由于假借而引起的汉字字形的孳乳分化，是形声字产生与发展的一个重要原因。

假借对汉字字义的变迁产生一定的影响。假借是借形记音，所借之"形"原本都承载着与该形有一定联系的意义信息（本义或引申义），当这个"形"一旦借来表示他词之后，往往对该字字义的发展变化产生一定影响。假借有时对该字所表示的本义产生影响，一个字被借来记录他词后，该字不再表示本义，字形反而被借义专用。如"亦"字字形在人的两臂之下加上两点，表示腋下所在之处，本义为腋窝，卜辞中借作副词，表示"又、还、也"之义，到战国时期，又为表示本义另造新字"腋"（见于战国印）。新字产生后，"亦"的本义主要由"腋"承担，"亦"只用来记录副词"又、还、也"这一假借义，"亦""腋"分别记录不同的词。

随着语言的发展变化，有些借字取代了本字的地位，有些字以借义为起点，继续向前引申发展，从而建立了新的词义系统，而该字形所表示的本义，

① 见《戴东原集·答江慎修先生论小学书》。

或附于借义系统，或另造新字来寄托，或逐渐消失。如"来"象小麦之形，本义为小麦，卜辞中借作"往来"之"来"，如"王来正人方"；又由"往来"义引申出"至、到"之义，如"贞，其来艰自西"；又引申出"将至、未至"之义，如"戊寅卜，来戊大邑受禾，在六月卜"；在"至、到"这个意义上又引申出"贡纳"之义，如"毕不其来舟"。"来"在卜辞中的意义如下：

来 $\begin{cases} \text{本义：小麦} \\ \text{借义：往来之来→至、到→将至、未至} \end{cases}$

↓

贡纳

"来"借作"往来"之"来"后，它的本义已转给"麦"字。可见，"小麦"这个本义在"来"的词义系统中已经失去了它的原有地位，典籍中除偶用其本义外，绝大多数的"来"用其假借义。又如"旧"从"萑""臼"声，本义为鸟名，卜辞中借作"新旧"之"旧"，"旧"自从被借之后，随着时间的推移，其本义"鸟名"已鲜为人知，古籍中也未见使用，而假借义"新旧"之"旧"一直沿用至今。

假借促使了汉字字音的分化。假借使同一构形载负着几个没有任何关联的不同语义信息，在一定程度上降低了这一字形的区别度，为了表示本义和借义的不同，在汉字的发展过程中，往往在字形上加以区别的同时，又常常在字音上予以区别，这就促使同一字形后来分化为不同的读音。例如：

莫——暮 凤——风

"莫"从"日"在"茻"中，会日落之意，卜辞中有用其本义者，又假借作地名。在金文中，"莫"又借作否定副词。在上古音里，"日暮"之"莫"和否定副词之"莫"读音相同，均为明母铎韵。到中古时期，才出现"暮"字（见于《广韵》），并且两字读音不同，"莫"为慕各切，"暮"为莫故切。"凤"象凤凰形，本义为凤凰，卜辞中"凤"多借为"风"，至周秦时期，"凤凰"之"凤"和"风雨"之"风"读音产生分化，"凤"为并母冬韵，"风"在帮母冬韵，声母不再相同。

三、"六书"简评

"六书"理论是我国最早的论述汉字结构原理的系统理论，它的提出在汉字科学研究的历史上有着重要的贡献。"六书"理论在全面分析小篆构形的基础上，归纳出了象形、指事、会意和形声四种汉字结构类型，首次使汉字内部所隐含的条理显现出来，最早科学地揭示了汉字结构的一般规律，对两千年来的汉字研究产生了深远的影响。从用"六书"理论系统研究汉字的权威性著作《说文解字》诞生到近现代，汉字结构分析一直采用六书分类法，直到今天还被汉字教学所广泛采用。

汉代的人们虽然已经认识到汉字是可以拆分的，但是由于缺乏系统理论的指导，特别是由于汉字形体的演变，因而其"六书"理论也必然带有明显的历史局限性，这种局限性具体表现在以下几个方面：

第一，"六书"中的象形、指事、会意、形声前四书与转注、假借后二书的性质不同，并不在同一平面上。许慎把结构类型与用字方法都摆到了一个平面上，在实际分析造字方法时，却只用了前四书，并没有转注和假借。把两类性质不同的东西人为地放在一个同一层面来处理，这种分类方法本身就缺乏严密性。因此，后人进一步把"六书"分为"四体"、"二用"两大类。最早明确提出"四体二用"说的是清代的戴震，主张六书的前四书是"体"，即文字形体构造的法则，后二书是"用"，即使用文字的法则。他在《答江慎修论小学书》中说："大致造字之始，无所凭依，宇宙间事与形两大端而已：指其事之实曰'指事'，一、二、上、下是也；象其形之大体曰'象形'，日、月、水、火是也。文字既立，则声寄于字，而字有可调之声；意寄于字，而字有可通之意，是又文字之两大端也，因而博衍之。取乎声谐，曰'谐声'；声不谐而会合其意，曰'会意'。四者，书之体止此矣。由是之于用，数字共一用者，如'初、哉、首、基'之皆为'始'，'卬、吾、台、予'之皆为'我'，其义转相为注，曰'转注'。一字具数用者，依于义以引申，依于声而旁寄，假此以施于彼，曰'假借'。所以用文字者，斯其两大端也。"①以后研究"六书"的人多沿袭了这一说法。

第二，"六书"中每一书的界定都不够明确。除了转注一书由于定义的含混且又例证不足成了千古疑案之外，就是象形、指事、会意、形声之间仅仅靠许慎的定义也很难划出明确的界限，前四书之间经常会有互相界限不清的地方。后世学者常常把"六书"看成放之四海而皆准的理论，因而遇到不符合"六书"条例者，不惜生搬硬套，进而把"六书"中每一条例分成若干细目，内容庞杂，条例繁多，这便使得原本有价值的"六书"成了汉字研究的桎梏。此外，又由于各书之间的互相界限不清，使得一些字的归类人各不同。如"交""眉""石"等字，有人归象形，有人归指事，还有人归会意，一字而可归三类，可见各书之间界限的模糊性。

第三，"六书"理论主要是依据篆文建立起来的，并不具有普遍的适应性。篆文以前的甲骨文、金文和小篆之后的隶书、楷书，都有一些"六书"理论所不能完全解释的现象。例如甲骨文、金文中的一些会形合成字，隶书以后的构件黏合的字等，都是"六书"所不能分析的。试图用"六书"来分析从甲骨文、金文到小篆，再到隶变、楷化后的所有汉字，这种做法是不科学的。另一方面，看到"六书"不完全适用于其他历史层面上的汉字而对它横加指责，这种做法也是缺乏历史观念的。任何一种理论的产生都有一定的时代背景，都是在一定实践的基础上产生的，评价某种理论的得失，应把它放在所处的那个时代背景去考察，看它与前代相比有哪些进步，与后代相比有哪些不足，只有这样，才能得出正确的结论。

"六书"作为分析汉字结构的传统方法，统治了汉字结构分析近两千年。基于"六书"的局限，在分析古文字材料的基础上，一些学者相继提出新的汉字构造学说。20 世纪 30 年代，唐兰先生第一个开始批判传统"六书"，提出了关于汉字构造的新理论——"三书说"，即象形文字、象意文字、形声文字。象形文字是象实物之形的文字，形声文字是注有声符的文字，除去象单

---

① 《戴震集》第 74 页，上海古籍出版社 1980 年版。

体物形的象形字和注有声符的形声字,剩下的都是象意文字,包括传统文字学中的"合体象形字""会意字"和"指事字"的大部分。① 他认为:"三书足以范围一切中国文字,不归于形,必归于意,不归于意,必归于声。形、意、声是文字的三方面,我们用三书来分类,就不容许再有混淆不清的地方。"② 唐兰先生的"三书"说是对传统"六书"理论的一次挑战,自此有许多学者意识到"六书"的不足,并试图创立出新的分析方法。陈梦家先生认为唐兰先生的"三书"说也有局限:"象形""象意"二书界限不明确,应该合并为象形,假借字不应该排除在汉字的基本类型之外。他提出了自己的"三书"说:象形、假借、形声。③ 裘锡圭先生基本同意陈梦家的"三书"说,但认为"象形"不足以概括全部的表意字,主张将"象形"改为"表意","三书"应为表意、假借、形声,并进一步分析了不能纳入"三书"的文字。④

以上新旧"三书"说,在传统"六书"的基础上,从汉字的形体及与语言的音、义联系等方面出发,分析了汉字的构造方式,使汉字结构理论更趋于细致、严密而逐渐完善,因而在学术界产生了很大影响,但在汉字结构分析的实际操作中,却很少采用。其主要原因是,以上分析方法虽然认识到了"六书"的不足,但仍未从根本上打破"六书"的格局,对经过长期历史演变与积蕴而形成的越来越复杂的汉字构形,不能穷尽性地涵盖,在所设定的"三书"之外,还有很多的例外情况无法收容,因而缺乏可操作性。另外,研究汉字的结构,是将汉字功能合在其中还是分开考虑,是值得认真思考的一个问题。我们认为,研究汉字结构类型,不必非把汉字的记录功能糅合进去,并不需要针对汉字在文献中的不同用法而作出不同的处理,如果考虑汉字功能,认为"花草"的"花"是形声字,而"花钱"的"花"是表音的假借字,那么汉字结构问题将变得更加繁琐而复杂。同时,依据字的意义来讲结构类型,则字的本义、假借义、引申义非常多,使用者的情况也很不一样。这样

---

① 唐兰《中国文字学》第 75 页,上海古籍出版社 1979 年版。
② 唐兰《中国文字学》第 78 页,上海古籍出版社 1979 年版。
③ 陈梦家《殷虚卜辞综述》第 77 页,中华书局 1988 年版。
④ 裘锡圭《文字学概要》第 107 页,商务印书馆 1988 年版。

讲文字的结构类型就失去了客观标准，脱离了文字的本体研究。

在确立分析汉字构形的原则和方法时，以下几个事实是不容忽视的：

汉字的形体结构是随着历史的发展而演变的，不同历史时期的汉字表现出不同的形制，具有不同的构形特点，如果不对各个历时层面的汉字进行断代的测查与描写，统而言之，是很难弄清其构形规律的。这一点，很多学者其实都已经注意到了。他们认为，"把许多不同时代的材料，骤然合并，易致混乱，每一文字，没有经过严密整理，骤然论述，难免错误"。①"汉字的断代研究太薄弱，其直接的结果是汉字各时代的平面现象了解、考察、研究得不充分，当然会影响各断代汉字系统的描写以及平面汉字结构的论述。汉字平面系统规律性的探讨和理论上的总结也就难以进行"。②

不同历史时期的汉字虽然具有不同的构形特点，但汉字的发展又具有传承性、渐进性、阶段性。在汉字演变过程中的每一个历史时期，汉字都有其不同于其他时期汉字的个性，同时又都有其同于其他时期的共性，各个历史时期汉字形体的演变往往有迹可寻。汉字在历史发展过程中究竟发生了哪些变化，为什么会发生这些变化，在整个历史演变中不变的又是什么，其中隐含着哪些规律，只有对不同历时层面的汉字系统进行全面系统的测查和构形分析，弄清每个平面构形系统的面貌，再对不同历史时期的汉字构形系统进行全面对比分析，才能真正把握汉字构形系统的发展规律。而这一切都是建立在汉字的断代研究基础之上的。如果断代的研究太薄弱，"其间接的结果是汉字历史发展、演化的现象不能充分掌握，汉字历史变化规律性的归纳和理论上的探索也严重受到影响"。③

在充分吸收"六书"合理成分的基础上，必须建构一种具有可操作性的汉字构形理论，这种理论既能适合于解释汉字构形在不同历史阶段所体现出来的共同特征，又适合于解释某一特定历史时期汉字构形所呈现出的特殊现

---

① 唐兰《古文字学导论》第 253 页，齐鲁书社 1981 年版。
② 赵诚《古代文字音韵论文集》第 1 页，中华书局 1991 年版。
③ 赵诚《古代文字音韵论文集》第 1 页，中华书局 1991 年版。

象。在这一思想的指导下，王宁先生提出了系统整理、分析、描写汉字构形的理论。这一理论的基本内容可以作如下概括：①

第一，汉字作为一种信息的载体，一种被社会创建又被社会共同使用的符号体系，在构形上是以系统的形式存在的。汉字体系是由个体的汉字符号组成的集合，这些个体的汉字符号之间的关系并不是孤立的，而是互有联系的。汉字的构形具有系统性，它的内部具有一种相互制约的内在的机制，每一个汉字都应该在这个系统有自己的位置，一旦位置序列变化失衡，构形系统就会作出相应的调整以达到新的平衡。汉字虽然成千上万，但是个体字符之间的关系不是一盘散沙，而一个互相关联的、内部呈现出有序性的有机整体。

第二，从汉字记录语言的方式看，汉字是因义构形的文字体系。单个的汉字字符不是构件或笔画（或线条）的无序堆积，而具有理据性。汉字构形系统是由有限的基础元素带着某种功能，按照一定的结构模式，有层次、有布局地组合起来的有序的网络。因此，对汉字的讲解必须从系统性出发，不能孤立地进行。

第三，由个体汉字的不断变化引起构形系统不断失衡又不断调整的过程，构成了汉字的发展史。汉字的发展变化，既具有渐变性，又有阶段性。整个汉字发展的历史，正是由各种既有内在的本质联系又有不同特点的阶段所组成的。要想准确地把握汉字发展的脉络，摸清汉字发展的趋势，不能仅仅探讨汉字个体字符的形体变化，而应从系统论的角度出发。在对各个历时层面的汉字进行全面测查、分析，弄清每个共时平面的汉字构形状况的基础上，按时序排列这些平面构形系统并予以历时的比较，才能够真正了解从一个平面到另一个平面构形系统各种属性的变化，考察出汉字构形系统的总体规律，从而建立科学的系统的汉字发展史。

在全面测查《说文解字》小篆和抽样测查各个历史层面汉字的基础上，王宁先生认为汉字的构件在组构成字时共有四种功能：表形功能、表义功能、

---

① 王宁《汉字构形学导论》，商务印书馆 2015 年版。

示音功能、标示功能。根据直接构件在参与构字时所体现的功能，可将各类汉字的构形模式归纳为 11 种：即全功能零合成、标形合成、标义合成、标音合成、会形合成、形义合成、会义合成、形音合成、义音合成、无音综合合成、有音综合合成。① 这样，汉字的体系性就可以描写出来了，它不仅适合于小篆，而且适合于更早的甲骨文、金文以及隶变以后的汉字。我们认为，王宁先生提出的汉字构形理论是对汉字"六书"理论的升华与提高，是汉字本体研究在 20 世纪的重大进展。这一理论以字形为中心，探讨汉字发展的内在规律，它坚持了系统论的观点，提出了描写汉字这个符号系统的具体操作模式与量化标准，使汉字研究与现代科学的研究方法有机地融合在一起，具有重大理论价值。从实践上看，汉字构形理论有利于纠正一些不正确的汉字拆分与讲解，有助于社会上规范使用汉字，有利于汉字部件规范及汉字编码规范，可以指导汉字简化与优化等，因而，这一理论也具有很高的实用价值。本章第二节将对汉字构形理论作详细介绍。

第二节　汉字的构形分析

汉字是记录汉语的书写符号系统，汉字的每一个个体字符都是依据它所要记录的汉语的那个词构造出来的。汉语的词由音和义两个方面构成，汉字主要是根据汉语的词义来构形的，也有一部分字把词的音义同时作为构形的依据。因此，从总体上来说，汉语词的音和义都可以作为汉字构形的依据。有了构形的依据，再加上一定的构形方式，就可以构造出一个个的汉字的形体。具体到一个汉字，以什么为构形的依据，采用什么样的构形方式构造形体，就成了这个字的得形之由，我们把它称为构形理据，或构形意图，简称构意。由于汉字的形体结构与据以构形的音义之间存在着某种联系，因此我们可以借助于这种联系，从形体出发，以据以构形的音义为背景，通过分析字的内部结构，揭示构形理据，沟通形体和据以构形的音义之间的联系。这

---

① 王宁《汉字构形学导论》，商务印书馆 2015 年版。

就决定了汉字构形分析的原则必须是以据以构形的词的音义为条件，必须体现汉字的构形意图。

一、汉字的构形单位

（一）形素

形素是汉字构形的基础元素，是按照汉字的结构特点，从汉字的个体字符中离析出来的一种自然状态下的具有体现构形功能的最小形体单元。任何一种成熟体制的文字都具有不同的构形元素，大多数拼音文字的构形元素是字母，汉字的基础构形元素我们称之为形素。例如：

贝： （图） （图） （图） （图） （图）

它们都是甲骨文"贝"的个体字符，它们本身又分别都是甲骨文"贝"的形素。

得： （图） （图） （图） （图） （图）

以上都是"得"的个体字符，从中可以分别离析出"贝""又""彳"三个形素。

"贝""又""彳"就是从甲骨文"贝""得"中离析出来的基础构形元素。这些元素写法千差万别，全部保留了它们的自然书写状态，同时这些形素又分别在其组构的字符中体现着一定的构造意图。例如"贝"的造字意图就是用贝壳的形状来表示海贝的意思；得"字的造字意图是以"又"持"贝"行走于"彳"上，表示得到之意。又如我们对"鞭"字进行拆分，依层次可拆成如下形体：

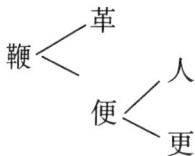

鞭 ＜ 革
　　　便 ＜ 人
　　　　　　 更

"革""人""更"就是楷书"鞭"的形素。

形素是从具体的汉字个体字符中拆分离析出来的。形素和形素之间的区别特征表现为两个方面：一是形体；二是构形功能。作为汉字的基础构形元素，形素必须具有一定的构形功能，同时又必须是最小的不能再拆分的构形单元。形素离析的标准是：

（1）拆分到最后，必须具有独立或附属的构造意图。如果拆到最后，所得到的构形单位失去了构意，则说明已经超出了构形元素的范围。

（2）必须是最小的、不能再继续拆分的构形单位。如果拆分后的单位还能够继续拆分出具有造意的单位，则说明还没有拆分到形素这一层次，还需要继续拆分。

形素是从汉字个体字符中离析出来的自然状态下的形体单元。汉字形体纷繁，一个字常常有多种写法，要想客观而准确地描写出其构形系统，就必须在对汉字个体构形全部拆分到形素以后，还要对纷繁无定的个体的自然状态的异写形素予以认同、规整，然后选择一个优化的标准形体作为这个形素的信息代码。在这个基础上，才能对汉字的构形系统进行客观的描写和研究。

（二）构件

构件是汉字的构成单位，是直接参与构字并直接对所构字的造意起作用的构形元素。它必须符合以下两个条件：

（1）必须参与构字。只有当一个形体参与构字，成为所构字的一部分时，才能称之为所构字的构件。如"人""木"是"休"的构件，"小""土"是"尘"的构件等。

（2）必须对所构字的构意起作用，亦即必须具备一定的功能。如构件"心"在"想"中体现表义功能，构件"相"在"想"中体现示音功能等。

构件与形素不同。构件是形素参与构字后转化而成的。形素是构字的储备材料，是从静态的角度对汉字构形的最小构形单位予以分析的结果。形素一旦进入构字后，即成为构件。形素是最小的，不能再拆分的，构件却不一定。

构件与整字不同。就形体而言，构件是字的下级单位，字是构件的上级单位，字是由构件构成的，构件是用来构成字的。就功能而言，字是记录语言的，与语言中的词、语素或音节发生关系，一个汉字可以记录汉语中的词、语素或区别意义的音节；构件无记录语言的功能，不与语言的任何单位发生直接的联系，只有构成文字形体、表达某种构形理据的构形功能。

构件依其自身所含形素的多少、结构层次及是否具有独立性等特点，可以划分为不同的类型。

依构件自身所含形素的多少，构件可以分为基础构件和复合构件两种类型。

基础构件是由一个形素充当，不能再继续拆分的构件。复合构件是由两个或两个以上的形素构成的构件。例如："想"由"心"和"相"两个构件组成，构件"心"不能再拆分，是由一个形素充当的基础构件；"相"由两个形素组成，还可继续拆分出"木"和"目"，即是复合构件。

基础构件是汉字最小的结构单位，它是对汉字结构层次进行切分所得到的最终形式。在汉字每一个层次切分的终端位置，都必然是基础构件。例如：

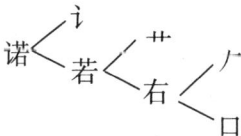

"讠""艹""𠂆""口"分别处在"诺""若""右"三字每层的终端位置上，因而它们分别是"诺""若"和"右"的基础构件；"若"还可以继续拆分出"艹"和"右"，"右"还可以继续拆分出"𠂆"和"口"，不处于层次拆分的终端位置，故为复合构件。

在字的结构中，基础构件和复合构件是上下位的关系。基础构件处于层次切分的终端位置，一定没有下位构件。对于独体字和单层次组合结构的字来说，因为没有复合构件参与构字，所以基础构件没有上位构件。复合构件出现在层次组合结构的字中，因其还可以继续拆分，所以它必定有下位构件。

根据构件在字组合过程中的地位以及与全字构意的关系，可以把构件分为直接构件和间接构件。

直接构件是对字形进行一次性拆分的结果，它直接构成了整字，是全字构造意图的直接体现者。低于直接构件的构件都是间接构件，它们是对直接构件进行再次拆分后得到的，对整字的构造意图起间接的体现作用。如上举"诺"中的"讠"和"若"即为直接构件，它们对"诺"的构意起直接作用，"艹""右"和"𠂇""口"是对"诺"进行再次拆分得到的构件，是间接构件，它们对"诺"的构意起间接的体现作用。

根据构件是否具有独立性，可将构件分为成字构件和非字构件。

成字构件是既能独立成字，又能参与构字、体现构意的构件。它不作其他字的构件时，可以独立构成整字，能够和语言中的某个词相对应，本身具有固定的音和义。如"木"，在作"树""松""杉""林"等字的构件时，表示所构字的意义与"树木"有关，而"木"本身就是一个独立的字，与语言中"树木"这个词相对应；"采"在作"踩"的构件时，其构意是提示"踩"字的读音。"木"和"采"都是成字构件。成字构件在构意功能上，既有表义功能和示音功能，也有表形功能，因此，我们也可以把成字构件称为全功能构件。

非字构件是指只能依附于其他构件来体现构意的构件。这种构件必须依附于其他构件来体现其构意，一旦离开了其他构件所提供的构字环境，它们便失去了构意功能。非字构件不能独立成字，不与语言中的词相对应，因而它们没有自己的音和义。如"刃"中左面的一点依附于"刀"而存在，表示刀刃的所在，它本身不能独立存在，不能与语言中的词对应，只能依附于成字构件而存在，其构意只有在所构字的具体环境中才能体现出来。

构件的拆分实际上是对整字组合过程的逆向操作，构件的组合过程是由小到大、由下位到上位进行的，而拆分的过程则是由大到小、由上位到下位进行的。如果我们将字的拆分过程反转过来，就可以更加直观地观察字的各个层次的构件以及它们的组合过程。

构件在参与构字的过程中因为某种原因而产生的形体变异叫作构件的变体。在汉字发展的每一个历史阶段，都不同程度地存在着构件形体歧异的现象。构件变体的存在，一方面使得同一构件的形体产生歧异，同时也使得不同构件的形体发生混同，这给汉字的构形分析带来一定的影响。要清晰地描写出每一历史时期汉字的构形系统，就必须对芜杂的构件变体予以整理：把同一构件的不同变体归纳在一起，认同为同一个构件，并把不同构件的混同形体区别开来。

造成构件变体的原因主要有两个：一是充当构件的形体本身具有多个变体，在这种情况下，构件的变体与形素是一致的；二是在动态组合中，一些构件因整字的构意或结构布局而产生了变体。在动态的组合过程中，整字的结构、形体间的布局环境等因素可以导致构件的形体做适当的省简或添加，而不影响其构意的表达。

（三）构件的功能

构件在参与构字时必须从某一方面体现所构字的构意。构件在构字中所体现出来的构意作用，称为这个构件的功能。分析汉字的构形，就是以汉字构件的功能组合为标准，来分析汉字的构造意图。根据构件参构作用的不同性质，可以将构件的功能归纳为以下五种：

（1）表形功能。构件具有象形性，用与物象相似的直观性的形体体现构意，就是构件的表形功能。具有表形功能的构件叫表形构件，包括成字构件和非字构件。例如：

①⼘⻰夹⼘井昆⼬⼬

②刖 中的 ⺼ 和 ⼘；⼬ 中的 ⼬ 和 ⼬

以上构件均为成字构件。

③申 中的 ⼐；⼬ 中的 ⼬

⼘ 中的 ⼘；⼬ 中的 ⼬

⼬ 中的 ⼬；⼬ 中的 ⼬

以上构件均为非字构件。

成字表形构件，在构成全字时，所表示的构意是其形体所反映的具体事物的形状。如①组，是通过自身的形象来体现构意，如②组，在参构他字时，通过自身的形象与其他构件的物象关系来体现构意，其中 "刖" 是通过以 "⼘" 击 "⺼" 来体现构意，"⼬" 是通过以 "⼬" 断 "⼬" 来体现构意。非字表形构件，因为自身不能独立成字，不和语言中的词相对应，因而无音无义，只能依靠形体所显现的物象，在合体字中与其他构件组合在一起体现构意，如"🔲"中的"🔲"、"🔲"中的"🔲"、"🔲"中的"🔲"、"🔲"中的"🔲"、"🔲"中的"🔲"、"🔲"中的"🔲"均属此类。

构件的象形性是早期汉字的显著特色。在汉字的发展过程中，汉字的构件逐渐义化，到小篆阶段，这种义化过程基本完成，绝大部分表形构件的象形性消失，变成了表义或示音构件，还有一部分表形构件因其个体性强而被淘汰。

（2）表义功能。构件用它在独立成字时所记录的词义来体现构意，就是构件的表义功能。具有表义功能的构件叫表义构件。例如：

"日"和"月"两个字独用时分别是太阳和月亮义，两个字作为构件组合在一起构成"明"字表示明亮义，"日"和"月"作"明"字构件时都是表义构件。

"不"和"正"两个字独用时分别表示否定和端正义，两个字作为构件组合在一起构成"歪"字表示歪斜义，"不"和"正"作"歪"字的构件时都是表义构件。

"山"和"高"两字独用时分别是山和高义，两个字作为构件组合在一起构成"嵩"字表示高山义，"山"和"高"作"嵩"字构件时都是表义构件。

"小"和"隹"两个字独用时分别是小和鸟义，两个字作为构件组合在一起构成"雀"字表示小鸟义，"小"和"隹"作"雀"字构件时都是表义构件。

"水"字独立使用时有水流义，"水"字作为组字构件作形声字的形旁时是以独用时的意义参与构字的，如"江、河、湖、泊、海、流、温、浪、汾……"都与水流有关。"水"字在作这些形声字的形旁时就是表义构件。

因为只有成字构件才能独立记词而具有音义，所以只有成字构件才可能具有表义功能，非字构件不具备表义功能。

有些表形的成字构件由于也具有独立的意义，有时就很难与表义构件区别开来。在这种情况下，我们应当观察整字的组合关系是形合关系还是义合关系。所谓形合，是指构成整字的各构件，均以所象之事物的形体或轮廓，依据客观事物的实际方位关系，比联成一个相互关联的"画面"，从而显示其构意。例如甲骨文"✦"，"箭"一定要搭放在"弓"上，这样组合完全体现了客观事物的本来情景，所以"射"中的"矢"承担的是表形功能。所谓义合，不是以构件形体的象物性及构件的相对位置与实际事物的对应关系来体现构意，而是通过固定贮存在构件中的意义来体现构意。在参与构字时，表形构件重在物象和构件之间的位置关系，而表义构件重在意义。

（3）示音功能。构件以它在记词时从语言中所承载的读音，来标记或提示所参构字的读音，就是构件的示音功能。具有示音功能的构件叫示音构件。例如：

"工"字独立成字时读音为 gōng，它作形声字"功、攻"等字的声旁时提示这些字的读音也是 gōng，"工"为示音构件。

由于具有示音功能的构件本质上并不是用来标音的，加上古今语音的变化和方言造字的影响，示音构件一般只是起到提示形声字读音的作用，所以常常不能准确标音，读音只是相近而已。有的示音构件在某些字中和形声字的读音相同，在有些字中的读音只是相近，在有些字中读音甚至可能相差很远。例如："非"字独立成字时读音为 fēi，由"非"字作声旁的形声字"菲、绯、霏"等字与"非"的读音完全相同；同样由"非"字作声旁的"翡、悲、排"等字的读音则与"非"的读音不同。

在具有示音功能的构件中，有一部分还同时可以提示词源意义，也就是具有示源功能。例如："正"是"政"的示音构件，它同时又可以提示"政"的意义与"正"有关。"政"是"正"的派生词，意思是"驱民使其正"。"正"既提示"政"的读音，同时又提示它的意义来源。但提示意义来源只是示音构件附带的功能，不能单独存在，所以不单分一类。

示音构件中还有一种特殊的省声构件，即传统文字学所说的"省声"。省声构件是原构件的简省，是以原构件所记录的语音来标记或提示参构字的语音，其功能与原构件相同。

（4）标示功能。构件不能独立存在，而是以其他构件为存在环境，附加在其他构件上，起区别和指示作用，即为标示功能。具有标示功能的构件叫标示构件。标示构件一定是非字构件。

例如：甲骨文的"夰"字，字形为一正面人形，用两点指示腋下，这两点即标示构件。"刃"中的"、"用以指示"刃"之所在，"末"上面的一横指示出"末梢"的位置，它们起的都是标示作用。"太"中的"、"是用以和"大"相区别，它的功能是用以区别。

在汉字的几种主要构形方法中，在成字构件上加非字的标示构件来表示构意是一种不得已的构形手段，因此，这是一种很低产的构形方法，由这种构形方法构成的字数量非常有限。

（5）替代功能。有些构件本身不表示构意，而是作为另一构件的替代物。这种构件也有多种情况：有的是用部分替代全体，如简化字的"浊"右边的"虫"是替代"蜀"字的；有的是用一个简单的符号替代一个繁难的符号，如简化字的"又"可以替代"鸡"左边原来的"奚"、"邓"左边原来的"登"等等。

需要说明的是，由于成字构件本身具有独立的形、音、义，因而在参构不同的字时可能具有不同的功能，可以表形，可以表义，也可以示音，但在每次构字时，只具备一种功能，或以一种功能为主。

二、构件的组合类型和构形模式

（一）构件的组合类型

汉字由有限的构件组成数以万计的单字，有两种不同的组合类型：平面组合和层次组合。

平面组合是指构件不分组合的先后顺序，一次性地放置在同一平面上而成字。平面组合的构件都是基础构件，没有复合构件，因而只有一个层次。例如：甲骨文的"春"字是由"艸""日"来会意，又以"屯"来提示读音，几个构件一次性累积起来成字；"盥"字用两个"又"放在盛"水"的"皿"中，这一画面生动体现"盥"的构意。

用平面组合方式构成的合体字有两个特点。一是具有浓郁的图形性。平面组合结构的字，构件以客观现实显示的事物间的相关位置来放置，依靠所有参构构件所构成的图形性画面来体现构意，其图形的表现方式非常明显。二是多合性。平面组合结构，所参构的构件不存在组合的先后，多个构件的一次性组合是其又一特征。

层次组合是指组成合体字的构件不是并列放置在一个平面上，而是通过逐层累加的方式来构成字。整字的构意不是一次性表现出来，而是逐级生成的。例如：

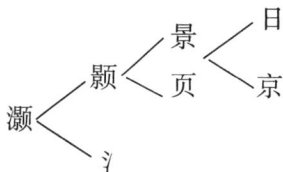

灏 — 颢 — 景 — 日 / 京 — 页 / 氵

"灏"字先由"日"和"京"组成"景"，再由"景"和"页"作构件组合成"颢"，然后由"颢"与"氵"作构件组合成"灏"字，"灏"是层次组合的结构类型。

由上面这个例子可以看出，两个基础构件的组合只能处在同一平面上，因而至少要有三个基础构件才能体现层次组合。一般来说，在层次组合中，基础构件只在它所加入的层级中体现功能，一旦进入更高的层级，其功能将不再显现，代替它的是其上位的复合构件的功能①。在层次组合结构中，构件的功能是在不同的层次上体现的。

（二）汉字的构形模式

汉字的构形模式是指通过构件在汉字构造中体现的不同功能而划分的汉字结构类型。

如前所述，并非所有层次的构件都直接参与整字的构意，只有直接构件才对整字的构意发挥作用。汉字的构形模式，体现在直接构件的组合这一层次上，所以构形模式的判定，应该依据直接构件之间的功能组合关系。

根据直接构件之间的功能组合关系，我们从历代汉字的实际状况出发，

---

① 示音构件的功能除了在它加入的层级体现，也会在更高层级显现。

可以穷尽地总结出十种构形模式：

（1）全功能零合成。即由一个成字构件和一个假定的零构件的组合。全功能零合成字也就是一般所说的独体字。独体字只有一个参构构件，没有合成问题。为了使构形模式系统化，我们假定所有汉字都是由两个或两个以上的直接构件组合而成的，那么可以把独体字看作是成字构件与假定的零构件的合成，即成字构件＋零。成字构件承负着表形、示音、表义的全功能。如甲骨文的"鸟"通过表形来体现构意，同时又标记读音，隶书和现代汉字中的独体字，例如："人""日""马""牛"……已经失去了原来的表形功能，但音、义信息仍由它自身提供。

（2）标形合成。即由一个成字的表形构件与一个标示构件直接组合而成。在标形合成字中，标示构件是通过指示表形构件的位置的方式，提示人们产生相应的联想，以此来显现所参构字的构意。例如小篆的"刃"是以表形构件"刀"加标示符号"丶"构成；"旦"是在"日"下加一横，表示太阳从地平线升起；"甘"是在"口"中加标示符号，表示甘美的滋味；它们的构形模式都是标形合成。

（3）标义合成。即由一个表义构件与一个标示构件直接组合而成。例如小篆的"小"由"八"表分别，分则小，"丨"将"八"隔在两旁，起标示作用；"太"由"大"加区别符号"丶"组成。它们的构形模式都是标义合成。

（4）会形合成。即由两个或两个以上的表形构件一次性直接组合而成。会形合成字的各构件以客观现实显示的事物间的相关位置来放置，依靠所有参构构件所构成的图形性画面来体现构意，具有明显的图形性。如小篆的"益"象器皿中有水满溢之状，是以事物的实际状态为依据来平面组构成字的。

（5）形义合成。即由表形构件和表义构件直接组合而成。例如小篆的"兴"，四手相对，是表形构件，中间的"同"字表示"共同"，是表义构件。"兴"有"起来"的意思，是用表形与表义两种构件组合而成的。

（6）会义合成。即由两个或两个以上的表义构件直接组合而成。会义合成字的构件一定是成字构件，它不是依靠构件的物象组合所显示的客观事物的本来情景来体现构意，而是依靠构件本身所承载的语言意义的融合来体现构意。例如"解"字从"角"、从"牛"、从"刀"，用以刀剖解牛角表示"解析"的意思，三个构件提供的都是意义信息，而不是具体的物象。

（7）标音合成。即由一个示音构件和一个标示构件直接组合而成。如：甲骨文的"百"是在示音构件"白"上加标示构件"一"构成的。标音合成字是为了区别同音字或近音字。因为汉字具有因义构形的特点，因此用标音合成构成的字不多。

（8）形音合成。即由一个表形构件和一个示音构件直接组合而成。形音合成字中的表形构件带有明显的物象特征，个体性很强，不表示某种类别。这种模式主要见于甲骨文中。甲骨文中的一些象形字，出于区别或更便于识别的原因，再加上一个示音构件，以增加字音的信息，便成为形音合成字。例如甲骨文中的"凤""鸡""星"等，原来都是象形字，以后又增加了"凡""奚""生"这样的示音构件，使字形所含的信息更为丰满。

（9）义音合成。即由一个表义构件与一个示音构件组合而成。义音合成字即传统所说的形声字。义音合成字以表义构件来体现义类，以示音构件来提示读音，形成了同类字以音区别，近音字以义区别的格局。

按传统文字学的分析方法，在汉字的结构类型中，有所谓的"会意兼形声"字，即"亦声字"。亦声字是在原字的基础上通过追加意符而构成的形声字，这类字的声符是由原字转化而来的，因此它既有示源作用，同时又有示音作用。但从构形的角度来看，这类字是由表义构件和具有音义双重功能的示音构件组合而成的，应该视为义音合成字。

（10）综合合成。即由多个表形、表义、标示、示音构件一次性合成。例如金文的"渔"从两手从水，鱼表形兼示音；小篆的"葬"由表示草的表形构件、表示"死"的表义构件和标示构件组合而成。

以上十种构形模式从结构、功能两个方面分析汉字的结构，既考虑到汉字与语言的联系，也考虑到了汉字自身的形体，既能涵盖"六书""三书"所没有包含的特有的结构类型，也避免了"六书""三书"分析汉字结构时的界限不清，比较合理地处理了边缘现象。实践证明，运用"汉字构形理论"来分析各个历史时期、各种形制的汉字的构造模式是完全可行的。

第六章

汉 字 的 字 际 关 系

第一节　异体字

一、什么是异体字

异体字是指两个或两个以上形体不同，但读音和意义完全相同，在任何情况下都可以互相替换的一组字。其中最通行的一个称为"正体"，其他的称为"异体"（也称"或体"）。

一个字原则上只有一个形体，但是汉字是一种具有几千年历史，由众人共同创造的文字，形体上就不可能那么整齐划一，因此在汉字的发展过程中，有些字出现两个或两个以上的写法是很自然的。早在殷商时代的甲骨文和西周时期的金文中就存在大量的异体字。战国时代"言语异声，文字异形"（许慎《说文解字·叙》），异体字更是多种多样。秦始皇统一全国以后，推行"书同文"的政策，但还是不能从根本上限制异体字的继续产生和使用。现在我们在古书中还是常常见到一些异体字。如：

（1）晋不可启，寇不可翫，一之谓甚，其可再乎？（《左传·宫之奇谏假道》）"翫"是"玩"的异体字。

（2）轻煖不足于体与？（《孟子·梁惠王上》）"煖"是"暖"的异体字。

（3）他日归，则有馈其兄生鵝者。（《孟子·滕文公下》）"鵝"是"鹅"

的异体字。

（4）连峯去天不盈尺，枯松倒挂倚绝壁。（李白《蜀道难》）"峯"是"峰"的异体字。

这些保留在古书中的异体字成为了我们阅读古书的文字障碍。要正确地识别异体字，除了参考书中的注释以及查阅字典辞典外，还有必要了解一些关于异体字的知识。

二、异体字的类型

根据异体字形成的方式，可以把异体字分为异写字和异构字两种类型。

（一）异写字

异写字是同一个字（音、义及用法完全相同的字）由于写法不同而形成的异体字。异写字之间的差异主要是书写元素，也就是笔画属性（笔形、笔顺、笔画数等）上的差异，不对构形模式和构意产生任何影响。例如：在汉隶碑刻中，"刻"字有下面几种写法：

这五个形体都是"刻"字，由示音构件"亥"和表义构件"刀"合成，都是左右结构的义音合成字。在每一个形体当中，其构形模式（义音合成）和结构分布（左右结构）以及结构要素的功能（"亥"示音，"刀"表义）都是完全相同的，所以不会影响到整字的构意。实际上，它们就是同一字的不同写法。异写字的形成，主要有以下三种来源：

1. 构件位置不固定或字形方向变化而产生的异写字

在有些字中，构件的相对位置不同会影响到构意，从而形成不同的字，如"東""杲""杳"，这时构件的位置就成为字与字区别的手段。而在有些字中，构件的相对位置不影响构意，这样的字就是异写字。在早期汉字里，这种构件位置不固定的异写字相当多。如甲骨文中"祀"，或作"🝣"，或作"🝤"，"示"与"巳"的位置不定；金文"福"，或作"🝥"，或作"🝦"，"示"与"畐"的位置可以互换等等。字形方向变化也会产生一些异写字，如甲骨文"五"，或作""，或侧写作""；"侯"，或作""，或倒写作""。后来被废除的异体字中，相当一部分是属于这类变换各成分的位置而形成的异写字。如：

慙——慚　和——咊　鹅——鵞　鵝　峰——峯　略——畧

群——羣　蹴——蹵　秋——秌　够——夠　胸——胷

2. 个人书写变异造成笔画微异的异写字

随着汉字使用的日益广泛，在个人使用的层面上，由于书写者个人习惯的不同，也会形成一些异写字。如"亞"字为了书写快捷或写作"亜"，"亞"与"亜"由于书写形式不同，成为异写字。隋唐碑志中就存在许多异写字①，如：

3. 隶定而形成的异写字

隶定本来指用隶书的写法来写定古文字的字形，后来也指用楷书的笔法写定古文字。隶定的形体和隶变通行的形体不同，也会形成异写字。例如：

《集韵·姥韵》："旾，隶作普。""旾"为隶定字，"普"为隶变字，两者为异写字。同样情况还有（下列左边为隶定字，右边为隶变通行字）：

旾——春

冄——冉

灮——光

叜——叟

秊——年

---

①　例见齐元涛《隋唐五代碑志楷书构形系统研究》，上海教育出版社 2007 年版。

虚——虛

肎——肯

异写字的差异只是发生在笔画层次上，没有构意的差别。从社会用字的角度看，不利于全社会文化的交流。首先，它增加了汉字使用者的负担，本来是一个字，却要记住很多形体；其次，它影响了印刷与汉字信息处理，使排版与计算机字库陡然增加了许多形体，不便于文化的传播与信息的处理；第三，在基础教育和对外汉语教学中，字形的杂乱不利于汉字教学的正常进行，直接影响教学效果和文化的传播。所以对异写字必须进行规范。规范异写字主要有以下两种方法：

（1）直接在异写字中找出一个标准体作正字。如上述各例中，确立"逍、象、功、章、马、安"为正体。其他形体在教科书和社会公开用字中，一律取消；历史文献中，能与标准体认同，用标准体置换就可以了。

（2）对基础构件加以规范。异写字的差异发生在最小的基础构件内部，因此，基础构件——也就是最小构形元素形素——规范了，由基础构件构成的字自然也就避免了异写现象。如"刻"的异写字可由基础构件"亥"来规范。

（二）异构字

异构字是用不同的构形方式或选取不同构件构成的异体字。异构字在构件、构件的功能以及数量、构形模式和布局上，至少有一项存在差别。异构字的构意肯定有或多或少的差异，这就是我们称之为异构字的原因。异构字有以下几种类型：

1. 构形模式不同

泪——涙

"泪"从"水"、从"目"，是会义合成字；"涙"从"氵""戾"声，是义音合成字。

岳——嶽

"岳"从"山"从"丘"，是会义合成字；"嶽"从"山""狱"声，是义音合成字。

埜——野

"埜"从"林"从"土"，是会义合成字；"野"从"里""予"声，是义音合成字。

灾——烖

"灾"从"宀"、从"火"，是会义合成字；"烖"从"火""𢦏"声，是义音合成字。

繖——伞

繖从"糸""散"声，是义音合成字；伞是全功能零合成。

2. 构形模式相同而构件不同

（1）同属会义合成字，而表义构件不同。例如：

尘——塵　弃——棄　明——朙　農——蕽

（2）同属义音合成字，而构件不同。又可细分为三小类：

①表义构件不同。

雞——鷄　睹——覩　嘆——歎　咏——詠　迹——跡

逼——偪　玩——翫　坋——坊　敕——勅　逾——踰

②示音构件不同。

线——線　裤——袴　俯——俛　蚓——螾　昵——暱

烟——煙　啼——嗁　磻——礴　掩——揜　肢——胑

③表义构件与示音构件均不同。

村——邨　碗——盌　粳——秔　暖——煖　糯——稬

剩——賸　蚊——蟁　妆——粧

由上述各例可以看出异构字的构意不同，它们是不同的字，而不是同一个字的不同写法。异构字用不同的字记录了语言中的同一个词，两个字都反映了词的本义，所以在"以形索义"时，异构字可以给我们提供多个角度，帮助我们更好地认识字所记录的词的本义。

异构字的记词职能相同，在造字上是不必要的重复，它使汉字总数量增加，不利于识记，并且还有可能使读者把异形看作是异词，所以在社会用字层面上应当对异构字加以规范。规范异构字必须在多个异构字中优选一个作为通行字，另外的字不能贸然取消。因为在汉字史上，异构字并不完全共时，可能由于时代的发展而职能发生分化，分别记录不同的词。例如《说文解字》中"常"与"裳"是重文，但在东周的文献中已经分化为记录两词的两字了。因此，对异构字不加分析地一律取消的简单做法是不合适的。

三、识别异体字要注意的几个问题

（一）正确区分异体字与通假字

异体字是同一字的不同写法，或者是某一字的变形，因此异体字的本义是相同的。而通假字是为不同的词而造的字，因为读音相同或相近，有时才用来记录同一个词，所以通假字的本义是不同的（至少也是有区别的）。可见，区分异体字与通假字的关键是判断本义是否相同。

古书通用的"肢—胑"，如《荀子·君道》："块然独坐而天下从之如一体，如四胑之从心。"《管子·君臣下》："四肢六道，身之体也。"两句话中的"胑"与"肢"，一个"从肉只声"，一个"从肉支声"。两者的区别在于示音构件不同，但都是为肢体义造的字，所以"胑—肢"是异体字。又如"雕""凋"两字在记录表示凋落意义的词时可以互相通用，但是"雕"的本义是鸟名，"凋"的本义为凋落，本质上这是为不同的词造的两个不同的字，只是由于同音借用的关系而发生部分功能的重合，所以"雕—凋"是通假字，不是异体字。同样常被误当作异体字的通假字还有：游—遊，修—脩，雕—彫等。

（二）正确区分异体字与古今字

古今字是一个历时的概念，着眼于文字的分化，今字之所以产生，目的是承担古字的某个义项，因此古字与今字是不能完全互相替代的。而异体字则在任何语言环境中都可以互换。如韭菜的"韭"后来又产生了加"艹"的写法，即"韮"，"韭"和"韮"在任何场合下都可以互相替换，用法上没有分工，所以它们是异体字关系。又如"莫"后来又造了一个加"日"的"暮"字，本义都表示黄昏，但是"暮"字产生以后，两字的职能产生了分化，"莫"字只表示否定性的无定代词和否定副词，"暮"字专门表示日暮，如

"过而能改，善莫大焉。"（《左传·宣公二年》）中的"莫"就不能用"暮"代替。所以，"莫－暮"是古今字，不是异体字。类似的情况还有：亡－無，注－註等。

（三）正确认识异体字的分化

异体字在历史上不仅为数众多，而且还随着社会用字的发展变化而变化，所以要用历史的、发展的眼光来看待它们。有些异体字最初是完全同义的，但是后来有了分工，变成了两个不同的字，就不再是异体字了。如"喻"和"谕"曾是一对异体字，都有懂得、晓谕和比喻的意思，但是后来"告谕"义用"谕"，"比喻"义用"喻"，分化为两个字，不再互相通用。再如"份"和"彬"，原本通用，指文质兼备的样子，《说文》引《论语》："文质份份"，今作"彬彬"。后世分化，"彬"仍表本义，而"份"改读 fèn，用作量词。此外如"咳"与"孩"，"育"和"毓"，"乌"和"於"等等，也有类似的变化。

第二节 同形字

一、什么是同形字

同形字是指记录几个不同的词的同一个形体，并且几个词的意义之间不存在引申或假借关系①。

汉字作为表意文字，形义统一是它的造字原则，即最早的汉字是根据它所记录的词义而绘形的，词义是构形的依据，构形以体现词义为目的。但是形体对于它所记录的词义，只能是大致地、象征性地反映，不可能像图画和摄影作品那样精确。因此，就有可能发生不同的词偶然采用同一个形体来记录的现象。在早期甲骨文中就存在一形数用的情况，如象成年男子的"大"既

---

① 裘锡圭先生在《文字学概要》中把"同形字"分为广义和狭义两种。广义同形字包括所有表示不同的词的相同字形，其中也包括因词义引申或假借而造成的一字记录数词的现象。裘文狭义同形字与本文的同形字所指相同。

可以表示"大"又可以表示"夫"；象月亮的")"形既是"月"字又是"夕"字。这反映了早期汉字的原始性。随着社会的发展，汉字构形的不断变化，大量的同形现象也随之产生。

二、同形字的类型

同形字的类型是多种多样的，从其产生的方式上大致可以分为两类：

（一）原初同形字

原初的同形字是指在为两个词造字时，形体偶然相同。对同一个字形的分析，可以得到不同或相同的构意，反映不同的词义。如：

姥（mǔ）和姥（lǎo）。姥（mǔ），从女从老，会义合成，义为年老的女人，如"又尝在蕺山见一老姥"（《晋书·王羲之传》）。又为山名，今有"天姥山"，传说登上这座山的顶峰，有人听到天上有老妇歌吟的声音，就把这座山名为天姥山。姥（lǎo），从女老声，义音合成，是对外祖母的称呼，亦为对老妇人的敬称。读 mǔ 的"姥"和读 lǎo 的"姥"，字形虽然相同，音义各不相同，造字方法不同，是典型的同形字。

怕（bó）和怕（pà）。《说文解字·心部》："怕（bó），无为也。从心、白声。"是"淡泊"之"泊"的本字。"惧怕"之"怕"（pà），如"孝者怕入刑辟"（《论衡·四讳》），与此同形。对同一个字形的结构分析可以合理地解说两个词的意义，也就是说无论是为"淡泊"之"泊"还是为"惧怕"之"怕"造字，都可以造出从心白声的"怕"字。

同形字与假借字不同，两个词的意义都可以通过同一个字形的分析得到的是同形字。同形字是记录两词的本字，不存在假借字与假借义的问题。分析构形得到的构意是否与词义一致是区分同形字与假借字的关键。

不同时代的人们为不同的事物而造的字，积淀到楷书层面也会成为同形字。周代金文里有"铝"字，指铸铜器的原料，与金属铝无关；汉代扬雄的《方言》中也有一个"铝"字，义为雕磨；现在"铝"指一种金属。这三个

"铝"字，字义各不相同，应该看作同形字。①

（二）变异后的同形字

变异后的同形字有两种。第一种同形字原本是某一共时状态下两个不同形的字，分别记录两个不同的词，后来其中一个（往往是形体较为繁复的那一个）由于重新造字或改换构件，而与另一个字成为另一共时层面上的同形字。如：

唇与脣。《说文解字·口部》："唇，惊也。从口、辰声。"段玉裁注："后人以震字为之。"认为是"震惊"的"震"的本字。《肉部》："脣，口耑也。从肉辰声。顾，古文脣从页。"即"口脣"之"脣"字。后两字同形。

椅（yī）与椅（yǐ）。《说文解字·木部》："椅，梓也。从木、奇声。"为树名。"桌椅"的"椅"因可依靠得名，本来写作"倚"，后改意符为"木"，分化出"椅"，与"椅树"的"椅"同形。

臘（là）与腊（xī）。《说文解字·肉部》："臘，冬至后三戌臘祭百神。从肉、鼠声。"本义为古代的一种祭祀活动，后来引申指举行这一活动的时段，即"腊月"。腊（xī）本义为"干肉"。近代民间把"臘"的声符写成"昔"，与表示干肉的"腊"（xī）同形。

適（shì）与适（kuò）。《说文解字·辵部》："適（shì），之也。从辵商声。"本义为往、到。同部"适（kuò），疾也。从辵昏声"。本义为疾速，古代常用作人名，如南宫适、洪适。"適"的简化字与适（kuò）同形。

胜与勝。《说文解字·肉部》："胜，犬膏臭也。从肉生声。一曰不孰也。"当为"生熟"之"生"的本字。《力部》："勝，任也。从力、朕声。"为"克胜"之"胜"的本字。简化后二者同形。

價（jià）与价（jiè）。《说文解字·人部》："價（jià），物直也，从人贾声。"为"價值"之"價"。同部"价（jiè），善也，从人，介声"。"價"简化

---

① 李荣《汉字演变的几个趋势》中指出："造'铝'字的化学家，不一定知道《方言》有这个字，更不见得知道周朝铜器上有这个字，应该说是个创造。时不分古今，周朝人、汉朝人、现代人分别造从金从吕的形声字，用法不同，造字的心理是相同的。"李荣先生的分析是精当的，现在的化学元素用字中类似"铝"字的情况还有一批，这些也都是同形字。

为“价”，与“价”（jiè）同形。

廣（guǎng）与广（yǎn）。《说文解字·广（yǎn）部》：“广（yǎn），因广为屋，象对剌高屋之形。”本义像一边开放的房屋。廣（guǎng）字本义为宽广。廣（guǎng）简化为“广”，与“广”（yǎn）同形。

廠（chǎng）与厂（hǎn）。作部首的厂（hǎn）是山石之崖岸的形象。廠（chǎng）本义为棚舍，后引申为工厂。廠（chǎng）简化为“厂”，与厂（hǎn）同形。

在字形简写过程中，有许多文字的形体与固有的某个字不谋而合，由此形成数量可观的一批同形字。由于汉字简化造成的类似例子还有很多，如櫃（箱子一类的家具）与柜（一种树）、懷（本义为“思念”）与怀（本义为“怒”）、後（“前后”）与后（“君后”）、斗（本义指一种器具，引申可指“北斗”）与鬥（“争斗”）等，此处不再赘述。

第二种变异后的同形字，本来也是两个不同的字，构意不同，记词职能不同。其中一个在演变过程中，由于书写变异而与另一字同形。如：

“胄”。胄字有两个来源，一是《说文解字·肉部》：“胄，胤也。从肉由声。”本义为后代人。一是《冃部》“冑，兜鍪也。从冃由声”。本义为头盔。由于构件“肉”与“冃”隶变后相同，二字在楷书层面上同形。

“栝”。《说文解字·木部》：“桰，隐也。从木昏聲。”本为一种矫揉曲木的工具；同部“栝，炊灶木。从木舌声”。就是烧火棍。其中构字部件“舌”与“昏”隶变后相同，两字在楷书层面上成为同形字。

“朓”。《说文解字·月部》：“朓，晦而月见西方谓之朓。从月兆声。”《肉部》“朓，祭也。从肉兆聲”。两个“朓”字本是分别从月和从肉的两个字形，其中构件“月”与“肉”隶变以后相同，两字在楷书层面上同形。隶变是汉字发展的一个重要过程，许多字形体发生变化并固定下来，一直保存到现行汉字中。

在汉字发展过程中，也有因为书写者个人的书写习惯或其他原因而造成的同形字。如在隋唐碑志中，“木”作为偏旁，由于书写速度快，笔顺发生变

化，常写成"扌"（提手旁），造成"杨"与"扬""模"与"摸""桂"与
"挂"等在碑志中成为同形字。这种同形现象往往发生在两个形体相近的字
中，而且是书写者的个人行为，其中发生书写变异的字与官方正字规范冲突，
所以不会在历史传承中固定下来，而成为短暂时段中的、某一书写材料中的
现象，在现行汉字中两字并不同形。

　　同形现象就是同一形体兼做两字、兼表两义，与文字"分理别异"的要
求相违背，也给文字使用者带来不便，影响了认读识记。但是作为文字整理
者和文献阅读者，对于汉字历时发展过程中的既成事实，我们不可能强制规
范（规范只能适应于共时平面上和同一系统内部，对历时现象无法作到规
范），而应在理论的指导下，辨清事实。因此在阅读古籍中，我们要特别注意
对同形字的考辨，不墨守一字一音一形一义，以免硬性解说，发生谬误。同
时也要充分认识到变异造成的同形字给阅读带来的障碍，尤其是用现行汉字
转写的文献，更要避免以此释彼，造成误解。

第三节　古今字

　　古今字这一术语，最早是东汉时期郑玄提出的。《礼记·曲礼下》："予一
人。"郑注："余、予，古今字。"《汉书·艺文志》中的"孝经家"部分，著
录有《古今字》一卷，惜已失传。清代小学家段玉裁认为："凡读经传，不可
不知古今字。古今无定时，周为古则汉为今，汉为古则晋宋为今。随时异用
者，谓之古今字。非如今人所言古文、籀文为古字，小篆、隶书为今字也。"
（《说文》卷三"谊"字注）清代王筠则根据古字与今字的关系，提出："字有
不须偏旁而义已足者，则其偏旁为后人递加也。其加偏旁而义遂异者，是为
分别文。其种有二：一则正义为借义所夺，因加偏旁以别之者也；一则本字
义多，既加偏旁，则只分其一义也。其加偏旁而义仍不异者，是为累增字。"
（《说文释例》卷八）按照这种看法，凡是一个汉字因为引申或假借而造成用
法的分化，需要另加偏旁来区别的，其加偏旁的字都叫区别字（分别文）。而
累增字应限于一个汉字用法没有分化，加上偏旁以后和原来的汉字音义全同

的那些字。

一、什么是古今字

不同历史时期，用形体不同的字记录同一个词，时间在前的称为古字，时间在后的称为今字，合称古今字。古和今是相对而言，没有绝对的时代标准。它的特点是古字所兼有的几种意义，由今字代表其中的一两种意义，以不同的字形来区别其不同的意义。如：

谁习计会，能为文收责于薛者乎？《战国策·齐策》

问左右："何人可使收债于薛者？"《史记·孟尝君列传》

句中"责""债"两个字都是债务的意思，记录的是同一个词，就成为一组古今字："责"出现的时间早，称为古字；"债"出现的时间晚，称为"今字"。

姜氏欲之，焉辟害？《左传·隐公元年》

周避犬戎难，东徙雒邑。《史记·秦本纪》

句中"辟""避"都表示躲避，为一组古今字，"辟"为古字，"避"为今字。

从理论上讲，字与词应当是一一对应的，即一个字记录一个词。但由于词产生得早而字产生得晚，或是词汇发展得快而字增加得慢，导致词多而字少。于是就出现了一字兼记数词的现象。如"责"在先秦既表示"索取"，又表示"债务"，还可以表示"要求""咨询"等义。"辟"既表示"法度""君主"，又表示"躲避""偏僻""开辟""譬喻"等意义。如果一个字兼职过多，就会给理解带来麻烦。后代为了区别，就造出"债"和"避"分别表示"责""辟"中的"债务"和"躲避"的意义，这就形成了古今字的现象。可见，为了不使一个字兼职过多，以求文字在记录语言上更精密、更完善，人们就另造新字来表示某个字的某个义项，这个今字，实际上是为了区别意义，所以又把今字称作"区别字""后起字"。

二、古今字的成因

古今字是汉字在孳乳分化过程中所产生的一种历史现象。形成古今字的直接原因有两个，一是词义的引申，一是文字的假借。

1. 词义的引申。如：

责—债。"责"，字从贝，其本义常与财物相关。《管子·轻重乙》："使无券契之责。"《战国策·齐策》："谁习计会，能为文收责于薛者乎？""责"用本义"债务"。《说文解字·贝部》："责，求也。"指出"责"有责求义，已是由本义引申出来的意义，然后又引申出诘问、责任等意义。为了能做出区别，后人为此字的本义专造了"债"字，以免"责"字兼职太多。《史记·孟尝君列传》："何人可使收债于薛者？""债"用的就是今字。

内—纳。"内"本义是纳入，《说文·入部》："内，入也。"段玉裁注："今人谓所如之处为内，乃以其引申之意为本义也。"后来"内"字表示引申义内外的"内"，其本义则借"纳"字表示。《说文·系部》："纳，丝湿纳纳也。""纳"字本义是"丝湿"，刘向《九叹·逢纷》："裳襜襜而含风兮，衣纳纳而掩露。"王逸注："纳纳，濡湿貌。"用的是本义。在"纳入"这意义上，"内"与"纳"构成一对古今字，但今字"纳"并不是为"纳入"专造的，而是借了一个原有的字来表示。

昏—婚。《说文解字·日部》："昏，日冥也。""昏"字从日，表示黄昏、太阳下山后等意义。古人娶妻的礼节中有所谓"以昏为期"的说法，因此从"日冥"义引申出"婚嫁"义。《诗经·邶风·谷风》："宴尔新昏，如兄如弟。"后代就专造"婚"字来表示"婚嫁"的引申义以示区别，本义"日冥"仍由古字"昏"承担。

竟—境。《说文解字·音部》："竟，乐曲尽为竟。"段玉裁注："曲之所止也。引申之凡事之所止，土地之所止皆曰竟。"《左传·宣公二年》："亡不越竟，反不讨贼。""竟"表示的就是引申义的"边境"，后来就为这一引申义专造"境"字。在"边境"义上，"竟"与"境"是一对古今字。由"竟"字的本义"乐曲尽"引申的意义是很多的，"境"字仅表示了众多引申义中的一义，其他引申义仍由"竟"字来表示。

其他例如：

A. 贾—價　解—懈　取—娶　道—導

　　知—智　见—現　弟—悌　张—胀

B. 采—採　止—趾　州—洲　奉—捧

其中 A 组是为引申义造了今字，B 组是为本字造了今字。可以看出，今字的出现，是为了使古字的某一个或某几个引申义的书写形式专一化。

2. 文字的假借。如：

莫—暮。《说文解字·茻部》："莫，日且冥也。从日在草中。"《诗经·齐风·东方未明》："不能辰夜，不夙则莫。"毛传："辰，时；夙，早；莫，晚也。"《孟子·梁惠王上》："晋国，天下莫强焉。""莫"，是假借用法。后来为"日且冥"这个本义专造"暮"字。在这个意义上，"莫"与"暮"构成了一对古今字。

然—燃。《说文解字·火部》："然，烧也。""然"的本义是燃烧。《孟子·公孙丑上》："若火之始然。""然"用的就是本义。"然"字被假借为代词、形容词词尾等用法后，就在原字加上火旁，以表示本义。在"燃烧"这个意义上，"然"与"燃"构成一对古今字。

采—彩。《说文解字·木部》："采，捋取也。从木从爪。"手在树上表示摘取的意思，与颜色、彩色这类意义没有关系。颜色、彩色等义无专字记录，是借用"采"字来表示的。《礼记·月令》："命妇官染采。"郑玄注："采，五色。"后人专造了"彩"字来表示"采"字的假借义"彩色"。在这个意义上，"采""彩"构成一对古今字。

牟—麰。《说文解字·牛部》："牟，牛鸣也。"《诗经·周颂·思文》："遗我来牟。"又《臣工》："于皇来牟。""牟"指一种麦子。《诗经》中的意义显然是"牟"字的假借义，后来就专造了"麰"字来表示这一假借义。《孟子·告子上》："今夫麰麦，播种而耕之。"这里用的便是今字。

其他例如：

A. 其—箕　孰—熟　要—腰　云—雲　或—域

B. 戚—慼　身—娠　要—邀　辟—僻　与—欤

　　其中 A 组是为本义造今字，B 组是为借义造今字。由此可见，为一个多义字的假借义造了今字后，假借字的书面形式专一化了，此多义字仍表示着除了假借义之外的一些意义。

三、古今字的构形特点

　　1. 今字在古字的基础上增加意符。这是最常见的类型。如：

　　责—债；反—返；景—影；解—懈；取—娶；弟—悌；其—箕；孰—熟；益—溢；要—腰；臭—嗅；贾—價；然—燃。

　　"益"的本义是"溢出"。《吕氏春秋·察今》："澭水暴益，荆人弗知。"后来表示"利益"义，就另造今字"溢"字表示本义。"溢"在"益"的基础上增加意符"水"。"要"的本义是"腰"《墨子·兼爱》："昔者楚灵王好士细要。故灵王之臣，皆以一饭为节。"后来造今字"腰"来记录本义。"腰"在"要"上增加意符"肉"。

　　2. 今字在古字的基础上增加声符。如：食—饲；网—罔；自—鼻。

　　"食"，本有"吃"的意思，由此引申出"给……吃"的意义。《战国策·齐策四》："食以草具。"后来为表示这个引申义又加声旁"司"造"饲"。

　　3. 今字在古字的基础上改换意符。如：说—悦；被—披；赴—讣；没—殁；振—赈。

　　"说"字在上古可以表示"说话""游说"的意义，还可以表示"喜悦""高兴"的意义。《论语·学而》："学而时习之，不亦说乎?"其中的"说"字，后来写作"悦"，在表示"喜悦"这个意义上，"说"字出现在前，是古字。"悦"字出现在后，是今字。"悦"是将"说"的意符"言"改为"心"。"被"本义是"被子"。《说文·衣部》："被，寝衣也。长一身有半。"引申为动词"披、覆盖"，为此引申义专造的今字"披"，以古字的声符"皮"为声符，意符则改为"手"。

　　4. 今字在古字的基础上改变或增加笔画。如：母—毋；句—勾；大—太；不—丕；陈—阵。

"母"字有表示否定的假借义,后来便专以"毋"字来表示此假借义。《说文·毋部》:"毋,从女一,女有奸之者,一禁止之,令勿奸也。"牵强附会不可信。由"母"到"毋",应该是原来的两点连写变成"丿"。"句",本义为"曲",引申为"章句"之"句"。为了区别,后来表示"曲"义的写作"勾",表示"句子"义的仍写作"句"。关于这一点,段玉裁认为:"凡曲折之物,侈为倨,敛为曲……凡章句之句亦取稽留可钩乙之意,古音总如钩。后人句曲音钩,章句音屡,又改句曲字为勾。"

5. 今字与古字的形体完全不同,古今字形没有联系。如:伯—霸;身—娠。

"伯"本义是老大,引申为诸侯之长。《史记·十二诸侯年表》:"四国迭兴,更为伯主。"后世此义另借"霸"字来表示,如《史记·项羽本纪》:"项王自立为西楚霸王。""霸"本义是指阴历每月初始见之月,《说文解字·月部》:"霸,月始之霸然也。"霸的本义后来消亡,借义遂行,并在"诸侯之长"义上逐渐取代了"伯"字。"伯""霸"字形上毫无关系。"身"据《说文解字》本义为身体。《身部》:"身,躬也。象人之身。"它可以借用表示妊娠义,如《诗·大雅·大明》:"大任有身,生此文王。"后此义用"娠"表示。《国语·晋语》:"昔者大任娠文王。""身""娠"古今字,二者形体无关。

四、理解古今字应注意的问题

1. 古今字是两个不同的字,与古文字、今文字是本质不同的概念。古文字与今文字是一个字在隶书之前和隶书之后的不同形体。古今字是记录同一个词的不同时代的不同的字。

2. 表义上,今字只是替代了古字所记录的数个词中的一个或是数个义项中的一项。一般说来,今字只是记录古字的部分义项。今字是为分担古字的某个意义或几个意义而产生,在这个意义或这几个意义上,今字与古字是一对一的关系,但由于古字的多个意义有时各有专职的今字来分担,有的古字可以对应几个今字,例如:辟—避、僻、闢、劈,共—供、拱、恭。

3．构形上，今字往往是在古字的基础上加意符，这是今字产生的最主要途径。上文已述。

4．读音上，今字与古字读音相同或相近。读音相同的如：反—返；然—燃；昏—婚；没—殁等。读音相近的如：景—影；县—悬；伯—霸；被—披等。

5．从时间上看，古今字是一种历时现象。但今字产生后，相对应的古字并不会马上消失，在今字出现而未取得巩固地位之前，古字、今字在该分化义上还有一个或长或短的混用时期。另外，古今字的古今是相对的。

在汉字数千年的发展史中，古今字现象始终存在。郑玄所谓的"古今字"主要指古今用字的不同，乃是从训诂学角度来看待这个问题，有时候与异体字、通假字等混淆。我们是从文字学的角度来定义和使用"古今字"的。随着词义的发展，当古字的义项过多，影响理解时，人们就采用造分化字的办法来分担古字的部分职能。因而今字出现之后，古字就不应该再表示已分化出来的义项了，但实际情况却并不尽然，后世许多古文家在写作时往往不用今字而用古字。此外，由于我国历史悠久，文献典籍几经传抄刻印，后人往往按照当时的用字习惯把古书中的古字改为今字，这样就使得古今字的历史面貌呈现出某些混乱的状况。比如先秦时代的作品中，往往古字与今字并存共用。此外，由于"文人好古"的原因，古字在某些后代典籍中还长期存在。

第四节　通假字

阅读古书，常常遇到这种情况，明明是甲字，却当作乙字使用，换句话说，本来应写作乙字的，却写成了甲字。只有弄清其中文字的通假，才能把古书上不明白之处讲通。例如《诗经·秦风·终南》："终南何有？有纪有堂。"历史上从毛亨到朱熹，都未能说清"纪""堂"为何物，而清人王引之通过通假的途径，指出"纪""堂"二字原来是"杞""棠"的借字，这才把诗义疏通。可见，掌握通假，摆脱字形的束缚，对读懂古籍至关重要。

一、什么是通假字

古人在记录语言的过程中，有本字不用，而用一个音同或音近的字来代替，这种现象叫作通假。因为通假是以古音的相同或相近为前提的，所以又叫古音通假。在通假中，替用的字叫通假字，被替用的字叫本字，又叫正字。如：《史记·项羽本纪》："旦日不可不蚤自来谢项王！"汉字中有记录时间早晚的"早"字，但作者却用了与"早"读音相同、表示"跳蚤"义的"蚤"字。根据文义，"早"是本字，"蚤"是借来的替代字，是通假字。

可见，通假字是相对于本字而言的，由于是借用了一个记录他词的字，故又称为借字。

通假字与本字一般是不能逆推互通的，如"蚤"可以通假为"早"，但不能说"早"可以通假为"蚤"。只有少数二字可以互为通假，如"无"可通"毋"，《国语·越语上》："命壮者无取老妇，令老者无取壮妻。""毋"可通"无"，《史记·秦始皇本纪》："身自持筑臿，胫毋毛。"

有些通假字可以分别代替好几个本字，如"適"可通"谪"，《史记·陈涉世家》："发闾左適戍渔阳九百人。"也可以通"嫡"，《公羊传·隐公元年》："立適以长不以贤。"还可以通"敵"，《史记·范雎列传》："攻適伐国。"也有好几个通假字可以分别代替同一个本字的情况，如"详"可通"佯"，《史记·淮阴侯列传》："击龙且，详不胜。""洋"可通"佯"，《史记·吕后本纪》："齐王怪之，故不敢饮，洋醉去。""阳"可通"佯"，《汉书·李广传》："广阳死，睨其旁有一胡儿骑善马。"

此外还有递相通假的情况，即甲字通乙字，而乙字又可通丙字，如"亡"可通"无"，《汉书·霍光传》："朕知是书诈也，将军亡罪。""无"又可通"毋"。

二、通假字的成因

古书中为什么会出现通假字呢？《经典释文·叙录》中引用东汉训诂学家

郑玄的话："其始书之也，仓卒无其字，或以音类比方假借为之，趣于近之而已。受之者非一邦之人，人用其乡，同言异字，同字异言，于兹遂生矣。"就是说，古人在著述时，该用甲字，仓促之间而用了一个音同或音近的乙字来代替。这种情况很像今天的写别字。郑玄认为在选用音同、音近字时，又是以书写者本人的方言为标准的，这就把通假视为个人现象。其实通假作为一种历史现象，是约定俗成的，是社会性的而非个人的用字现象。最初使用某个通假字的人，无疑同于今天写别字。但这个别字产生之后，别人也跟着效仿，相沿成习，就具有了社会合法性，而今天的别字却是不合法的。下面再举一些常见通假字的例子：

信—伸　脩—修　由—犹　锡—赐　矜—鳏　畔—叛　罢—疲　雕—彫

上面每组字中，前面的为通假字，后面的为本字。

三、通假字成立的条件

古人借用通假字来记词，纯粹是利用它的字音，把它作为一个音节符号来对待的，至于它的字义则完全置之不顾。读者遇到通假字也只能据音知词，不拘形体，否则就无法知其真意。这就是说，通假字与本字在字义上并没有必然的联系，但在字音上却一定是相同或者相近的。可见，音同音近是通假的必要条件。

所谓音同音近，是以上古音为标准。由于语音的发展变化，可能会出现古代读音相同的字，到了后代读音变得不同了；而古代读音不同的字，到了后代读音却相同了。因此，我们说古书的通假应当以上古音为依据，而不能用现代语音去衡量。例如：

《孙子·军争》："劲者先，罢者后。""罢"假借为"疲"。二字今音不同，但上古则同属歌韵、并母字，合乎通假的必要条件。

《周易·系辞下》："尺蠖之屈，以求信也。""信"假借为"伸"。二字的上古音，韵同属真部，声则"信"属心母，"伸"属书母，为准双声。韵同声近，故得通假。

有人对王引之的《经义述闻》卷三十二《经文假借》的通假字做过统计，

在 252 个通假字中，双声兼叠韵的 110 对（包括同音字），叠韵的 99 对，双声的 21 对，声韵相近的 20 对，声韵较远的 2 对。这说明通假字所表示的那个词和本字所表示的那个词的读音必须相同或是基本相同，这是通假的先决条件，也是通假的原则。

四、通假字的辨别

辨别古书中的通假字，可分别从音、义、形、证四个方面进行考察。

（一）从字音上看

辨别两个字是否是通假关系，主要是看两个字的读音是否相同或相近。读音以上古音为依据。所谓相同，是指声母和韵部相同。如"蚤"和"早"，通假字和本字上古的声母和韵部都相同。所谓相近，是指通假字和本字或者声母相同、韵母相近，如"栗"和"烈"。《诗经·豳风·东山》："有敦瓜苦，烝在栗薪。"郑玄注："栗，析也。"孔颖达疏："借栗为烈。"或者韵部相同、声母相近，如"信"和"伸"。《礼记·儒行》："虽危，起居竟信其志。"郑玄注："信，读如屈伸之伸。"或者声母相近、韵部也相近，如"如"和"奈"。《公羊传·定公八年》："如丈夫何？"何休注："如，犹奈也。"

（二）从字义上看

通假字的字义与所记录的词的词义无关，而本字则往往与所记录词的词义一致。王引之在《经义述闻》中说："往往本字见存，而古本则不用本字，而用同声之字。学者改本字读之，则怡然理顺；依借字解之，则以文害辞。"就是说，古汉语中的某个词本来有自己的书面形式即本字，但古书中因种种原因弃之不用，让一个同音的借字来代替了。通假现象中，本字和借字的本义一般是不同的，所以在一个有通假字的句子中，若以通假字本身的意义来理解句子的意义，当然就"以文害辞"。若能以通假字的语音为线索找出本字，用本字的意义来理解句子，就"怡然理顺"。例如：

《诗经·豳风·七月》："七月食瓜，八月断壶。"毛传："壶，瓠也。"孔颖达正义："以壶与食瓜连文，则是可食之物，故知壶为瓠。谓甘瓠可食，就蔓断取而食之。"此例若以"壶"的字面意义解释，断不可通；改按本字

"瓠"所记词义去理解，则圆通无碍。

《汉书·游侠传》："（郭）解为人静悍。""静"假借为"精"，"精""悍"义相近。如果"静"解释为"沉静"，与"悍"义远隔，句义讲不通。

（三）从字形上看

有相当部分通假字与本字具有共同的声符或者互为声符。因为通假是同音字之间的借用代替，而声符相同的字古必音同音近，故此类字通假的可能性最大。例如：

《战国策·齐策四》："蠋愿得归，晚食以当肉，安步以当车，无罪以当贵，清静贞正以自虞。""虞"为"娱"借字。二字都以"吴"为声符。

《诗经·郑风·溱洧》："溱与洧，方涣涣兮。士与女，方秉蕳兮。女曰观乎？士曰既且。""且"借为"徂"。通假字是本字的声符。

当然，这里是说同声符字通假具有较大可能性，至于是否通假，还需根据实际情况而定。

（四）从例证上看

通假字虽说是古人临时写的同音别字，但实际上，这些通假字的使用除了它与本字音同音近之外，还往往同某个作者或者某个时代的习惯有关，甚至还会引起后代的仿效，因而一般来说，某字通某字，常常是这本书里这样用，另外的书里也这样用。例如：

"蚤"可通"早"，《韩非子》一书中使用本字"早"的仅有 4 处，借"蚤"为"早"却有 21 处。例如：《亡征篇》："太子尊显，徒属众强，多大国之交，而威势蚤具者，可亡也。"《备内篇》："且万乘之主，千乘之君，后妃、夫人适子为太子者，或有欲其君之蚤死者。"《喻老篇》："夫事之祸福，亦有腠理之地，故圣人蚤从事焉。"

"得"可通"德"，古书多见，如：《孟子·告子上》："万钟于我何加焉？为宫室之美、妻妾之奉、所识穷乏者得我与？"《荀子·礼论》："贵始，得之本也。"同书《成相》："尚得推贤不失序。"

"德"亦可通"得"，如：《墨子·节用上》："是故用财不费，民德不劳，其兴利多矣。"《潜夫论·释难》："此非前烛昧而后烛彰也，乃二者相因而成大光，二圣相德而致太平之功也。"又："众良相德，而积施乎无极也。"

据此，我们可以利用同类例证作为确定通假字的依据。

总的说来，音、义、形、证四个方面，音同音近是产生通假的基础。"改本字读之，则怡然理顺；依借字解之，则以文害辞。"这是判断通假的准则。音同音近固然有通假的可能性，然而音同音近的字很多，并不是都相通假，要判断一个字是否通假，还必须从意义方面进行衡量。如果不是"以文害辞"，就不要轻言通假；如果不是"怡然理顺"，就不能认定本字。例证是确定通假的辅助手段。音义无可指摘，加上例证，就凿凿可信；例证不足，总嫌臆说无据，犹有可商。可见，音、义、证三者，于识别通假不可或缺。至于形，只是作为识别通假的参考而已，不能拘泥——是否具有相同声符或者互为声符，不足作为是否通假的依据。

五、本有其字的通假与本无其字的假借

通假是汉字使用过程中的特殊现象，与造字时的假借性质不同。但传统上往往把假借也叫作"通假"。为了区别，我们把造字的通假称为"本无其字的假借"，由这种方式产生的字称作"假借字"。把用字的通假称为"本有其字的通假"，由其产生的字称作"通假字"。通假和假借虽然都是"依声托事"、借音表义，但二者的区分也是明显的。

首先，假借是造字代词方面的问题，是语言中某一个词尚无文字可代表，但又难于为之造字构形，于是从已有的文字中找出一个读音与需要造字的那个词的语音相同的字，让它充当该词的书写符号，所以叫造字假借。通假是汉字使用方面的问题，是人们书写时本有其字而不用，借用一个音同或音近的字来代替，所以叫用字通假。

其次，造字的假借无本字可言，就是许慎在《说文解字·叙》中所说的"本无其字，依声托事"的"假借"。用字的通假是有本字而不用，是本有其字。

再次，本无其字的假借字一旦形成，其形义的结合就是固定的，离开了具体语言环境也照样存在；通假字具有临时性的特征，是不固定的，只有在

具体的语言环境中才能显现出来。

六、通假字与古今字的区别

通假字与古今字是两个不同性质的用字现象。虽然借字与本字、古字和今字读音都相同相近，但二者的区别是明显的。

表义上，通假字与本字原本记录的就不是一个词，所以它们的意义并不相关；而今字表示的意义是古字数义中的一项，即今字与古字在某一个义项上是相同的。

出现时间上，通假字是"共时"现象，是在同一时期读音相同相近的字相互代替使用的现象，通假字与本字是同时存在的。古今字是"历时"现象，是指汉字历史上，由于当初字少而用多，到后来陆续分化出新字（区别字）的现象，古字和今字不是同时并存的。当然，今字产生以后，古字并不一定马上消失。

第五节　同源字

一、什么是同源字

同源词是指读音相同或相近，意义相同、相近或相通，出于同一语源的一组词。它们是由同一个语源派生出来的，具有音近义通关系的一组词。同源词又称为同源字。严格说来，字是记录词或音节的符号，同源的应是"词"而不是"字"。但是在古代汉语中习惯上以"字"为单位，所说的"字"实际上往往就是"词"。在这个意义上，"同源词"也可以叫"同源字"。同源字就是记录同源词的字。

例如：长、张、胀、帐、涨、掌、丈，是一组同源字。

"长"的本义指距离远，即长短的"长"。

"张"的本义是"施弓弦"，施弓弦要把弓弦拉长，所以意义和"长"有关。引申为"张挂"。如《荀子·劝学》："是故质的张而弓矢至焉。"又为"张大"，如《左传·昭公十四年》："臣欲张公室也。"

张挂起来的帷幕叫"帐"，最初就写作"张"。如《史记·高祖本纪》："高祖复留止，张饮三日。""张"就是后来的"帐"。

肚子涨满叫"胀"，水满叫"涨"。"胀"本来也写作"张"。如《左传·成公十年》："将食，张，如厕。"注："张，腹满也。""涨"也可以写作"张"。如《资治通鉴》卷六十五："顷之，烟炎张天。"

"掌"是"手掌"。《说文》："掌，手中也。"朱骏声曰："张之为掌，卷之为拳。"

"丈"是年长者。《大戴礼记·本命》："丈者，长也。"

从语音上看，这些字上古都是阳部，"长"（长短）、"丈"是定母，"掌"是章母，其余都是端母，语音也是相近的。所以，这是一组同源字。

在语言发生的起点，原生词的音义联系是偶然的，是在交际过程中约定俗成的。原生词达到　定数量后，再造新词时，新词的意义是在旧词基础上引申而来的。记录旧词的发源字一开始也记录引申义，源词把引申义派生出去后，派生词的音和义都可以追溯到产生它的旧词——也就是它的源词——身上，所以，派生词和源词之间就发生了音近义通的关系。文字是记录语言的符号，源词把派生词分化出去后，常是以给它造一个新字来标志这种分化的成熟，孳乳出的新字与发源字有明确的意义分工，孳乳字与发源字就是同源字的关系。如："凳"来源于"登"，特点是"登高"，字形分化作"凳"；"桌"的特点是"高"，源于"卓"，孳乳出"桌"；"梯"来源于"弟"，特点是"有次第"，孳乳出"梯"字。凳、登，桌、卓，梯、弟分别是同源字。又如：

风与讽。"风"的本义指自然之风，引申为"风化"。《诗·序》："上以风化下，下以风刺上。"后将"下刺上"的意义分化出来，孳乳出"讽"字。

正与政。"正"的本义为"正直""中正"，引申出"教化""治理"（使之正），便孳乳出"政"字来承担这个意义。

被与披。"被"的本义就是"被子"，施加于物体表面，有覆盖作用。后孳乳出"披"字。

二、同源字的判定标准

判定同源字有三个重要的条件：其一，读音相同或相近；其二，意义相通，有共同的词义特点；其三，有同一语源。这三条缺一不可。

声音相近，是说要以先秦古音为标准，声母、韵部一般都要相同或相近。声母相同（双声）并且韵部相同（叠韵）的，就是"音同"。除此之外，声韵均相近，或双声而韵近、声近而叠韵，都是"音近"。旁纽和邻纽都是广义的"双声"。声母发音部位相同，就是旁纽。发音部位相邻，如喉音和牙音相邻为邻纽。旁转、对转、旁对转是广义的"叠韵"。韵部的主要元音相同，收尾辅音的发音部位相同而发音方法不同，为对转。包括阴声韵与阳声韵对转，阴声韵与入声韵对转，阳声韵与入声韵对转。韵部主要元音相近，收尾辅音相同，为旁转。主要元音相邻而发音部位相同但发音方法不同，为旁对转。

意义相通，是说同源字的意义中要有共同的意义成分，或称为词义特点。同源字的义通，指有相同的词源意义。例如："鞠、枸、笱、拘、痀、胊"都属于上古音侯部见母，尽管词汇意义不同，但都包含"曲"的意义特点，有相同的词源意义，所以是同源字。"至、经、茎、胫、颈"同源，它们都含有"直立的"这一词源意义。"骍、瑕、霞、鰕"同源，它们都含有"赤色的"这一词源意义。

要确证某些词同出于一个语源是一件相当困难的事情，但还是有一些方法：从词义的引申系统、文字的谐声偏旁，以及古代的声训和其他训诂资料等方面加以考虑。近年来，也有人运用同属汉藏语系的其他民族语言，如藏语、傣语等资料来研究汉语同源字，这样做是很有意义的。

三、同源字与古今字、通假字的关系

由词义引申而产生的古今字，它们在读音、字形上彼此相同或相近，意义也属于同一来源。这一部分古今字都是同源字。但不能反过来说，同源字

都是古今字，如狗、驹、羔同源，但很难从时间上区分这些字产生的先后，也没有文献材料证明何为本字、何为区别字。由文字假借形成的古今字与同源字没有关系。

通假字不是同源字。虽然它们都是古音相同或相近，但二者有本质区别。通假的本字和借字只是读音相同，却没有意义上的联系，是单纯的文字现象。而同源字有相同的词源意义，反映的是汉语词汇的现象。

第六节　繁简字

一、什么是繁简字

繁简字就是简化字与其所对应的繁体字的合称。简化和繁化是汉字发展的两种趋势。这两种趋势从汉字诞生之日起就已经开始了，并且还将一直延续下去。就大多数汉字来讲，还是趋于简化。比如"达、担、穷．铁、听、业、众、专"是简化字，而与这些字相对应的"達、擔、窮、鐵、聽、業、眾、專"就是繁体字，这些繁体字在我们今天日常文字工作中已经被简化字所取代，不再使用，并成为现代汉字规范的对象。

通常所谓的"简化字"，指的是 1956 年中华人民共和国国务院公布的《汉字简化方案》所规定的简化字。至于 1977 年文改会公布的《第二次汉字简化方案（草案）》所收简化字，已于 1986 年 6 月由国务院转批国家语委《关于废止〈第二次汉字简化方案（草案）〉和纠正社会用字混乱现象的请示》，正式宣布停止使用，成为现代汉字规范的对象，因此《第二次汉字简化方案（草案）》的简化字不宜再称为"简化字"。

二、简化字形成的途径

简化字形体的来源比较复杂，其中相当多的一部分是颁布简化字之前就已经使用过的文字（或略加改造），还有一些是新创造的简化字。下面介绍几种常见的汉字简化的途径：

（一）省略。只保留繁体字的一部分，而省略其余的部分。例如：

飛——飞　　號——号　　蟲——虫　　虧——亏　　條——条

鞏——巩　　滅——灭　　習——习　　聲——声　　競——竞

（二）改形。改变或简化繁体字的部分形体或全部形体。又可分为三类：

1. 简化声符。如：

憐——怜　　溝——沟　　偵——侦　　濱——滨　　滲——渗

褲——裤　　達——达　　檔——档　　嬡——媛　　攬——揽

2. 简化意符。如：

訴——诉　　飲——饮　　報——报　　駿——骏　　鳩——鸠

紅——红　　駕——驾　　軔——轫　　閥——阀　　頂——顶

3. 形符、声符都改变或简化。如：

範——范　　講——讲　　驗——验　　繼——继　　議——议

縱——纵　　證——证　　顧——顾　　護——护　　繩——绳

（三）草书楷化。采用草书，或根据草书而略加改变，然后加以楷化。
例如：

東——东　　專——专　　當——当　　堯——尧　　興——兴

會——会　　頭——头　　壽——寿　　導——导　　書——书

（四）恢复古字或异体字。用初文代替后起字或选取曾经使用过的异体
字。例如：

從——从　　網——网　　復——复　　災——灾　　迴——回

氣——气　　雲——云　　捨——舍　　睏——困　　儘——尽

（五）另造新字。如不容易采用以上几种方法来简化的，就另造新字。
例如：

竈——灶　　塵——尘　　雙——双　　畢——毕　　華——华

義——义　　膚——肤　　叢——丛　　驚——惊　　響——响

以上几种是历代人民简化繁体字的主要途径。今天我国通行的简化字，
绝大部分都是历代相传下来的。简化汉字的目的是为了易认易写，使用方便，

不少简化字打破了汉字原有的形体构造，不能再用六书的原则分析了。

三、繁简字的对应关系

虽然由繁趋简是汉字发展的总趋势，但是多数古籍都用的是繁体字，我们要阅读古书，必须掌握繁体字。学习繁体字，要注意繁体字和简化字之间的对应关系。

（一）一对一的对称关系

绝大多数的简化字和繁体字是一对一的关系，我们只要把繁体字记住就可以了。例如：

爱——愛　办——辦　达——達　递——遞　标——標　产——產
坟——墳　币——幣　丛——叢　粪——糞　电——電　邓——鄧

（二）一对多的非对称关系

有些繁简字的对应关系比较复杂，这主要有两种情况：

1. 同音替代字

即借用原有笔画简单的字替代一个或几个和它同音的繁体字①。也就是说，在古书中，本来是有分别的两个字或多个字，经过简化之后，混为一个了。这种方式产生的简化字同繁体字之间都不是一对一的关系，一般是一对二的关系，还有一对三、一对四的关系。如"仆"和"僕"本是两个不同的字，"仆"表示跌倒；"僕"表示奴僕。简化字规定这两个字都写作"仆"，"僕"作为繁体字被废除，这样古书中的这两个字就被混而为一了。对这种情况应该注意，如果用现在简化字所代表的那个词义去理解古书，就会发生误解。常见的例子还有：

丑——醜、丑　"醜"是"醜恶"的醜；"丑"是地支名。今均作"丑"。（"今"指简化字颁布以来，下同）

谷——谷、穀　"穀"表示"百穀，稻麦"等；"谷"表示山谷。今均作"谷"。

---

① 这往往会形成同形字，同形的两个字读音相同或相近。

几——几、幾。"幾"，表示"幾乎"；"几"义为茶几。今均作"几"。

里——里、裏　"裏"表示"表裏，衣服裏层"；"里"表示乡里、里程。今均作"里"。

面——面、麵　"麵"表示粮食磨成的粉；"面"表示脸部、脸面。今均作"面"。

余——余、餘　"餘"表示剩余、多余；"余"表示第一人称代词"我"。今均作"余"。

郁——郁、鬱　"鬱"表示香气浓郁，忧郁。"郁"表示古地名，"郁郁"表示有文采的样子。古书中"郁"和"鬱"有相通之处。今均作"郁"。

折——折、摺　"摺"表示折叠；"折"表示折断、屈折。今均作"折"。

复——复、復、複　"復"表示恢复、往復，相当于现代的"再"；"複"表示重複、複杂。"复"是復的古字，古书中一般不独立使用。简化字均作"复"。

干——干、幹、乾　"幹"表示"幹事"；"乾"表示"乾枯、乾燥"；"干"是兵器名称，如干戈。今均作"干"。另外"乾坤"的"乾"又读 qián，不能简化为"干"。

只——只、隻、祇　"隻"表示单、独、独特，通常用作量词；"祇"为副词，相当于仅仅；"只"为语气词，用于句末或句中。简化字均作"只"

台——台、臺、檯、颱　"臺"表示楼臺；"檯"表示桌子；"颱"表示"颱风"；"台"，三台，星名，上古时又作第一人称代词"我"，读作 yí。今均作"台"。

2. 两字共简为一形

即用一个新造的简化字代替两个不同的繁体字。两字共简为一形与同音替代关系一样，都是一个简化字兼任几个繁体字职能的现象，其区别在于：同音替代是从原有汉字中找出一个笔画较少的作为简化字；两字共简为一形是新造一个简化字来代替两个繁体字。

两字共简为一形也给阅读古书造成了障碍，阅读时我们要注意辨别简化字代表的是哪个繁体字，以免发生误解。如简化字"坛"对应"壇"（古代祭祀或举行朝会、盟拜的场所）和"罎"（坛子，一种小口大腹的陶制容器）两个繁体字，《穀梁传·定公十年》："两君就坛，两相相揖。"其中"坛"指的应是"壇"而不是"罎"。此外，繁简字中两字共简为一形的很多，例如：

历——歷（经～）、曆（～数、～法）

汇——匯（～合）、彙（字～）

发——發（出～）、髮（头～）

团——團（～～圆圆）、糰（～子：米粉等做成的圆球形食物。）

尽——盡（竭～）、儘（～心）

钟——鐘（～鼓）、鍾（酒器，又～聚、～氏）

获——獲（～得）、穫（收～）

脏——臟（肾～）、髒（～污、～话）

饥——飢（～饿）、饑（～荒）

对于繁简字一对多的特殊情况，我们在阅读古书，尤其是用简化字排印的古籍时，应该特别注意辨析，弄清它们的本来意义，明确和简化字对应的是哪一个字，只有这样，才能正确地理解古代作品。

第七章

汉字的整理与规范

第一节　汉字的正字法

汉字是需要整理和规范的，也就是用统一的标准来规范汉字的书写和使用。文字是记录语言的书写符号，必须有社会公认的统一的标准，否则就会造成社会用字的混乱，破坏语言的交际功能。文字的使用表面上看是个人的事，但从根本上看是社会行为。语言文字具有很强的社会性，它不是个人创造的，也不是个人的私有物，它是为整个社会服务的。在人与人的交往越来越广、越来越密切的今天，文字的这种社会性更加明显和重要。所以，我们应该重视文字的整理，自觉地遵守文字的规范。

各国的正字法因文字的不同而各有自己的特点。使用拼音文字的，因字母数量少，结构简单而少有变化，所以字母本身的问题不是很多，正字法的重点在词，因此又称为正词法。即解决词的拼写问题，如字母的音值和拼音、词的连写和分写、大写规则、移行规则等等。汉字不是拼音文字，数量众多，结构复杂，尤其是形体和读音问题很多。因此，汉字的正字法重点是确立并遵循统一的形体标准和读音标准，如汉字的字形规范、笔画笔顺规范、部件规范、字量字序规范、读音规范等等。

语言文字是随着社会的发展而发展的，因此文字的规范也不是一成不变的。如过去是规范的，现在可能是不规范的；过去是不规范的，现在可能是规范的。"灯、义"在古代是不规范的所谓"俗字",登不得大雅之堂,现在看作是规范字,而"燈、義"倒成了不规范字。

文字的规范包括确定规范标准和遵守规范标准两个方面。没有规范标准,规范化就无从谈起;有了标准而不去执行,也不会收到应有的效果,二者不能偏废。但首先是确定标准,然后才谈得上执行。从规范标准的确定来说,古今也不一样。古代主要是靠社会习惯规范,或者是靠社会权威来规范,世代相传,大家都这样,是潜移默化的,一般不具有强制性。现代主要是政府规范,即由政府主管部门发布语言文字标准来进行规范,它实际上是语言文字方面的法律和法规,这种规范具有强制性。

要确定汉字的规范标准,首先就要对汉字进行整理,在这方面,我们已经做过很多卓有成效的工作。

一、古代的正字工作

汉字是世界上历史久远且流传至今的唯一的文字。从甲骨文算起,已有三千四百多年的历史,而原始汉字的萌芽,可能要追溯到黄帝时期。古人有所谓的"仓颉造字说",相传是黄帝的史官仓颉创造了汉字。但按学者和今人的看法,仓颉不过是对汉字进行了整理而使其更利于使用和传播而已。《荀子·解蔽》说:"好书者众矣,而仓颉独传者,壹也。"说明仓颉对汉字的整理和规范作出了突出的贡献,因而"大名独传"。可见,仓颉应视为正字法的第一人。所以,章太炎曾指出:"字各异形,则不足以合契。仓颉者,盖始整齐划一,下笔不容增损。由是率尔著之符号,始为约定俗成之契。"[1]

随着社会的发展,周代以后,识字的人逐渐多了起来。特别是王公贵族等有权有钱人家的子弟,是要进学校读书的,于是就有了识字教学。为了维护汉字的规范和统一,周宣王时,太史籀整理当时通行的字体大篆,编成《史籀篇》,作为学生识字的教材,客观上起到了汉字规范的作用。

历史上第一次由中央政权推行的正字法,是秦始皇时期的"书同文"。由

---

[1] 章太炎《造字源起说》。

于春秋战国时期的诸侯割据，全国各地在语言文字上已经非常混乱，不同地区"言语异声，文字异形"，直接影响了秦王朝中央政令的颁行。于是，秦始皇实行了"书同文"政策，即全国使用统一的汉字。他派丞相李斯对大篆加以整理，使字形更加整齐和规范，史称小篆，颁行全国，从此废除了"文字异形"的六国文字，小篆就成了全国唯一的正式文字。虽然小篆作为正式的官方文字通行的时间并不长，但开了中央政府规范汉字的先河。这在汉字发展史上是有重要意义的。

自秦以后，我国再没有出现像春秋战国时期那样的社会大动荡，虽然也有过短时期的地区割据，但没有引起汉语汉字的大分化，因此后起的统一王朝也就没有必要进行像秦朝一样的汉字大整理，但汉字正字工作并没有停止。从两汉到唐代，统治阶级多次在各地立石刻经，石经文字就用当时的标准字体来书写，以此作为当代的字形规范，对维护汉字的字形统一起到了很大作用。科举盛行以后，历代又出版了很多具有正字法作用的字书，如唐代颜元孙《干禄字书》、张参《五经文字》，宋代张有《复古编》，明代梅膺祚《字汇》，清代龙启瑞《字学举隅》《康熙字典》等等。某个字该怎样写，怎样读，可以查看一下这些字书，字书起到了规范汉字的作用。这种规范是一种社会习惯规范，好比我们今天所经常使用的《新华字典》《现代汉语词典》一样，是人们平常学习和使用汉字的一个比较可靠的依据。古代科举考试对汉字的要求是很严的，不仅要把字写得清楚工整，还严格禁止写错字、俗字，否则，文章写得再好，考生也不会被录取。曾经流传一个笑话，晚清某官宦子弟参加科举考试时担心落选，就在试卷上写上了"吾乃中堂大人李鸿章的亲妻"，试图让考官批阅时网开一面。不料主考官偏不认邪，随即在该考卷上批了一句"所以，我断不敢娶"，故意以错别字来回敬。这虽是个笑话，但也反映出当时人们的正字意识很强，写错别字是人们不齿的。

需要指出的是，在不同的历史时期，正字法所维持的都是当时通行的汉字形体。例如秦朝的标准字体是小篆，这是对大篆"或颇省改"后的比较简易的字体，顺应了人们对汉字简易好认、便于书写的要求。随着汉字自身体系的发展，不久更为简易又符合写字要求的隶书在民间出现并且越来越普及，于是在汉朝隶书就取代了小篆而成为当时的标准字体。史上称之为"隶变"的这次字体改革在尊重汉字传统、维护汉字的稳定和统一上起了至关重要的作用，在汉字字体的演变史上是一个承上启下的阶段。汉朝中央政权在一切承袭秦制的大背景下却能顺应社会和文字的发展要求推行隶书，使之成为规范字体，在这一点上是值得称道的。

汉末六朝，随着识字人群的不断扩大和汉字自身的不断发展完善，书写更快捷方便的楷书在民间兴起并趋于成熟，并取代隶书成为魏晋南北朝以后直至现在的标准字体。特别是南朝的梁朝皇帝命顾野王编写了第一部楷书字典《玉篇》，更加奠定了楷书的正统地位。唐代以后的正字法，无一不是以楷书为正字标准的。为了维护这个标准，历代都很重视推行工作。推行的方式主要有三种，一是编写学童用的识字课本和写字用的书法摹本，如唐代的颜真卿、柳公权、欧阳询等人的书法字帖，南朝梁《千字文》、宋《三字经》《百家姓》等，让学童从小就养成使用规范字的好习惯。这种方法也早有传统，如周代的《史籀篇》、秦汉的《仓颉篇》《爰历篇》《急就篇》《凡将篇》，就是那个时代的启蒙识字课本。二是立石刻经，从秦至唐，各代都用当时的标准字体在各地刊刻，等于是把字体规范昭示天下。三是编写字书，历代都出版了很多，前文已述。

综上所述，汉字正字工作在我国有悠久的历史和优良的传统，是古人根据汉字自身的特点，遵循汉字发展规律并按照社会的需要而进行的汉字改革和整理，这对维护社会用字的统一，促进汉字的日益完善起到了重要作用。几千年的汉字发展史同时也是一部汉字规范史，它给我们留下了很多可供借鉴的经验，是汉字研究中的一笔宝贵财富。

二、20 世纪以来的正字工作

纵观整个汉字发展史，汉字经历的每一次变革实际上就是新的汉字规范的制定和推行，就是说，汉字正字法始终是和汉字的发展演变密切相联的。历史进入 19 世纪末特别是到 20 世纪以后，由于社会的需要和汉字自身的发展，汉字又进入了一个大变革的时期，掀起了一场轰轰烈烈的持续一百多年而至今也未停止的语文现代化运动。这场运动涉及面之广，影响之深是前所未有的，其主要内容就是汉字改革，即汉字甚至是超出汉字本身的新规范的研究、制定和推行。超出汉字本身的汉字改革主要是指切音字运动、拉丁化新文字等汉语拼音文字的研制，这是一种文字制度的改革，是取汉字而代之的，不在我们这里的讨论范围，故不再涉及，这里只介绍汉字本身的改革和规范。

20世纪以来，汉字改革和规范可以分为两个时期和四个方面。两个时期以1949年10月新中国的成立为分界。前一时期是汉字改革和规范的酝酿发展期，主要表现是以专家规范为主。后一时期是汉字改革和规范的高潮和收获期，主要表现是以政府规范为主。

四个方面是指对汉字的字量、字形、字音和字序的整理和规范，即四定：定量、定形、定音、定序。定量是指研究和确定当用汉字的数量，把历代累积的数万个汉字限定在够用的字数内。汉字数量庞大，字数不定，给人们学习和使用汉字特别是信息化处理带来了很多困难，因此，首先就应该限制和减少字数，这也是字形、字音、字序整理和规范的前提和基础。定形指整理和规范汉字的形体。历史上的汉字笔画繁多，结构复杂，一字多形，很不适应汉字应该简易好认、便于书写的要求。要做到一字一形、简捷易写，就要减少笔画，淘汰异体，统一字形。定音是指整理和规范汉字的读音。汉字的读音问题也相当复杂，一字多音的现象很普遍。这里有传统读音和民间实际读音的不同，有共同语读音和方言读音的不同，有一般读音和特殊情况读音的不同，有古语读音和现代读音的不同等等。应该整理和规范这些多音字的读音，减少异读，使每个汉字的读音尽量做到简单易学，好记好用。定序是指整理和规范汉字的排列顺序，即确立规范的检字法。现有的检字法有好多种，不同的字典词典采用的检字法可能不同，人们使用起来非常不方便，费时费事却又无可奈何。特别是在汉字的信息处理方面，这样众多的且不规范的检字法是会带来很多问题的。

（一）新中国成立前的正字工作

清末以来，随着西方列强的入侵和西方文化的影响，我国开始了一场大规模的语文现代化运动。这个运动的主要工作就是整理和改革汉字。当时的人们认为中国落后的原因在于教育不普及，教育不普及又和汉字繁难有关，汉字改革运动就由此发端。这一时期的汉字改革主要做了以下几项工作，一是议定汉字的国语读音并研制拼音用的注音字母，二是进行汉字的简化。

民国成立后，汉字的正字工作首先是从统一汉字的读音做起的。1913 年，教育部召开了"读音统一会"，由热衷于此项工作的学者等议定了汉字的"国音"和拼切国音的"注音字母"，1918 年 11 月公布施行。这次议定国音是汉字正音工作的开端和尝试，但议定的国音标准是照顾了各地读音的东拼西凑的杂合标准，后来称之为"老国音"，与哪一个地方的语音都不尽相同，因此难于推行。于是在 1923 年又进行修改调整，决定采用北京语音作为标准，称之为"新国音"，并由教育部编制发行了《国音常用字汇》，在各地推行新标准音。

配合国音标准推行工作的就是注音字母的研制和公布。注音字母是拼切国音的字母，它一改使用了上千年的"反切"而为字母，是汉字注音史上的一次革命。但由于注音字母是汉字笔画式的，不利于国际应用，于是后来不断有人研制拉丁字母式的拼音方案，到 1958 年终于制订了《汉语拼音方案》，从而取代了注音字母。

汉字简化运动也是从清末民初开始的。首倡简体字的当推教育家陆费逵。1909 年，他在《普通教育当采用俗体字》的文章中历数了俗体字（即简体字）的三点便利。1922 年，他又在《整理汉字的意见》一文中提出了整理汉字的两种办法：（1）限定通俗字的范围，大致在 2000 个字左右。（2）减少笔画，第一步先采用社会已有的简体字，第二步再把其他笔画多的字加以简化。

提倡汉字简化并采取切实行动的是钱玄同。1920 年，他在《新青年》上发表《减省汉字笔画底提议》，1922 年，他在国语统一筹备会上提交《减省现行汉字的笔画案》并获得通过，从此汉字简化由民间运动成为政府行为。钱玄同还总结出汉字简化的八种方法：（1）全体删减，粗具匡廓。（2）采用固有的草书。（3）仅写原字的一部分。（4）用简单笔画代替原偏旁。（5）采用古体。（6）音符减少笔画。（7）别造简体。（8）假借他字。这八种简化方法与新中国成立后进行汉字简化的方法多有相同,可见钱氏在这方面已有比较深入的研究。

此后,不少学者投入到汉字简化运动中,接连出版了一些系统整理简化字的著作,有:1928年胡怀琛《简易字说》,收300多字;1930年刘复、李家瑞《宋元以来俗字谱》,收1600多字;卓定谋《章草考》,收3000字;1932年国语筹备委员会编、国民政府教育部公布的《国音常用字汇》,也收有很多简体字;1934年杜定友《简字标准字表》,收353个字;1935年,钱玄同主持编成《字谱》,收2400多字。1945年,陈望道组织文教界名人成立"手头字推行会",把简体字推向民间。在此形势下,当时的国民政府于1935年8月公布了《第一批简体字表》,收324个字。但这个方案遭到了上层保守势力的强烈反对,不久政府又宣布暂缓推行,中途夭折了。可是在民间,简化汉字的潮流已不可阻挡,1936年容庚编成《简体字典》,陈光垚出版《常用俗字表》。特别是在抗战时期的解放区,简体字得到了迅速发展,并随解放区的不断扩大而流传到全国各地。

由以上介绍可以看出,这一时期的汉字研究和正字工作是以汉字笔画的简化为主要内容的。这场汉字简化运动的兴起除了外部的社会原因外,从汉字内部看,也有其简化的必要性。现代汉语已由古代汉语的单音节词为主转变为双音节词为主,字形辨义的要求已大大降低,汉字的符号性增强。而不少汉字的笔画确实过多过繁,给汉字的学习和书写带来不便,因此简体字的产生便是顺理成章的了。

(二)新中国成立后的正字工作

新中国成立后,党和政府非常重视汉字改革,成立了专门机构具体领导和实施了汉字的整理和简化工作,这也标志着汉字规范化由民间规范为主转到政府规范为主,从而开始了全面的长时间的汉字的规范和统一。

这一时期的汉字改革工作,可以分为前后两个阶段。

1."文化大革命"前的正字工作

伴随着新中国的成立,1949年10月中国文字改革协会诞生,1952年教育部设立了中国文字改革研究委员会,1954年10月成立了直接隶属于国务院的中国文字改革委员会，紧接着在 1955 年召开了"全国文字改革会议"，从此，汉字的改革和规范工作在党和政府的领导下全面铺开。

(1) 语音规范标准的确立和字音的审定

我国地域辽阔，方言复杂而分歧严重。不同方言区的人"言语异声"，直接影响到中央政令的推行和人们的日常交际。随着社会的发展，人们对民族共同语的需求越来越迫切，于是在 20 世纪初，一些有远见的知识分子就提出了国语统一的问题。国语统一包含两个方面的工作，一是确立语音规范的标准，一是据此标准审定汉字的读音。1913 年，国民政府教育部召开"读音统一会"，议定了约 6500 个字的国音，后称"老国音"，1923 年又修改调整为"以北京的普通读法为标准"的"新国音"，这前文已述。

新中国成立后，1955 年 10 月召开了全国文字改革会议和现代汉语规范问题学术会议，确立了汉民族共同语的语音标准是"以北京语音为标准音"。这个标准吸取了"老国音"的教训，也是对"新国音"的明确和肯定。共同语的语音应该以一种权威方言为标准，这样才易于人们接受和推广。英语是以伦敦音为标准的，法语是以巴黎音为标准的，希腊语是以雅典音为标准的，俄语是以莫斯科音为标准的。北京几百年来一直是全国政治经济和文化的中心，因此，以北京音为标准音是符合人们的心理和社会基础的，几十年来推行这个标准的实践也充分证明了这一点。

语音标准确立以后，随即就对汉字字音进行了审定，20 世纪 60 年代公布了《普通话异读词三次审音表（初稿）》，主要对一字多音的问题进行了整理和规范，20 世纪 80 年代又对该审音表进行了修订。《审音表》的公布，使异读字的读音有了明确的标准，在社会上收到了良好的效果。

(2) 简化汉字

汉字是因义构形的表意文字，它记录的是语言中的语素或词，因此字形符号数量很大。为了保持字形之间的区别度，使每个汉字都面目不同，易于辨别，势必使字形在结构和笔画上比较繁难。并且由于汉字的表意特点，人们在心理上往往希望汉字的构形能与字义有所联系，这也使得汉字更加繁难。但从书写的角度看，人们总是希望字形符号简单一些。而且笔画和结构过于繁难，超过了一定的度，反而也会增加识别的困难。因此，字形符号就是在这种易识和易写的相互矛盾中发展演变着，要繁简适度，求得平衡，字形不能过繁，也不能过简，要在保证必要的表意性和区别度的前提下，尽量减少笔画和构件。

汉字是记录汉语的，汉字的繁难和简易不是绝对的，不是一成不变的，它随着语言的发展和自身的矛盾运动而变化。古汉语多是单音节词，写在书面上就是一个字，一字记一词，为了求区别，往往在字形上增添区别性符号，如改"云彩"的"云"而为"雲"，以区别"说话"的"云"，改"要身"的"要"而为"腰"，以区别"要求"的"要"等等。但语言是发展演变的，文字也不能墨守成规，要与时俱进。现代汉语已由古代的单音节词为主发展为双音节词为主，词的区别不再过多地依赖字形了，因此，简化字形符号就是势所必然了。唐宋以后，这种趋势越来越明显，民间不断产生一些简体字，古人称之为俗字或手头字，甚至有些文人学者也喜欢用这些字。进入 20 世纪后，随着识字的人迅速增多，社会上出现了更多的简体字。同时，由于外部的社会条件的成熟，许多以普及教育、开发民智为救国手段的知识分子积极倡导和推动，汉字简化终于形成了一股社会潮流。

新中国成立后，党和政府顺应这种历史潮流，立即着手进行汉字简化。1950 年 8 月，教育部社会教育司召开简体字研究和选定工作座谈会，编制了《常用简体字登记表》，研究修改后，1951 年拟出《第一批简体字表》，收字555 个。1952 年 2 月中国文字改革研究会成立后，经反复研究和征求意见，于 1954 年底拟订了《汉字简化方案（草案）》，共分三个部分。1955 年 2 月，此方案在报刊上发表，公开征求意见，同时把其中的 261 个字分三批在全国的 50 多种报刊上试用。1955 年 9 月，文改会根据征求来的意见提出修正草案。修改后的草案经国务院汉字简化方案审订委员会（董必武任主任委员）审定，1956 年 1 月 28 日国务院全体会议第 23 次会议通过，并由《人民日报》公布了《汉字简化方案》。

《汉字简化方案》共有三个字表。第一表有简化字 230 个，这些字已经过报刊试用，公布后即可正式使用。第二表有简化字 285 个，第三表是 54 个可以类推的简化偏旁。后两个字表先试用两个月，经过修订再正式推行。经过试用，有 3 个简化偏旁作了修改，有 3 个简化字作了调整。但《方案》对这些简化字用作偏旁时是否简化没有明确，因此，1964 年 2 月，国务院批示：《汉字简化方案》中的简化字用作偏旁时，也同样简化；偏旁独立成字时，除"讠、饣、纟、钅"外，其他也要简化。1964 年 5 月，文改会根据这个指示编辑出版了《简化字总表》。《总表》分 3 个字表，第一表是 352 个不作偏旁用的简化字，第二表是 132 个可作偏旁用的简化字和 14 个简化偏旁，第三表是经过偏旁类推而成的 1754 个简化字。三个字表共计 2238 字，因"签、须"两字重见，实际为 2236 字。1986 年 10 月又重新发表《简化字总表》，对个别字作了调整，总字数实为 2235 字。[①]

这次简化汉字工作，总的方针是"约定俗成，稳步前进"。约定俗成，是指在社会习惯的基础上因势利导，尽量采用已经在社会上流行的简化字，而不是根据一种理想的原则彻底地成批地改造汉字。稳步前进，是指简化汉字要分批进行，成熟一批，简化一批。我们今天来看这个方针，基本是正确的。文字本来就是社会的交际工具，只有被群众所接受，为社会所承认，才易于推行，才有生命力，没有群众基础，强加于人的东西很可能带来用字的混乱。因此，简化汉字不能急于求成。但这个方法也带来一些弊端，群众自发创造的简体字有不少是就字简字的，只考虑单字的笔画减少，不考虑汉字整体的系统性，所以就加大了汉字的无序性和无理性。例如"揚、楊、暢"简化为"扬、杨、畅"，而"陽"却简化为"阳"；"雞"简化为"鸡"，"溪"却不简化等等。而且分批简化汉字也有不利的一面，不断地、分批简化汉字破坏了汉字的稳定性，势必给已识汉字的人增加学习新字形的负担，而且大型工具书和计算机字库都要重新编写制作，这是人们所不愿看到的。尽管有这样的一些不足，这次简化汉字还是利大于弊的。

（3）整理异体字

---

① 见《中国大百科全书·语言文字卷》"汉字简化"，中国大百科全书出版社 1988 年版。

异体字是指音义相同而字形不同的一组字。例如"群—羣"、"考—攷"。汉字自古就存在着异体字。汉字数量众多，很大程度上是因为异体字的存在。有人统计，《康熙字典》中的异体字占了大约40%。异体字一字多形，增加了人们学习和使用的额外负担，增加了社会用字的混乱。因此，在汉字标准化、规范化要求不断提高的今天，应整理异体字，减少直至消除一字多形的情况，这样还可以精简汉字数量，利于人们的学习和使用。

具体考察起来，异体字可以分三类：

第一类：单纯异体字，指音义完全相同的异体字，例如"群—羣""睹—覩"。

第二类：包孕异体字，指甲字的音义中包含了乙字音义的异体字，例如：

豆 dòu　①黄豆、绿豆的豆。②样子像豆的东西，如巧克力豆。③古代盛食物的器皿。

荳　dòu　黄豆、绿豆的豆。

"豆"和"荳"只在"黄豆、绿豆的豆"义上是异体字。

第三类：交叉异体字，指甲字的部分音义和乙字的部分音义相同的异体字，例如：

夹　jiā　①从两旁钳住。②夹在胳膊下。③夹杂，掺杂。

　　jiá　双层的，如夹被。

　　gā　夹肢窝的夹。

挟　jiā　夹在胳膊下。

　　xié　①夹在胳膊下。②挟制。③心里怀着（怨恨）。

"夹"和"挟"只在读jiā，表示"夹在胳膊下"时是异体字。

20世纪50年代，在大规模进行汉字简化时，同时进行了异体字的整理。1955年拟出《第一批异体字整理表草案》，同年10月提交全国文字改革会议审议通过。12月22日由文化部和文改会联合公布了《第一批异体字整理表》。该表收异体字810组，每组最少2字，最多的有6字，共计1865字。每组选用1个为正体，淘汰其余，共精简了1055字。经过一段时间的使用，又对有些字作了适当调整。

这次整理异体字的原则是从俗从简相结合。"从俗"是指选用在社会上流行较广、使用较普遍的字，例如用"村"不用"邨"，用"奔"不用"犇"。"从简"就是选用笔画较少的字，例如用"采"不用"採"，用"你"不用"妳"。当从俗和从简不能兼顾，或繁简相差不多时，则以从俗为主。

这次整理的异体字，从字表名称就可以看出，只是尚待整理的异体字的一部分，还有不少异体字应继续整理，如"炖—燉""曦—爔"等。实际上，文改会早在 20 世纪 50 年代就开始进行第二批异体字的整理，70 年代曾拟出征求意见稿。另外，《第一批异体字整理表》中还有一些不够完善的地方，也需修订。

（4）整理印刷体字形

汉字有手写体和印刷体之分，在字形整理之前，不少汉字的手写体和印刷体存在着差别，例如"黄—黃""真—眞"。同是印刷体，字形也不统一，例如"决—決""吕—呂"。不同的字典、不同的出版物中写法多有出入。这些分歧不仅给人们的学习和使用带来了不便，而且对汉字的排版、印刷、电报、检索以及信息处理等都增加了困难，因此有必要对汉字的印刷字形进行整理。

1955 年中国文字改革委员会组成标准字形研究组，开始整理印刷体字形。1956 年拟订了《标准字形方案（草案）》，1957 年修改后改名为《汉字字形整理方案（草案）》。1959 年 12 月文化部召开革新铅字字形座谈会，委托文改会、教育部、中国科学院语言研究所联合组成汉字字形整理组。整理组在文改会原《草案》的基础上于 1960 年 9 月拟出《通用汉字字形表（草案）》，又经过修订后于 1964 年 5 月编成了《印刷通用汉字字形表》，收 6196 字，1965年 1 月开始推行。

2. "文化大革命"后的正字工作

（1）新时期语言文字政策的调整

"文化大革命"结束后，我国的社会生活进入了一个新时期。1984 年 10月，中国文字改革委员会召开了文字改革工作座谈会，会议认为当前文字改革的任务主要是：积极推广和普及普通话，研究和整理现行汉字并制定现代汉语用字的各项标准，进一步推行《汉语拼音方案》，使《汉语拼音方案》在实际应用中完善化、规范化，加强有关文字改革的社会调查和科学研究，进行各种规模的实验，并努力为社会服务。

1985 年 12 月 16 日，中国文字改革委员会改为国家语言文字工作委员会。1986 年 1 月，国家教育委员会和国家语言文字工作委员会联合召开了全国语言文字工作会议，确定了新时期的语言文字工作的方针和任务。方针是："贯彻、执行国家关于语言文字工作的政策和法令，促进语言文字规范化、标准化，继续推动文字改革工作，使语言文字在社会主义现代化建设中更好地发挥作用。"任务是："做好现代汉语规范化工作，大力推广和积极普及普通话；研究和整理现行汉字，制定各项有关标准；进一步推行《汉语拼音方案》，研究并解决实际使用中的有关问题，参与鉴定有关成果；加强语言文字的基础研究和应用研究，做好社会调查和社会咨询、服务工作。"

（2）汉字信息处理各种字表和标准的研制

人类社会已经进入了信息化时代，计算机已经深入到社会生活的各个方面。语言文字是信息的载体，计算机处理各种信息，实际上也就是对语言文字进行处理。一个国家语言信息的处理水平，在某种程度上也标志着这个国家的现代化发展水平。计算机处理汉语信息，首先要解决的就是汉字的信息处理，这是计算机科学家和语言文字学家共同面临的课题。

计算机处理语言文字信息，就是把外界的各种信息转变成数字化信息由计算机来处理。世界上的文字大约有几百种，除了汉字外都是表音文字。表音文字的符号有限，一般是几十个，数量少而简单，计算机处理起来方便快捷。汉字数量多，结构复杂，计算机在输入、输出、存储等方面都有许多困难和问题。经过努力攻关，我们现在已突破了汉字信息处理的瓶颈，研制了信息处理用的各种字表和标准，基本解决了汉字进行计算机处理的难题。

汉字点阵字库的研制。在计算机内，汉字的字形一般是用点阵的方式来存储的。在计算机上显示和输出汉字，就是依据这种数字化的点阵。为了使汉字点阵合乎汉字规范，必须建立汉字点阵字形的各种标准。20 世纪 80 年代已经研制公布的标准有：

　　①GB5199《信息交换用汉字 15×16 点阵（宋体）字模集及数据集》（1985 年）

　　②GB5007《信息交换用汉字 24×24 点阵（宋体）字模集及数据集》（1986 年）

　　③GB6345《信息交换用汉字 32×32 点阵（宋体）字模集及数据集》（1986 年）

　　此外，为了适应不同计算机用户对多字体、高精度点阵汉字字形的需要，在国家"七五"重点科技攻关项目中列入了 67－6－3/03 汉字点阵系列标准的研制计划，共包括 23 个子项目，即汉字 32×32 点阵仿宋体、楷体、黑体字模集及数据集，汉字 36×36 点阵宋体、仿宋体、楷体、黑体字模集及数据集，汉字 48×48 点阵宋体、仿宋体、楷体、黑体字模集及数据集，汉字 64×64 点阵宋体、仿宋体、楷体、黑体字模集及数据集，汉字 128×128 点阵宋体、仿宋体、楷体、黑体字模集及数据集，汉字 256×256 点阵宋体、仿宋体、休、楷体、黑体字模集及数据集。1990 年 4 月作为国家标准公布了其中的前 11 个子项目。

　　汉字标准交换码。计算机处理文字，就要把字符转换成计算机可以处理的二进制代码。英文使用拉丁字母，每个字母一个代码，数量有限。目前通用的英文字符代码是"ASCLL"（"信息交换用美国标准代码"的缩写），共有 52 个大小写字母，加上其他一些符号，总共 128 个字符。"ASCLL"规定用 7 位二进制数表示一个字符，那么一个字母用一个字节来表示就够了。汉字成千上万，每个汉字的结构又比较复杂，一个汉字需用两个字节来表示，那么 7000 个汉字就需要 $2^{16}=65536$ 个代码，这比处理英文字母困难得多。对于一般用户来说，数万个汉字中多数是用不着的，没有必要都进入计算机，所以选用哪些汉字就是首先要解决的问题。

　　同时，用计算机处理汉字，还要解决交换码的问题。交换码是用于计算机之间汉字信息交换用的代码，位于一台计算机的出口和另一台计算机的入口。信息处理不能只局限在一台计算机之内，而是需要不同的计算机进行信息交流，朝着网络的方向发展，实现计算机的网络化和信息资源的共享，因

此，必须有统一的汉字交换码。1981 年，国家标准局公布了汉字标准交换码
《信息交换用汉字编码字符集·基本集》（代号 GB2312－80），共收汉字
6763 字。

3. 其他正字工作

除了以上几项重要的工作外，新中国成立后，国家有关部门还对地名用
字、计量用字、笔画顺序和构字部件等进行了整理和规范。

（1）改换生僻地名用字

我国幅员辽阔，地名众多。有些地名用字在当地习以为常，但在全国范
围内是生僻字，即除了作地名用字外在别的场合很少出现，如陕西省的"盩
厔县"，江西省的"雩都县"。有些地名用字笔画繁多，书写不便，如四川省
的"酆都县"，贵州省的"鰼水县"。这种状况给人们的社会交往和信息处理
造成了障碍。为了使地名用字易写易认，从 1951 年 12 月开始，有关部门部
署了改换生僻地名用字的工作。规定县以上地名用字的更改，由各省、市、
自治区提出更改意见，报内务部（今民政部）和文改会审核同意后，再报请
国务院审批。到 1964 年止，经国务院批准更改县级以上地名共 35 个，如下：

	旧地名	新地名	旧地名	新地名
黑龙江	铁骊县	铁力县	瑷珲县	爱辉县
青海	亹源县	门源县		
新疆	和阗专区	和田专区	和阗县	和田县
	于阗县	于田县	婼羌县	若羌县
江西	雩都县	于都县	大庾县	大余县
	虔南县	全南县	新淦县	新干县
	新喻县	新余县	鄱阳县	波阳县
	寻邬县	寻乌县		
广　西	鬱林县	玉林县		
四　川	酆都县	丰都县	石砫县	石柱县
	越嶲县	越西县	呷洛县	甘洛县
贵　州	婺川县	务川县	鰼水县	习水县

	旧地名	新地名	旧地名	新地名
陕　西	商雒专区	商洛专区	盩厔县	周至县
	郿　县	眉　县	醴泉县	礼泉县
	郃阳县	合阳县	鄠　县	户　县
	雒南县	洛南县	邠　县	彬　县
	鄜　县	富　县	葭　县	佳　县
	沔　县	勉　县	枸邑县	旬邑县
	洵阳县	寻阳县	汧阳县	千阳县

这次更改地名用字，主要是去掉了生僻字和笔画太繁的字，值得肯定。但由于采用的是自下而上的申报，结果使一些应改而未报的地名得以沿用下来，更改生僻地名用字的工作显得有些不够彻底。

1987 年 3 月 27 日，国家语言文字工作委员会、中国地名委员会、铁道部、交通部、国家海洋局、国家测绘局联合颁发了《关于地名用字的若干规定》的通知，对地名用字规范作了新的规定，要求："地名的汉字字形，以 1965 年文化部和中国文字改革委员会联合发布的《印刷通用汉字字形表》为准。"

（2）整理计量单位名称用字

清末以来，随着西方文化的影响特别是现代科学技术的发展，计量单位的名称越来越丰富复杂，除了我国传统的市制单位外，还有英制、公制等计量单位。1959 年，国务院发布了《统一我国计量制度的命令》，确定以公制为基本计量制度，对规范计量单位的名称和用字起到了积极作用。但在社会上，计量单位的名称和用字仍有混乱现象，如"盎司"和"温司""温斯"并存，"唡"有人读 liǎng，有人读 ying liǎng 等等。为了解决这些问题，1977 年 7 月 20 日中国文字改革委员会和国家标准计量局联合发布了《关于部分计量单位名称统一用字的通知》，对部分计量单位用字作了统一规定。

（3）现代汉语通用字笔顺规范

笔顺是指书写汉字时的笔画先后顺序，是人们书写汉字的经验总结。书写汉字时，人们总是选择最经济、最恰当的运笔路线，从而逐渐形成了笔顺规则，这样可以把字写得美观，写得快捷。笔顺的基本规则是：

先横后竖　　　　如：干　丰

先撇后捺　　　　如：人　八

先上后下　　　　如：三　京

先左后右　　　　如：川　湖

先外后内　　　　如：月　问

先中间后两边　　如：水　办

先进去后堵口　　如：回　国

这些规则是人们在长期的书写实践中约定俗成的，而且只是原则性的规定，具体到某一个字上，有时人们的笔顺并不一致，例如"火"字的第二笔，有人写长撇，有人写短撇；"乃"字有人先写折，有人先写撇。这些汉字笔顺上的混乱现象，对汉字的查检和信息处理尤其不利。1988 年发布的《现代汉语通用字表》是对笔顺的第一次规范，但这个规范是隐性的，只能根据字序进行推断，有的则难于判定。为了规范汉字的笔顺，1997 年 4 月 7 日，国家语言文字工作委员会和新闻出版署联合公布了《现代汉语通用字笔顺规范》，把 7000 个通用汉字的笔顺都逐一表示出来。表示笔顺采用了三种形式：一是跟随式，一笔接一笔地写出整个汉字；二是笔画式，用"一、丨、丿、丶、乛"五种基本笔画表示出来；三是序号式，用五种基本笔画的序号 1、2、3、4、5 表示。例如：

"火"的笔顺是：

跟随式：丶　丷　少　火

笔画式：丶　丿　丿　丶

序号式：4　3　3　4

"乃"的笔顺是：

跟随式：乃　乃

笔画式：乛　丿

序号式：5　3

1999 年 10 月国家语言文字工作委员会颁布了《信息处理用 GB13000·1 字

符集汉字笔顺规范》（GF3002－1999），规定了 GB13000·1 字符集里 20902 个汉字的规范笔顺。其中的 7000 个通用字沿用了《现代汉语通用字笔顺规范》。

（4）汉字基础部件的规范

汉字是由部件组合而成的，部件是汉字的基本构形单位。如"明"是由"日""月"两个部件构成的，"花"是由"艹""亻""匕"三个部件构成的。部件又分基础部件和复合部件，"花"中的"化"就是由两个基础部件构成的复合部件。基础部件是汉字的最小构形单位，它总是和整字或复合部件的音或义产生联系。但汉字的基础部件有哪些，如何切分，长期以来没有一个统一的标准，人们往往根据自己的需要来随意拆分，有多到 700 多个部件的，有少到 100 来个部件的，让人无所适从。这些混乱现象对汉字的教学和信息处理极为不利。为了维护汉字构形的科学和统一，提高汉字教学的水平和汉字编码的科学性，1997 年 12 月国家语言文字工作委员会颁布了《信息处理用 GB13000·1 字符集汉字部件规范》。制定这个部件规范的基本原则是"从形出发，尊重理据，立足现代，参考历史"。由于工作做得扎实而稳健，这个规范是比较符合汉字实际的。

《信息处理用 GB13000·1 字符集汉字部件规范》中的《汉字基础部件表》是对 GB13000·1 字符集中的 20902 个汉字逐一进行拆分、归纳与统计后制定的，表中共有基础部件 393 组，包括主形部件和附形部件共计 560 个。

2009 年 3 月教育部、国家语委发布《现代常用字部件及部件名称规范》，规定了现代常用字的部件拆分规则、部件及其名称。其部件拆分的原则是：根据字理，从形出发，尊重系统，面向应用。通过对现代汉语 3500 常用汉字逐个进行部件拆分、归纳和统计，形成《现代常用字部件表》，包括 441 组，514 个部件。规范中还给出了《常用成字部件表》，包括 311 个常用的成字部件。与《信息处理用 GB13000·1 字符集汉字部件规范》主要适用于汉字信息处理不同，这个规范主要适用于汉字教育、辞书编纂。

（5）加强社会用字的管理

汉字正字法包括制定标准和执行标准两个方面。多年来，我们在制定标准方面做了大量工作，公布了很多用字规范，取得了很大成绩。但是我们应该看到，近二三十年来在社会用字上出现了比较严重的混乱现象，具体表现为乱造简体字，滥用繁体字，随便写错字或读错字。在逐步走向法治和现代化的今天，这种混乱现象是不能任其发展下去的。

1986 年 5 月 25 日，国家语言文字工作委员会在给国务院的《关于废止〈第二次汉字简化方案（草案）〉和纠正社会用字混乱现象的请示》中，重申关于社会用字管理的规定："翻印和整理出版古籍，可以使用繁体字；姓氏用字可以使用被淘汰的异体字。除上述情况及某些特殊需要者外，其他方面应当严格遵循文字的规范，使用规范汉字，不能随便使用被简化了的繁体字和被淘汰了的异体字，也不能使用不规范的简化字。"此后，有关部门又陆续发布了一些社会用字的管理规定。

① 1987 年 3 月 27 日，国家语委等六部委颁布《关于地名用字的若干规定》。

② 1987 年 4 月 1 日，国家语委和广播电影电视部颁发《关于广播、电影、电视正确使用语言文字的若干规定》。

③ 1987 年 4 月 10 日，国家语委和商业部等四部委颁布《关于企业、商店的牌匾、商品包装、广告等正确使用汉字和汉语拼音的若干规定》。

④ 1992 年 7 月 7 日，新闻出版署和国家语委发布《出版物汉字使用管理规定》。

⑤ 1992 年 7 月 9 日，国家体委和国家语委发布《关于在各种体育活动中正确使用汉字和汉语拼音的规定》。

⑥ 1992 年 10 月 23 日，国家语委向国务院提出《关于当前语言文字工作的请示》，11 月 6 日国务院批转了这个请示，要求全国各地各部门严格执行社会用字的有关规定，使用汉字必须合乎规范和标准。

⑦ 1994 年 6 月 26 日，国家语委发布《关于社会用字管理工作的意见》，再次重申各方面的用字都必须遵守汉字的规范化。

⑧ 2000 年 10 月 31 日，第九届全国人大常委会第十八次会议审议并通过了《中华人民共和国语言文字法》，并于 2001 年 1 月 1 日起实施。这是我国历史上第一部语言文字方面的专用法。

第二节　国家的正字标准

国家的正字标准，就是指政府有关部门制定的社会用字标准，包括字量、字形、字音和字序几方面，往往是以字表的形式体现的。

一、《简化字总表》

如前节所述，新中国成立后，有关政府部门全面开始了汉字的简化工作。经过几年的研制并广泛征求意见，陆续公布了几个简化字表，到 1964 年 5 月汇总为《简化字总表》。总表由三个字表组成，第一表收 352 个不作简化偏旁用的简化字，第二表是 132 个可作简化偏旁用的简化字和 14 个简化偏旁，第三表是用第二表所列简化字和简化偏旁类推得来的 1754 个简化字，三个表总计简化字 2238 个，其中"签"、"须"二字重现，实为 2236 个。

这次简化汉字的方法，大致有以下几种：

（1）保留轮廓。　如：傘—伞　　　齊—齐

（2）部件代整字。如：聲—声　　　開—开

（3）改换偏旁，即改换形旁或声旁。如：貓—猫　　燈—灯

（4）另造新字，即造新的形声字或会意字。如：驚—惊　　塵—尘

（5）草书楷化。　如：書—书　　　東—东

（6）同音借用。　如：幾—几　　　後—后

（7）采用古体。　如：雲—云　　　從—从

（8）符号代替。　如：鷄—鸡　　　區—区

这次简化汉字，最明显的好处是减少了笔画。总表中涉及的繁体字，平均笔画是 16 画，简化后的平均笔画是 10.3 画。由于笔画减少，不少字提高了清晰度。

使用《简化字总表》，还应注意以下问题：

（1）第一表中的字是不能作为简化偏旁用的，因此不能用来类推简化其

他字。例如"兒"简化为"儿"，而"倪"的右边不能简化为"儿"。

（2）第二表中的字可以用来类推简化其他字，但不能类推简化第一表中的字，第一表、第二表中的字是个体简化，需要逐个记忆。

1986 年 10 月 10 日，国家语委又重新发表了《简化字总表》，对个别字进行了调整，调整后实际简化汉字 2235 个。调整的具体内容是：

第一，"叠、覆、像、囉"不再作为"迭、复、象、罗"的繁体字处理。因此，第一表中删去了"迭（叠）"、"象（像）"；在"复"字头下删去了繁体字"覆"；第二表中"罗"字头下删去了繁体字"囉"，并类推简化为"啰"。

第二，"瞭"字读"liǎo"（了解）时仍简化为"了"；读"liào"（瞭望）时不简化。

国家语委在这次重新发表《简化字总表》时强调，汉字的形体在一个时期内应当保持稳定，以利应用，并"要求社会用字以《简化字总表》为准，凡是在《简化字总表》中已经简化了的繁体字，应该用简化字而不用繁体字；凡是不符合《简化字总表》规定的简化字，都是不规范的简化字，应当停止使用"。

二、《第一批异体字整理表》

20 世纪 50 年代，有关部门在进行汉字简化的同时，就开始了异体字的整理。1955 年 12 月 22 日，文化部和文改会联合公布了《第一批异体字整理表》。该字表共收异体字 810 组，共计 1865 字，选用 810 字，淘汰了 1055 字，自 1956 年 2 月 1 日起在全国实施。"从实施之日起，全国出版的报纸、杂志、图书一律停止使用表中括弧内的异体字。但翻印古书须用原文原字的，可作例外。一般图书已经制成版的或全部中分册尚未出完的可不再修改，等重新再版时改正。机关、团体、企业、学校用的打字机盘中的异体字应当逐步改正。商店原有牌号不受限制。停止使用的异体字中，有用作姓氏的，在报刊图书中可以保留原字，不加变更，但只限于作为姓用。"①

---

① 文化部、文改会《关于发布〈第一批异体字整理表〉的联合通知》。

　　此后经过使用，对《第一批异体字整理表》又作了个别调整：

　　（1）1956 年 3 月 23 日，文化部和文改会发出修正通知，规定原表"坂〔阪坂〕"括弧内的"阪"字，用作日本地名"大阪"时仍用原字；原表"锉〔剉挫〕"括弧内的"挫"字应删去。这样，"阪、挫"两个为正字，不作为异体字淘汰。

　　（2）1986 年 10 月 10 日，国家语委重新发布《简化字总表》，确认该表收入的"䜣、谶、晔、奢、诃、鳍、绁、划、鲙、诓、雠"11 个类推简化字为规范字，不再作为异体字淘汰。

　　（3）1988 年 3 月 25 日，国家语委与新闻出版署《关于发布〈现代汉语通用字表〉的联合通知》中规定，确认《现代汉语通用字表》中收入的"蒫、邱、於、澹、骼、彷、菰、涸、徽、薰、黏、桉、楞、晖、凋"15 个字为规范字，不再作为异体字淘汰。

　　此外，《第一批异体字整理表》中的"诌（读 chǎn）"与"谣（读 tāo）"没有异休关系，"粳"与"粇"也没有异体关系，应该调整。这样，《第一批异体字整理表》共淘汰了异体字 1025 个。

　　跟异体字有些关联的还有异形词。异形词是指同一个词用不同的汉字书写出来。如"笔画－笔划""按语－案语"。"画"和"划""按"和"案"从单个字的角度来看不构成异体，但组词后成了异体（异形词），这在性质上与异体字是相类似的，都是语言中的负担，也应该整理，保留一个写法。2001 年 12 月 19 日教育部和国家语委公布了《第一批异形词整理表》，包括普通话书面语中的异形词 382 组，其中 338 组给出了推荐使用词形，44 组规定了规范词形。例如"笔画""按语"为规范词形，"笔划""案语"为不规范词形。

三、《印刷通用汉字字形表》

　　20 世纪 50 年代，有关部门就开始了对印刷体字形的整理，1956 年 1 月，文化部和文改会发出《关于统一汉字字形的联合通知》，并把《字形表》随文下发，要求在各地推行。"文革"后《字形表》又公开发表。该表收 6196 字，规定了每个字的印刷字体（宋体）的标准字形，同时也规定了它们的笔画数、笔画形状、笔画顺序等，消除了汉字字形上印刷体和手写体的混乱现象，使汉字字形归于统一和简易。它既是印刷字体的标准，也是识字和写字教学的标准。《字形表》公布后，习惯上人们把规定的字形叫新字形，以前的被淘汰的字形叫旧字形。许多字典、词典等语文工具书都附有《新旧字形对照表》，就是根据《字形表》编成的。

四、《现代汉语通用字表》

《现代汉语通用字表》是 1988 年 3 月 25 日由国家语委和新闻出版署联合发布的，共收 7000 字（其中包括《现代汉语常用字表》的 3500 字）。这个字表体现了《简化字总表》、《第一批异体字整理表》、《印刷通用汉字字形表》的基本内容，并在此基础上作了某些适当的调整。《现代汉语通用字表》全面体现了新中国成立以来汉字整理和简化的成果，它规定了 7000 个通用汉字的规范字形，包括笔画数、笔顺和组合结构等，可作为国家正字工作的主要标准。前三个字表凡与《现代汉语通用字表》不符的，以后者为准。《现代汉语通用字表》由语文出版社出版。

五、《普通话异读词审音表》

异读词是指一个词或语素有两个以上的读音，这些读音并没有区别意义的作用。词或语素在书面上是用汉字记录下来的，所以异读词也可以看作是异读字。

汉字的读音也是汉字规范化的内容之一。字音的规范涉及两个方面的工作。首先是语音标准的确定。汉语方言分歧严重，主要表现在语音上，即各地方音不同。1955 年在全国文字改革会议和现代汉语规范问题学术会议上，确立了汉民族共同语的标准是"以北京语音为标准音"。

语音标准确定以后，接下来字音规范的另一方面工作就是以北京语音为标准来审定汉字的读音了。在北京音里，多数汉字的读音也没有什么问题，需要审定的主要就是异读字。异读字形成的主要原因是文白异读。文读音指书面语读音，白读音指日常口语读音。例如"血"的文读音是"xuè"，白读音是"xiě"；"墨"的文读音是"mò"，白读音是"mèi"。异读字形成的原因还有方音影响和讹读。方音影响即方言读音逐渐扩大影响，从而形成异读。例如"揩油"来自吴方言，"揩"在这里读"kā"，与普通话的音"kāi"构成异读。讹读就是误读，即错误的读音逐渐扩大影响，人们习非成是，从而形成异读。例如"曝"本读"pù"，误读为"bào"，构成了异读。

异读字的存在容易造成读音的混乱，影响语言的纯洁和健康。因此语音规范化，就要对异读字进行整理，规定其规范读音。1956 年开始，"普通话审音委员会"对异读字（词）进行审定，到 1962 年，分三次发表了《普通话异读词审音表（初稿）》，对 1800 个异读词和 190 个地名用字的读音进行了审定。1963 年，又将三次发表的审音表合编为《普通话异读词三次审音表（初稿）》予以公布，作为异读字读音的规范（需要说明的是，该审音表并不仅仅局限在异读字的读音上，对一些容易读错的多音多义字也进行了审音）。

1982 年开始，有关部门对《初稿》又进行了修订，1985 年 12 月由国家语委、国家教委和广播电影电视部公布了《普通话异读词审音表》。这次审音是国家规范字音的最新标准，凡涉及普通话异读字读音的，都要以此审音表为准。各种语文工具书的字音标注有与《审音表》不一致的，要据此改正。

这次审音，应特别提起注意的有以下几种情况：

（1）增加了"统读"，即一律念这个音，没有其他读音。表中审定为"统读"的有 588 字，占审音表中 849 条异读字的 69％。

（2）增加了"文"（文读音）"语"（白读音）的区分。有 31 字保留了文白异读。

（3）修改并增补了原审音表的一些读音，有 41 处。如：

统读		统读	
橙	chéng	闯	chuǎng
从	cóng	呆	dāi
幅	fú	脊	jǐ
迹	jì	绩	jì

芒	máng	盟	méng
嬷	mó	澎	péng
槭	qì	绕	rào
啥	shá	胜	shèng
唯	wéi	萎	wěi
哮	xiào	寻	xún
驯	xùn	凿	záo
侦	zhēn	指	zhǐ
掷	zhì	卓	zhuó
嗟	jiē	往	wǎng
沿	yán	猹	chá
汲	jí	拎	līn
牤	māng	蹼	pǔ
霰	xiàn	筑	zhù

此外，"曝"在"曝光"中读 bào，"任"作姓和地名时读 rén，"螫"文读音 shì，口语音 zhē。

六、《通用规范汉字表》

《通用规范汉字表》由教育部、国家语委历时十余年组织研制而成，2013年8月由国务院正式发布。它是继《简化字总表》后的又一重大汉字规范，是最新、最权威的规范汉字依据。《通用规范汉字表》收 8105 字，分为三级。一级字表为常用字集，收 3500 字，主要满足基础教育和文化普及的基本用字需要。二级字表收 3000 字，使用度仅次于一级字。两个字表合计 6500 字，主要满足出版印刷、辞书编纂和信息处理等方面一般用字的需要。三级字表收 1605 字，是姓氏人名、地名、科学技术术语和中小学语文教材文言文用字中未进入一级、二级字表的较通用的字，主要满足信息化时代与大众生活密切相关的专门领域的用字需要。该字表对《简化字总表》和《现代汉语通用字表》之外的类推简化字进行了严格甄别，收录了 226 个简化字。在以往相关规范文件对异体字调整的基础上，将《第一批异体字整理表》中的 45 个异体字调整为规范字。

第三节　书写规范

书写规范，就是指在写汉字时要遵守正字法的规定，写规范的汉字。字形要规范，这是汉字书写的最基本要求。试想，把汉字写得不规范，甚至写错了，能不影响交际吗？如果只是个别字词写错，读者还能从上下文中弄清意思，要是接连出现不规范的字词，恐怕就很难读下去了。错在关键处，即使是个别字词的错误也会出问题。曾经有一家银行往河南泌阳某单位汇款，由于书写错误，把"河南泌阳"写成了"河南沁阳"，结果汇款错投了地方，要办的事也耽误了。报载，新疆某挂面厂在日本印刷包装袋，设计人员将"乌鲁木齐"写成了"鸟鲁木齐"，十几万元的包装不能使用，造成了很大的经济损失。① 可见，汉字书写错讹，必将影响语言的交际功能，严重了还会给社会造成混乱。在一个越来越信息化的现代社会，这种现象是不应该出现的。因此，我们必须切实重视汉字的规范化问题，把汉字写得正确、规范。

重视汉字书写规范，这在古代有着优良的传统。古人是很重视写字的。早在周秦时代，学童入学就把书写规范作为学习的主要内容之一。到汉代，则把写字看得极其重要了。《汉书·艺文志》："汉兴，萧何草律，亦著其法，曰：……吏民上书，字或不正，辄举劾。"《说文解字·叙》："尉律：……书或不正，辄举劾之。"把字写错了就要弹劾治罪。以后历代搞的"正字碑"，编的"正字书"，都是为了给人们提供汉字规范的样本。

一、字形规范

书写规范主要是指字形规范，具体说就是不写繁体字，不写异体字，不

---

① 姜志成《一点出错万金失，为何迟迟不查处?》，见《人民日报》1987 年 5 月 6 日第 2 版。

写旧字形，不乱造简化字，不写错别字。

（一）不写繁体字

繁体字和简化字相对而言，简化字是规范的正字。一般场合下，我们要写《简化字总表》中的简化字，不要写繁体字。改革开放以来，一些人受港台和海外的影响而热衷于写繁体字，甚至到了非常严重的地步。河南某市印制电话号码簿，竟然都是繁体字，以至于人们因看不明白而拒购。滥用繁体字也是与国家的语文政策和法规相悖的。1992 年 10 月 23 日，国家语言文字工作委员会向国务院提出的《关于当前语言文字工作的请示》中指出："已经被简化了的繁体字，要严格限制其使用范围，只能用于古籍整理出版、文物古迹、书法艺术方面。书法作为艺术，可以写各种字体，但也应提倡写规范字。其他方面确需使用繁体字的，须按隶属关系报中央有关部委或省、自治区、直辖市政府主管部门批准，并报国家语委备案。"

繁体字和简化字并不是简单的一对一的关系，特别是有不少一简对多繁的字，如果对繁体字不熟悉或没有较深的汉字功底，随意写繁体字是很容易出问题的。例如不少地方的大街上常有"××發廊"的招牌，"發"就写错了，与简化字"发"对应的有两个繁体字，"發"和"髮"。前字是"射箭、出发、发财"的意思，后字才是"头发"的意思。又如电视节目中有时打出的字幕，"皇后"打成了"皇後"。简化字"后"也对应两个字，"后"和"後"。前字本来就是"皇后"的"后"，后字是与"前"相对的意思，这在简化时使用的是同音替代的方法，两字合为一字。不了解这些，很容易出问题。

（二）不写异体字

前文已述，国家已对异体字进行了严格规范。自《第一批异体字整理表》1956 年正式实施后，成效非常明显，人们基本上不再使用异体字，所以异体字的问题不像繁体字那么严重。但是在异形词上有不少问题，即同一个词写作不同的汉字，如前文举到的"笔画－笔划"、"按语－案语"。2001 年 12 月公布的《第一批异形词整理表》，整理了 382 组异形词。我们应该认真学习此表规定，使用规范的词形。异形词的数量实际上远不止这些，有些异形词该表还未涉及。对未经整理的词，可以社会上多数人的使用为准。

（三）不写旧字形

新旧字形是以《印刷通用汉字字形表》为依据的。该表所收字形为新字形，是规范字形。在新字形的推行上成效也很显著，问题已不是很多，但我们也应注意防止旧字形回潮。每个人都有责任使用规范的新字形，不写旧字形。

（四）不乱造简化字

简化字运动的形成是历史的必然，国家大规模地搞简化字顺应了历史的发展，其成绩是主要的，值得肯定。但不可否认，过去很长一段时期也过分夸大了简化字的某些好处，以至于某些人走进了乱造、滥造简化字的误区，以为字的笔画越少越好，违反汉字的结构规律，忽视文字的社会性和稳定性，随意简化汉字。1977 年匆忙公布的《第二次汉字简化方案（草案）》更是给这个问题雪上加霜，致使社会用字现象非常混乱。为了纠正这种混乱现象，1986 年经国务院批准，《第二次汉字简化方案（草案）》正式废止。同时有关部门也强调："今后对汉字的简化应持谨慎态度，使汉字的形体在一个时期内保持相对稳定，以利于社会应用。"1986 年 6 月 24 日，国务院在批转国家语委《关于废止〈第二次汉字简化方案（草案）〉和纠正社会用字混乱现象的请示》中还指出："当前社会上滥用繁体字，乱造简化字，随便写错别字，这种用字混乱现象，应引起高度重视。国务院责成国家语言文字工作委员会尽快会同有关部门研究、制订各方面用字管理办法，逐步消除社会用字混乱的不正常现象。"

（五）不写错别字

错字是误写的不成字的字形，指随意增减汉字笔画，写错笔形或偏旁部件，弄错字形结构，从而造成错字。例如把"步"的下边多写一点，"蒸"的中间少写一横，"抢"的右边写成了"仓"，"灌"的三点水被草字头盖住而变成上下结构等等。乱造简化字其实也是写错字。

别字是把甲字写成了乙字，或叫白字。别字往往是写了一个同音字，这个字用在别处是对的，用在这里却是错的。所以，写别字其实也是一种错字，也是一种不合规范的字。

写错别字，除了乱造简化字是有意为之外，其他情况的错别字则大都是由于对汉字书写重视不够造成的。学习和书写汉字态度不认真，马虎从事，认为写字是个人的小事，从而写错用错。这是主观原因。从客观原因看，则是由于汉字笔画多变，部件多，结构繁，字的形音义关系复杂，记忆不准造成的。

错别字的存在，妨碍人们准确地表达思想，影响社会交际。特别是别字，很可能使人们误解，轻则成为笑话，重则造成麻烦或损失。因为汉字是以形别义的，字形写错，意义全变。新中国成立前一家报纸，把国民政府一位驻外使节刘大使，错写成"刘大便"，被人们传为笑谈。① 写错别字造成损失的例子也很多。以至于很多专家学者多次写文章呼吁，加强社会用字管理，杜绝错别字的产生。国家有关部门在这方面也做了大量工作。我们每一个使用汉字的人，都有责任执行国家有关汉字的法规，使用规范汉字。

二、如何避免写错字

写错字往往是由于汉字笔画多变，部件繁多，结构复杂而造成的，所以避免写错字也就要注意这些方面。

（一）辨清笔画

笔画是汉字的书写单位，是构成汉字字形的各种点和线。笔画又分基本笔画和派生笔画。汉字字形就是由这些不同的笔画构成的。每个汉字的笔画都是固定的，不可随意增减笔画，也不能改变笔画，否则就成了错字。例如"庄"、"庆"多写一点，"隆""蒸"少写中间一横，便成为错字。每个字由哪些笔画构成也需注意，不能把横写成撇，把撇写成横，或把竖写成竖钩，把竖钩写成竖；也不能把两笔连成一笔，或一笔分成两笔。例如"丰"的第一笔是横，不是撇；"手"的第一笔是撇，不是横；"不"的第三笔是竖，不是竖钩；"于"的第三笔是竖钩，写成竖就成了"干"等等。再如"象"的第六笔是撇，与横相交，不能断成两笔，"象"是 11 画；"鬼"的第六笔也是撇，

---

① 转引自孙均锡《汉字和汉字规范化·引言》，教育科学出版社 1990 年版。

与两横相交，不能断成两笔，“鬼”是 9 画；“禺”的第七笔是竖，不是竖提，“禺”是 9 画；“区”的末笔是竖折，不能分成两笔，“区”是 4 画等等。可见，每个字有多少笔画，由哪些笔画构成，书写规范如何，这是写汉字时都要注意的，否则就会写错。

（二）辨清部件

部件是汉字构形的基本单位。汉字数量虽多，但构成汉字的部件不多，熟练掌握这些部件，对避免写错字大有帮助。有些部件形体相似，很容易混淆。所以，应结合部件的意义（多数部件是有意义的）辨清形似部件，再与所构字的字义或字音联系起来，判断应该是哪一个部件，这样才能避免写错。

例如，“礻”和“衤”是一组形似部件，前者是“示”的变形，与“祭祀、神灵”有关，所以，表示这种意义的“神、祝、社、福、祠”等都是“礻”旁。后者是“衣”的变形，与“衣被”有关的“袄、裤、袖、褥、被”等都是“衤”旁。

“广”和“厂”是一组形似部件，前者本义是房屋之形，所以与房屋有关的字往往从“广”，如“库、府、庐、廊、庖、废”等。后者是“崖”的古字形，从“厂”的字与崖、石有关，如“岸、厝、崖”等。

再如，“段”和“叚”是一组形似部件，但读音不同，前者音 duàn，常作声符，构成如“锻、缎、椴”等字。后者音 jiǎ，也常作声符，可构成“假、霞、遐、暇”等。

（三）注意结构

部件和部件的组合有一定的结构模式，一般有左右、上下、内外三种主要的结构，每一种主要结构又包括几种不同的结构。部件组成汉字，位置一般是固定的，如果部件的结构位置变了，一是成了别的一个字，如“杏—呆”、“旭—旮”、“架—枷”，一是写成了一个错字，如“灌”的草字头盖住了三点水，“遵”的“寸”写到了最下面，就成了错字。又如“薄”的草字头应该盖住三点水却没有盖住，写成左右结构；“梁”是上下结构，“蓬”也是上下结构，不能写成左右结构等等。

（四）注意前后字偏旁的影响

汉语的词多是两个字的，特别是语素义相近的并列式词语，前后字的偏旁易互相影响，结果写错。例如"辉煌"的"煌"字写成"光"字旁，"跋涉"的"涉"写成"足"字旁，"模糊"的"模"把"木"字旁写成了"米"字旁等等。

此外，也不能乱造简化字。乱造简化字其实也是写了错字。这个问题前文已有论述，这里从略。

三、如何避免写别字

汉字是形音义的统一体，但形音义之间的关系非常复杂。从理论上来说，一形一音一义最好，但实际上做不到。汉语的音节有限，而意义无限，于是就有很多同音现象，这就表现为同音字。再加上汉字数量多，难免有字形相近的。这些都会在一定程度导致别字的出现。如果书写者粗心大意，没有掌握每个汉字字形与所记录的词语之间的音义关系，就很容易写别字。所以，辨清同音（近音）字，辨清形近或音形皆近字，是防止写别字的一个有效办法。

（一）辨清同音（近音）字

因为读音相同或相近而把字写错，即该用甲字而写了乙字，这种现象是很常见的。要防止这种同音别字，就要注意汉字形义之间的关系。汉字的形义之间往往有直接的联系，同音字可以靠形别义。大部分汉字是形声字，形旁（意符）具有揭示词义的特点，具有显示词义类别的作用。例如：

燥—躁　前者是缺少水分的意思，故从"火"，是"干燥、枯燥、燥热"的"燥"。后者是"着急，不冷静"的意思，一着急就坐不住，故从"足"，是"烦躁、急躁、暴躁、戒骄戒躁"的"躁"。

梁—粱　前者是"木"字底，表示与木头有关，所以是"房梁、桥梁、梁上君子"的"梁"。后者是米字底，表示与粮食有关，所以是"高粱、米粱、黄粱一梦"的"粱"。

俊－峻－骏－竣　　"俊"是"亻"旁，与人有关，"俊俏、俊美、俊杰"写作"俊"。"峻"是山字旁，与山有关，"峻峭、险峻、高峻、严峻"写作"峻"。"骏"是马字旁，与马有关，"骏马"写作"骏"。"竣"是立字旁，与完成有关，"完竣、竣工、告竣"写作"竣"。

辨－辩－辫　　"辨"的中间是"刀"字的变形，表示分别义，所以是"分辨、明辨、辨认、辨析、辨别"的"辨"。"辩"是言字旁，与说话有关，所以是"辩论、辩护、辩驳、辩解、辩证、争辩"的"辩"。"辫"是"纟"旁，与丝线或像丝线一样的东西有关，所以是"辫子、发辫、草辫儿"的"辫"。

此外，有些字的古今义并不一致，其古义往往保留在一些书面性强的词语里。最有代表性的是成语，其中某些字的意义可能不是今天的常用义，因此很容易把字写错。例如"走投无路"，"投"是"投奔"的意思，不能写成"头"；"原形毕露"的"毕"是"全、尽"的意思，不能写成"必"；"一筹莫展"的"筹"是"办法"的意思，不能写成"愁"等等。解决这个问题的办法是要弄清每个字在这个成语中的含义，不能根据个人的主观理解而随意写同音字。有些成语来自于古代寓言或历史故事，言简意赅，含义深刻，不了解它们的来源，也很容易写错。例如"班门弄斧"的"班"不能写作"搬"，"班"指古代的名匠鲁班，成语的意思是指在鲁班门前舞弄斧头，比喻在高明人面前卖弄本领，故不能写作"搬门弄斧"。再如"完璧归赵"，故事见于《史记·廉颇蔺相如列传》，写的是赵国蔺相如运用智谋使和氏璧从秦国完整回归的事情，比喻把原物完整地归还本人，所以"璧"不能写作墙壁的"壁"。

（二）辨清形近字

对于有些字形相近的字，即使读音不同，也很容易写错。如果音同形近，就更容易写错了。因此就要一方面注意字形，弄清形和音义的关系。一方面注意读音，有些形声字的声旁可以有效地给以提示。例如上边举到的"璧－壁"和"辨－辩－辫"就属于音同形近的字，对这种字必须弄清字形和字义的关系，才不至于写错。对于纯粹由于字形相近致错的，就要搞清字形结构和读音，例如：

仑－仓　前者读 lún，后者读 cāng，但字形相近，要注意区别。它们还可以作声符来构成形声字，前者可构成"抢、沦、轮、伦、论"等字，后者可构成"抢、沧、伧"等字，特别是要区别"抢－抢""沦－沧""伦－伧"几组字。

戊－戌－戍－戎　这几个字的形体更相近，但音义不同。"戊"音 wù，天干的第五位，字形上左下部没有点或横。"戌"xū，地支的第十一位，字形上左下部有短横，而且短横和撇是相接关系。"戍"音 shù，"保卫、防守"的意思，左下部的两笔是"人"的变形，"从人从戈"，所以构成"戍边、卫戍"等词。"戎"音 róng，左下部的短横与撇是相交关系，是古"甲"字，甲即铠甲，穿甲持戈，意思指与军队有关的事，构成"戎装、戎马、投笔从戎"等词。

第八章

汉字与汉字教学

第一节 古代的汉字教学

一、汉字教学的历史

汉字是世界上最古老的文字之一，也是流传至今的唯一的表意文字。汉字数量众多，结构繁难，读音复杂，意义千差万别，不像拼音文字那样容易掌握。汉字是形、音、义的统一体，学习汉字，就要掌握每个汉字的字形写法，读什么音，表示什么意义，以便使用的时候，能写得规范，读音准确，意义正确无误，从而更好地发挥其文字的职能，为人们之间的交往服务。

汉字已有几千年的历史，有了汉字，就开始了汉字教学。据郭沫若对甲骨文的研究，在汉字系统已经形成的殷商时代，学习写字就成为当时教育的重要内容。他在《殷墟粹编》中收录的 1465—1479 片甲骨，刻写了六十甲子表前的 12 行，郭沫若认为，这就是殷人教子弟刻写文字的记录。甲骨文单字已有四千来个，不学习是掌握不了的，也无法一代一代流传下去。

上古三代，学校已初具规模。《孟子·滕文公上》："夏曰校，殷曰序，周曰庠。"特别是周代，不仅王城和都城办有国学，招收贵族子弟，地方上还办有乡学，招收庶民子弟。有了学校，当然就有学校教学，读书须先识字，识字写字是文化教学的起点和前提。到了西周，汉字教学已经正式列入教学内容。《周礼·地官·保氏》："（保氏）掌谏王恶，而养国子以道，乃教之六艺：一曰五礼，二曰六艺，三曰五射，四曰五驭，五曰六书，六曰九数。""六书"就是汉字教学。东汉许慎《说文解字·叙》也说："周礼，八岁入小学，保氏教国子先以六书。"班固《汉书·艺文志》说："古者八岁入小学，故周官保氏掌养国子，教之六书，谓象形、象事、象意、象声、转注、假借，造字之本也。"可见，"六书"是学童入学后最先学习的内容，以至于后代把汉字学也称为"小学"。

秦是西周文化的直接继承者，也非常重视汉字教学，丞相李斯还亲自编写学童识字课本。特别到了汉代，统治者尊重知识，重视人才，学校更进一步发展，京师、郡国和乡里都办有学校、书馆。《后汉书·牟长传》："诸生讲学者，常有千余人，著录前后万人。"可见学子人数之多。学童入学，第一阶段主要是识字写字。于是，识字教学就格外受到重视，编写童蒙识字课本一时成为高潮。王国维说："汉时教初学之所，名曰书馆，其师名曰书师，其书用《仓颉》《凡将》《急就》《元尚》诸篇，其旨在使学童识字习字。"① 汉代重视汉字教学，甚至还提到了法律的高度。《汉书·艺文志》说："汉兴，萧何草律，亦著其法，曰：'太史试学童，能讽书九千字以上，乃得为史……吏民上书，字或不正，辄举劾。'"识字多可以做官，字写不好就要治罪，如此明显的奖惩，可见当时统治者对汉字教学的重视。

隋唐以后，科举教育逐渐确立，人们更加重视文化知识的学习。学文化首先要识字，从学童就开始识字写字的教育，以后历代莫不如此。

二、古代的童蒙识字课本

我国有史记载的最早的童蒙识字课本是西周宣王时的《史籀篇》，距今已有 2800 多年历史。班固《汉书·艺文志》说："《史籀篇》者，周时史官教学童书也。"这是周宣王太史编写的一本识字课本，字体是当时通用的大篆（又叫籀文，籀文即由《史籀篇》而得名），全书共十五篇。该书一直流传使用到

---

① 王国维《观堂集林》卷四《汉魏博士考》，中华书局 1994 年版。

西汉末年。《汉书·艺文志》说:"《史籀》十五篇——周宣王太史作大篆十五篇,建武时亡六篇矣。"(建武,是东汉光武帝刘秀的年号,在公元25—56年)此书以后逐渐失传,只在许慎《说文解字》中收录了223个"籀文"。

现存最早的识字课本是《管子·弟子职》,内容是写学子师事先生的礼仪。该书四字一句,且押韵,便于记诵。

秦始皇统一全国后,实行"书同文"政策,废除六国文字形体,命丞相李斯整理大篆而成小篆,统一了汉字。为了推行规范的小篆,李斯编《仓颉篇》,赵高编《爰历篇》,胡母敬编《博学篇》,这也是当时的童蒙识字课本,后人称之为"秦三仓"。西汉初,闾里书师(即教师)将这三本书删改合编为《仓颉篇》,用来教学童识字。此书后来亡佚,现只存一些残简①。

西汉中期到东汉,识字课本的编写更是空前,编写人员和版本众多。《汉书·艺文志》著录的就有10家45篇,其中著名的有司马相如的《凡将篇》、史游的《急就篇》、李长的《元尚篇》、贾鲂的《滂喜篇》、扬雄的《训纂篇》等等。这些书都是用当时通行的字体,在启蒙阶段就为学童正确识写汉字打下了坚实基础。当时还有八体书法的要求,所以汉代人汉字造诣较高,为后世称道和取法。这些课本承前启后,但大多后来亡佚了,只有《急就篇》一直保存到了现在。

魏晋以后,楷书成为社会的通用字体,楷书识字课本就陆续出现了。影响最大的是南朝梁周兴嗣奉旨编写的《千字文》,北宋时编写的《百家姓》(作者不详),南宋王应麟编写的《三字经》,后人合称为"三、百、千"。这几本书成为我国开办现代学校之前几百年间使用不辍的传统识字教材,一直到今天人们还情有所系,这在世界上恐怕也是罕见的。

除了"三、百、千"之外,比较有影响的还有清代王筠编写的《文字蒙求》,书名就标明了此书是学童识字用的课本,共收2049字。这时期还有一些辅助性的教材,如《神童诗》《千家诗》《五言杂字》《七言杂字》以及唐诗宋词等。特别是唐诗宋词,社会上流传广泛,篇幅短小精粹,且押韵上口,

---

① 具体可参梁静《出土〈仓颉篇〉研究》,科学出版社2015年版。

很适合儿童诵读。

这些童蒙识字课本是我国教育史上的宝贵财富，它们为汉字的传承和文化的传播立下了不可磨灭的功绩。这些书能流传使用几百年甚至上千年而不衰，说明它们有很强的科学性。

第一，选录常用字，字量适当。汉字数量大，而且字符繁难，如何在最短的时间内掌握基本够用的汉字，使学习者尽可能快地获得读写能力，这是语文教学乃至文化教育面临的首要问题。汉字累积到今天已达数万个（《汉语大字典》（第二版）收字 6 万多个，《中华字海》收字 8 万多个），就是在汉代也已经有上万个（《说文解字》收字 9353 个，另有重文 1163 个，共计 10516 个）。但这些汉字大部分是很少用到的，汉字的使用频率（称字频）是极不平衡的。多家研究机构都对汉字字频进行过调查统计，如 1988 年 4 月电子工业出版社出版的《汉字频度统计》一书，对 2000 多万字的语料进行统计，共得到单字 5991 个，根据字频可分成五级：

	序　　号	累计频度％
一级字（最常用字）	1——500	77.419
二级字（常用字）	501——1000	90.819
三级字（次常用字）	1001——1500	95.898
四级字（稀用字）	1501——3000	99.597
五级字（冷僻字）	3001——5991	100.000

可见，汉字的使用情况相差悬殊，有的字常用，有的字很少用。1000 个常用字的频度超过 90％，3000 个字则占到近 99.6％，这意味着认识这 3000 字，读书写文章就基本没有生字了。由此可知，社会常用字数量并不像人们想象的那么多，大约在 3000 字左右。历代名著也从侧面印证了这个社会常用字量：

书名	年代	总字量	单字数
尚书	先秦	24538	1941
诗经	先秦	29646	2936
春秋三传	先秦	245838	3912

书名	年代	总字量	单字数
战国策	西汉	122529	2774
杜甫诗	唐代	未详	3562
倪焕之	现代	138000	3039
骆驼祥子	现代	107000	2413

初级教育阶段的识字量应当与社会常用字量大致持平，古代的童蒙识字课本的选字量也大体与此相当。"秦三仓"经西汉书师整理后，单字共计 3300 多个，这应是西汉初期学童的识字量。西汉中期以后的《训纂篇》和《滂喜篇》都是 2400 多字，《急就篇》2100 多字。魏晋以后的《千字文》1000 字，《百家姓》472 字，《三字经》1248 字，删去重复的，三本书共计单字 2000 多个。

可见，古代童蒙识字课本在初级教育阶段的识字量的把握上是比较科学的，数量适当，基本够用，而且选录的绝大多数都是常用字，后代编写识字课本多以前代的为底本就是证明，"三、百、千"流传几百年而不废也能说明这一点。古人虽然没有现代所说的字频统计和研究，但时间和实践是最好的老师，长期的生活积累和上千年的读书用字实践，已使他们能大体掌握这个科学的识字量。

第二，适合学童特点。初级阶段的识字教学是有自身特点的：受教育者一般年龄较小；他们初识文字，而且面对的又是数量多、结构复杂的一种文字。古代童蒙识字课本的编写者注意到这些方面。学童年龄较小，自制力差，但机械记忆力强，形象思维发达。于是编者在课本的编写上努力做到形象性，便于记忆。例如把文句编成韵文就不失为一种好的方法——"赵钱孙李，周吴郑王。冯陈褚卫，蒋沈韩杨。"（《百家姓》）"人之初，性本善，性相近，习相远。"（《三字经》）枯燥无味的汉字一经巧妙排列，读起来朗朗上口，听起来悦耳动听，便于诵读和记忆。此外图文对照也能增强形象性，早在明朝初年，采用这种识字方法的教材就出现了。

汉字难认难写，这不能否认，但汉字在构形、表义和读音上并不是杂乱无章的。根据汉字自身的特点来教学识字就会降低难度。古人在这方面采用了多种方法。例如有字义教学法，就是把意义相同或相类的字排在一起，以引起联想记忆。同时还往往把汉字排成韵文的格式，这又利用了汉字读音上的特点。总之，古人在识字课本的编写上注意适合儿童的心理和汉字自身的特点，科学性是比较强的。

第二节　20 世纪以来的汉字教学

一、基础教育中的教学用字研究

汉字能够很好地记录汉语，只要汉字存在，汉字就永远是基础教育中的重要内容，汉字识字教学就不能不成为人们特别关注的领域。进入 20 世纪以后，特别是"五四"以后，社会生活发生了重大变化。新式学校代替了旧私塾，现代科学也成为学校的教学内容。白话文代替了文言文，国语（语文）教材也有了根本性变革，社会用字也由古汉语用字向现代汉语用字转变。受教育人群空前扩大，教学模式由过去的个别施教转向班级施教。这些变化，必然反映在识字教学中。因此，研究和确定基础教育阶段的常用字和数量，便成为急待解决的问题。

最早采用科学统计方法研究常用字的是教育家陈鹤琴（1892－1982）。他为了研究语文教育问题，和助手用了两年多时间，人工统计了 55 万多字的语料，得到单字 4261 个。他还统计了它们的字频，编成《语体文应用字汇》，由商务印书馆 1928 年 6 月出版。这是我国第一本现代科学意义上的汉字常用字研究著作。

1930 年 12 月，民智书局出版了王文新的《小学分级字汇研究》。他收集小学生作文、小学课本用字和陈鹤琴的《语体文应用字汇》进行汇总统计，得到单字 5364 个，根据小学识字要求，去掉了 1565 个，其余 3799 字作为小学识字用字，并且在小学六个年级分配了各年级的识字量和字表。

1983 年第 5 期的《教育研究》上发表了张卫国的《小学语文用字研究》，其中的《小学语文用字表》收字 3071 个。

1985 年，北京语言学院（后为北京语言大学）对 1978 年出版的全国通用的中小学语文课本的全部词汇进行了统计分析，编成《常用字和常用词》一书，其中的常用字表收了 1000 个字，并指出："中小学语文课本用作统计资料的全部篇幅，有近 4/5 是用 1000 个高频汉字写成的。"其中前 500 字覆盖率达到了 69.98％。

为改变中小学汉字教学底数不清的状况，1987 年由两位语文教师编写的《现代汉语常用字表》出版（收入叶苍岑主编的《语文基本知识小丛书》，北京教育出版社出版）。该字表是作者根据多年的教学经验，从可靠的字典辞书中选出他们认为的常用字，然后再从多个侧面对初选的字进行核查检验得来的，共收 5623 字。其中小学语文教材出现过的字 2986 个，中学语文教材新出现的 1496 个，并且标出每个字在中小学语文教材中的出处。这样在教学汉字时教师就有了整体的认识，如小学阶段学习了哪些汉字，中学阶段还应新学哪些汉字，每个汉字的各个义项掌握情况如何，教师可以做到心中有数，能够有计划、有步骤地进行汉字教学。把在不同年级段、不同课文中出现的汉字各个义项联系起来教给学生，收到事半功倍之效。只是该字表出版至今已有近三十年，中小学语文课本多有变动，其中的许多地方已不适用于新教材。

除了上面提到的直接针对中小学识字教学的研究外，有关部门和机构还从社会用字的角度对汉字的使用频率进行了统计分析。如上一节介绍的《汉字频度统计》，还有北京语言学院承担并编成的《现代汉语频率词典》（北京语言学院出版社 1986 年 6 月出版），其中的《汉字频率表》收字 4574 个。北京航空学院（现为北京航空航天大学）承担的、国家语委和国家标准局编成的《现代汉语字频统计表》（语文出版社 1992 年 1 月出版），收字 7754 个（多音字按音项分别计算）。这些根据字频统计得来的字种和数量都是符合汉字使用实际的，也可以作为基础教育阶段识字教学的参考。特别是 1998 年 1 月国家语委和国家教委联合发布的《现代汉语常用字表》，共收 3500 字，其中一级常用字 2500 个，二级次常用字 1000 个。这也是根据字频统计研制的一个字表，具有较高的科学性和实用性，而且属于政府文件性质，是权威性的规范字表，也可以为汉字教学和识字课本的编写提供依据。

二、汉字扫盲教学及其教学用字研究

汉字扫盲开始于 20 世纪初期。鸦片战争后，帝国主义开始了对我国的全面侵略。忧国忧民的知识分子认识到了唤起民众的重要性，因此提倡教育救国，各地都开展了汉字扫盲运动。汉字扫盲字表的研制，汉字扫盲课本的编写由此呈现出一个百花齐放、百家争鸣的局面。其中影响较大的是洪深编制的《一千一百个基本汉字使用教学法》（生活书店 1935 年 11 月出版），书的扉页题字"献给推行识字运动的众位先生"，表明此书是为扫盲工作编写的。作者依照英文基本词的办法选定了 1100 字作为基本汉字，另外再加 250 个特别字，主张用这些字来"表达一切的心情和事实"，还说"一切政府的文告，法院的批判，学者的理论，报纸的社评，也许可以全用 1100 个基本字和 250 个特别字来写，使得那凡是经过识字训练的民众，自己都能看懂。这是我们的期望"。

洪深的"基本汉字"不是根据字频选定的，而是根据字义，根据表达的需要，选取每组同义或近义字中最有代表性的一个；写文章时遇到基本字以外的，就改换一个说法。例如基本字中有"土"无"泥"，需要用"泥"的地方就改成"湿土"；基本字中没有"妹"，说到"妹"的时候就改成"女弟"等等。洪深选取的不都是高频字，但一千多汉字的覆盖率也可达 90%。仅使用这些字也确实能写出文章，洪深就身体力行，用这些字写出的文章还具有一定的文采。但这种方法的致命弱点是人为地改变语言来迁就减少的汉字，颠倒了语言和文字的关系，因此注定是行不通的。

扫盲运动收效最显著的是共产党领导的解放区，20 世纪 40 年代各根据地都开展了扫盲工作。特别是在新中国成立后，全国普遍开展了轰轰烈烈的扫盲运动。1949 年 11 月，教育部设立"识字运动委员会"，指导和推动各地扫盲工作。为了使工作更为扎实有效，1952 年 6 月，教育部公布了扫盲常用字表，收字 2000 个，供编写识字课本用。1953 年 11 月，制订了《扫除文盲标准》，规定农民识字 1500 个，工人识字 2000 个。全国各地的扫盲班、扫盲夜校如雨后春笋，扫盲工作取得了前所未有的成绩。

20 世纪 60 年代以后，特别是"文化大革命"的影响和读书无用思想的冲击，文盲人口有所增长。根据这种情况，国家加大了扫盲工作的力度。1988 年 2 月，国务院颁布了《扫盲工作条例》，其中规定了个人扫盲的标准："农民识 1500 字，企业和事业单位职工、城镇居民识 2000 字；能够看懂浅显通俗的报刊、文章，能够记简单的账目，能够书写简单的应用文。"1991 年，国家语委所属语言文字应用研究所开始了扫盲用字的研究，1993 年在《语言文字应用》第 3 期发表了《扫盲用字表》。该表分甲乙二表，甲表收全国统一扫盲必写字 1800 个，乙表收扫盲参考字 200 个。根据已往的字频统计，这 2000 字的覆盖率是 93.99%，选字是比较科学和实际的。

三、对外汉字教学及其标准

20 世纪以来，特别是新中国成立后，中外交流活动逐渐增加，外国人学习汉语的越来越多，对外汉语教学得到了迅速发展。为适应这种需要，北京语言学院宣告成立，标志着对外汉语教学走上了集团化、正规化的道路。现在开展对外汉语教学的高等院校已达 100 多所。为了指导和规范对外汉语教学工作，国家还设立了对外汉语教学领导小组。

对外汉字教学是对外汉语教学的重要组成部分。教外国人学汉字与教母语是汉语的人学汉字有很大不同，不能照搬我国基础教育阶段的识字教学。因此，制定科学的适合外国人学习需要的识字标准，就提到议事日程上来。1990 年至 1991 年，国家对外汉语教学领导小组办公室和北京语言学院汉语水平考试中心联合研制了《汉语水平词汇与汉字等级大纲》。这个大纲是我国初等、中等汉语水平考试的主要依据，也是对外汉语教学总体设计、教材编写、课堂教学和成绩测试的重要依据。大纲中汉字的分级与词汇的分级有一定的联系，汉字大纲收字 2905 个，基本覆盖了《现代汉语常用字表》中的一级常用字。大纲分四级：甲级字 800 个，乙级字 804 个，丙级字 601 个，丁级字 700 个。2010 年 10 月北京语言大学出版社出版《汉语国际教育用音节汉字词汇等级划分》，它由国家汉办/孔子学院总部、教育部社会科学司、教育部语言文字信息管理司提出，国家汉办/孔子学院总部、北京语言大学起草，国家语言文字工作委员会语言文字规范（标准）审定委员会审定，教育部、国家语言文字工作委员会发布。该规范规定了汉语国际教育用音节、汉字、词汇的等级划分，给出了汉语国家教育用分级的音节表、汉字表、词汇表，体现了三维基准体系。其中，汉语国际教育用一级汉字 900 个，二级汉字 900 个，三级汉字 900 个，三级附录（规范性附录）汉字 300 个，共计 3000 字。

几十年来，对外汉语教学一直按照"语文一体、语文同步"的模式组织教学，把词和句作为教学内容的基本单位，汉字没有得到应有的重视，多采用"字不离词"的分散识字法进行汉字教学。造成的结果是，重口头语言的学习，轻书面语言的学习；重听说训练，轻读写训练，不利于全面发展学生的语言能力。

面对这些问题，为了探讨对外汉语教学中汉字教学的特点和规律，国家对外汉语教学领导小组办公室于 1997 年 6 月在湖北宜昌举行了汉字与汉字教学研讨会。与会者针对汉字教学与研究的现状、汉字教学的地位、汉字教学法与教材等一系列问题进行了充分的研讨。许多人认识到，汉字教学在语言教学中也具有很重要的地位，应改变过去那种忽视汉字本身的特点，忽视汉语口语和书面语的差别，缺乏适用的汉字教材的倾向，正确处理语与文、识字与阅读的关系，全面发展学生的语言能力和语言交际能力。

第三节　汉字科学与汉字教学法

汉字是表意文字，字数多，结构繁，形音义关系复杂。因此人们认为汉字难记难写难认。这种认识并不全面。汉字是形音义的统一体，学习汉字，同时就学习了语言中的词，汉字和词（以及语素）是无法完全分离的。可以这样说，学会了 3000 个左右的常用字，就初步掌握了汉语书面语。过去往往把学习语言的难度也算到汉字头上，所以觉得汉字难学。北京景山学校的刘曼华说："我觉得识字不像一些人说的那么难。我们从 1960 年搞集中识字，搞到现在，就是运用汉字的字音、字形包括字义的一些规律来教汉字。"汉字是一门科学，有其自身的特点和规律，只要我们采取适合汉字特点和规律的方法来进行教学，就会降低学习汉字的难度。

一、科学地总结和继承历史上汉字教学的传统

我国很早就开始了汉字教学法的探索。例如《说文解字·叙》说："周礼，古者八岁入小学，保氏教国子先以六书。"说明在周代人们就开始通过分析汉字的六种条例来教学汉字了。以后，用这种分析汉字结构的方法来帮助识字渐成风气。如"夫文，止戈为武"（《左传·宣公十二年》）；"孔子曰：一贯三为王"（《说文解字·王部》）；"自环者谓之厶，背厶谓之公"（《韩非子·五蠹》）等等。古代的童蒙识字课本，就是这些汉字教学法的实践之作，其方法也多种多样。现代以来，人们在汉字教学方面也进行了种种探索。①

（一）结构教学法

即利用汉字的结构特点来教学汉字。汉字在结构上是有规律的，古人很早就提出了六书的理论，并用来分析讲解汉字。汉字绝大部分是形声字，利用汉字的形旁或声旁作为识字线索，可以帮助记忆。例如相同形旁的字排在一起，以便认识它们相同或相类的意义；相同声旁的字排在一起，以便掌握其读音。《仓颉篇》有一部分就是这样编排的。

（二）字义教学法

就是把意义相近相类的字编排起来，通过意义线索来贯通一组字。汉字绝大部分是有字义的。古汉语中字义一般是词义，现代汉语中则多指语素义。汉字教学的重要任务之一就是讲清字义，在很多时候，是否弄清了字义，往往是检测对某个汉字掌握得如何的一种办法。字义清楚，那个字的字形字音肯定都记住了。因此，以字义为线索来编排汉字进行教学就是一种有益的尝试。如李斯《仓颉篇》中就有"□□邑里，县鄙封疆。径路冲□，街巷垣墙"的句子。

---

① 参见王宁、邹晓丽《汉字应用通则》，春风文艺出版社 1999 年版。

（三）字素教学法

就是利用合体字中成字构件的意义来解释该字的意义的一种方法。汉字中合体字很多，有些合体字的构件可以单独成字，利用构件单独成字时的意义来解释它所构成的合体字的意义，有时是行得通的。这种方法很早就有，如前边谈到的"止戈为武""自环者谓之厶，背厶谓之公"以及"反正为乏""人言为信"等等。

（四）押韵教学法

把汉字编成韵文的句式（多为四字句，也有三字句、五字句、七字句），利用整齐的句式和韵脚的和谐，形成一定的节奏和动听的音调，便于诵读，利于记忆。这种方法最早在《仓颉篇》中就有采用，还有"三、百、千"都是用的这种方法。如："人之初，性本善，性相近，习相远。苟不教，性乃迁，教之道，贵以专。"（《三字经》）"赵钱孙李，周吴郑王。冯陈褚卫，蒋沈韩杨。"（《百家姓》）"天地玄黄，宇宙洪荒。日月盈昃，辰宿列张。"（《千字文》）

（五）图文对照教学法

即看图识字。现代初级教学和学前教育经常采用这种方法。特点是汉字和相应的图画联在一起，增加了形象性，学童易学易记。这种方法在我国明朝初期就已出现，现存的识字课本《对相四言杂字》就是图文对照的识字教材。

（六）注音教学法

这是一种标注汉字读音的辅助性识字方法。汉字是表意文字，是据义构形的，字形与读音没有直接联系。形声字的声旁虽然有一定的示音作用，但由于字形和语音的演变，声旁现已多数不能表音，这为识字带来了一定困难。古代的识字课本是不标注读音的，某个字读什么音全凭老师当堂传授，一旦忘记，只好再向人请教。后来虽然也有了直音法和反切法这样的标音手段，但这对初学汉字的人来说却并不适用。1918年，当时的教育部公布了"注音字母"，汉字从此才有了比较方便适用的注音工具。1958年，《汉语拼音方案》问世，汉字注音的方法更加完善和国际化。注音教学法就是在注音字母和汉语拼音出现后才产生的一种辅助识字法。即在汉字上方或旁边用标音字母注出读音，学生掌握了这种标音字母，就会自己拼出汉字的读音，非常方便。

（七）集中识字教学法

就是采用"基本字带字"的方法进行集中识字。即用形声字所共同具有的声旁（称之为基本字）带出一批形声字，也可以称为"声旁识字法"。例如一个"方"字，带出"坊、芳、房、访、仿、鲂、纺、妨、防、放"等许多字；一个"主"字，带出"拄、柱、蛀、住、注、炷、驻"等许多字。这种方法是 1958 年辽宁省黑山县北关实验学校创造的，后来在全国推广。

（八）注音识字，提前读写

这是利用汉语拼音帮助识字和读写的一种识字教学法。这种方法首先要让学生熟练地掌握汉语拼音，先用汉语拼音来阅读和作文，以利学生口语能力的充分发挥。然后在阅读和作文中逐步引进汉字，即用汉字加拼音的方法逐步过渡，最后达到全部使用汉字。这种方法试图解决识汉字和学汉语的矛盾。学龄儿童的口语已有相当水平，但由于识字量的限制，一时还不能阅读和作文，先利用汉语拼音就可以绕开这个问题。这种方法是 1982 年首先在黑龙江省佳木斯市等地搞起来的，后来在许多地方推广。

（九）分散识字

就是把基础教育阶段应当学会的字有计划地分配在小学几个年级的不同课文里，随课文识字，字不离词，词不离句，又叫"随文识字法"。这种方法的特点是，汉字分散教学，一定程度上减轻了识字量大的负担，识字教学与语言教学同步，可以把精力更多地用在说话和阅读的训练上。

此外还有"拆字教学法"和"新会意教学法"。拆字教学法是把汉字拆成构件，甚至编成口诀来帮助记忆。如"双木林、耳东陈、弓长张、木子李"，"一点一横长，口字在中央；大口张着嘴，小口往里藏（高）"。这种方法可帮助记忆字形，但不利于掌握字义，只能作为一种辅助性的教学手段。

新会意教学法是把汉字任意拆分成几部分，再设想出一种事理来会悟其意的一种方法。例如"裕"字说成"丰衣足食（谷）就是富裕"，"海"字说成"海很大，每个地方都有水"，"春"字说成"三人一起晒太阳"。这其实是望文生义的翻版，不管字形结构和造字的来源而乱拆胡编，是违反汉字科学的。

通过以上介绍可以看出，我国的识字教学法已有悠久的历史，而且还在不断产生新的方法或进行新的探索，其中有很多有益的东西可供我们借鉴和继承，只是由于现代教育的历史还不长，我们还没来得及总结和继承这笔宝贵的财富，使得今天的识字教学科学性不强，因而也影响到识字教学质量的提高。

二、识字教学须以汉字科学为依据

汉字是一门科学，有其自身的特点和规律。认识并掌握这些特点和规律，对于指导我们识字用字是大有裨益的。遗憾的是，长期以来，我们并没有很好地解决这个问题。古代社会，由于受当时科学条件的局限，古人的识字教学并没有进行现代科学意义上的系统理论概括和总结。进入 20 世纪以后，由于当时的社会历史条件，人们则过多地看到汉字的不足，认为汉字难认难记难写，应该废除，而缺少一种客观的平和的心态，因此就更谈不上对识字教学进行科学研究、总结和继承了。正由于此，靠机械记忆的方法教学生识字的现象还比较普遍。教师不能用科学的方法进行教学，于是就要求学生在课下无数遍地重复读写，甚至把抄写多少遍作为读错或写错一个字的惩罚手段。对教师和学生来说，这种强制的机械的教学方法使识字教学成了枯燥无味、令人生厌的苦役。教师不愿教，觉得无从下手；学生不愿学，对汉字没有兴趣。造成的结果是，识字慢而差，掌握得不深不透，质量不高，效率低下。体现在实际应用中，错别字是普遍现象，不少学生的情况还相当严重。这种情况还出现在大学生身上，甚至是中文专业的大学生身上。这和汉字规范化的要求以及社会的发展是不相适应的。

汉字难学，这其实只是表面现象，是没有用科学的识字方法来进行教学的一种无奈的表白。张志公先生曾说："汉字在初学阶段难，并且很难。所谓初学阶段，指的是学会千把字之前，尤其是五六百字之前这一段。等学会千把字以上……汉字在学习上的优越性将会越来越充分地显示出来。"① 这也是符合多数人的亲身体会的。可以说，学汉字是"先难后易"。这和西方语言有多少个词就有多少个字形（词形）是很不相同的。即使是学汉字开头难，很大程度上也是由于教学不得法，没有抓住汉字构造规律，没有运用科学的识字方法，孤立地机械地教学汉字只能事倍功半。因此，科学地总结历史上识字教学的方法和经验，继承一切优良的教学传统，从而形成适合于今天的科学识字方法，是摆在我们面前的一个重要而紧迫的课题。

汉字是表意文字，是形音义的统一体。汉字的构造往往是据义构形的，字形和字义往往有直接的联系。字形以体现词义为目的，越是早期的汉字越能说明这一点。即使是发展到后来的隶书和楷书，字形已有很大变化，但形义关系的一致性仍然一脉相承，汉字的形义有联系这一根本性质没有改变。由于形义相联系，所以使得汉字符号成千上万，形体繁复，这也是人们非难汉字的主要原因。但汉字的构形不是杂乱无章的，而是成系统的，有规律的。字数虽多，而具有构字功能的基础构件却有限。上一章提到，《现代常用字部件及部件名称规范》通过对现代汉语 3500 常用汉字逐个进行部件拆分、归纳和统计，形成的《现代常用字部件表》包括 441 组 514 个部件。《信息处理用 GB13000·1 字符集汉字部件规范》中的《汉字基础部件表》通过对 GB13000·1 字符集中的 20902 个汉字逐一进行拆分、归纳与统计，得到基础部件 560 个。这几百个基础构件按照一定的结构方式就可以组成成千上万个汉字。可见，掌握了基础构件及其结构方式，在识字教学中就会事半功倍。

我国古代很早就开始了对这些问题的研究，六书理论和部首的创立是对汉字研究的突出贡献。同时，汉字研究的成果又直接指导着对识字方法的探索，古代的童蒙识字课本就是这种探索的实践。例如周秦时代指导学童识字的结构教学法（有人称为字源教学法），就是利用汉字的结构规律指导识字的。"自环者谓之厶，背厶谓之公。"（《韩非子·五蠹》）"厶"是一个象形字，

①　见李楠主编《"注音识字，提前读写"实验报告》代序，中国社会科学出版社 1985 年版。

以"自环"的形象表现"私"的概念，"八"是背离、分别义，背离了"厶"就是"公"。利用形义的联系来解释它们的构形理据，具体地提示了"公""私"这两个概念的对立含义。学习汉字的人只要了解了这两个字的构件和构形理据，就会很快地掌握它们，虽然这两个字表达的还是抽象概念，但也用不着上百遍地去抄写记忆就能学会。

要弄清汉字形义之间的联系，就需要对汉字进行字形上的分析。象形字和指事字是独体字，字形和字义的联系比较明显。汉字中绝大部分是合体字，它们是由具有构字功能的基本单位按照一定结构模式组合而成的，这些具有构字功能的基本单位就是基础构件。分析汉字，主要就是分析出这些基础构件。基础构件可以组合成复合构件，基础构件和复合构件都可以参与构字。例如"睬"，有"目、爪、木"三个基础构件，"爪"和"木"组成复合构件"采"，"目"和"采"再组合成汉字"睬"。

参与构字的各个构件在构成汉字时的功能是不同的。根据王宁先生的观点，可以分为表形构件、表义构件、示音构件、标示构件等。

表形构件和表义构件在构字时都直接和所构字的意义产生联系。例如上边举到的"儿"（兒）字像小儿的头颅，"果"字的上边像果实的样子，"眉"的上边像眉毛；"金"本义指金属，在"铁、钉、铸"等字中的"金"就有这种意义，"土"本义指泥土，在"地、坷、堤"等字中的"土"表示这些字与土有关。在教学这些字时讲清构件和所构字的意义联系，对掌握汉字是有帮助的。

示音构件只有示音功能，与所构字的意义一般没有直接联系，所以不能把示音构件也当作表形构件或表义构件一样来讲解。需要注意的是，有些示音构件同时还可以提示词源意义，例如"婚"中的"昏"是示音构件，它同时又可以提示"婚"字的意义与"昏"有关。"婚"是从"昏"派生而来的，是为区别"昏"的引申义而造的分化字。这样看来，构件"昏"和"婚"字的意义也有联系。但是对于这一类的字，不宜在初学识字的阶段就讲给学生，因为这样做不利于学生区别这两个字的不同，更容易写错用错。

当然，识字教学也可以从示音构件入手，即把同一声符的字集中起来识记，这样可以认识一批同音（近音）字，上节介绍的"集中识字法"就属这种情况。但这种识字法运用要慎重，它适合于声符能准确示音的同声符字，对于示音有例外的就不宜采用。例如声符是"农"的"浓、哝、侬、脓"等字读音与声符相同，可以以声符"农"为线索集中识字，但是声符是"各"的"格、路、洛、略、酪"等字读音各不相同，就不宜采用这种办法。

标示构件一般是非字构件，不独立存在，在字形上不容易把它们看出来，但它们有区别或标示作用，参与了构意，字形和意义的联系还是很密切的。

识字教学中在讲解合体字时，就可以从分析这些构字构件入手，讲清它们与所构字的关系，从而加深对整字的认识。但是这些构件在构成汉字时大部分是分层级的，例如前边说到的"睬"，有"目、爪、木"三个基础构件，这三个构件分两层才构成了"睬"。对"睬"来说，"目"是意符，由"爪"和"木"构成的复合构件"采"是声符。

又如"照"，它的组合层次是：

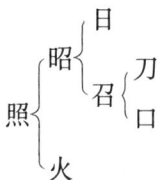

照 ┤ 昭 ┤ 日 / 召 ┤ 刀 / 口 ┤ 火

对"照"来说，"日、刀、口"这些构件都不直接关系它的构意，它的构意是一层层生成的：声符"刀"和意符"口"组合成"召"，表示"召唤"义；再以"召"作声符，"日"为意符，组合成"昭"，表示"昭明"义；然后以"昭"作声符，"火"为意符，组合成"照"字，表"照耀"义。只有"昭"、"火"才直接关系到"照"的构意。

因此，在讲解合体字的意义时，必须依照它们的客观的组合方式来进行，正确分析汉字的构形，准确把握汉字的构意。但是，有些人由于缺乏对汉字构形的了解，不知道汉字构形是有理据和规律的，对汉字乱拆胡讲，没有半点科学的依据。这不仅达不到帮助学生记忆的目的，反而会造成学生对汉字认识的混乱，不利于汉字的学习和掌握。可见，认真学习一点儿汉字构形的知识，对于汉字施教者来说是很必要的。

王宁先生在《汉字汉语基础》一书中，认为汉字的构形分析应注意以下几点：

第一，汉字构意的体现是通过构字的构件来承担的，因而在分析汉字构形时，不能将其构件讲错。例如有人把"悲"字讲成"心里像长了韭菜一样悲哀"，把"悲"的示音构件"非"当成"韭"。又如有人把"春"说成是"三人一起晒太阳"，把"春"的上边错讲成"三人"。事实上"春"是"从艹，从日，屯声"，上边是"艹"和"屯"的变形，取春天太阳温暖、草木复苏之意。

第二，构件构成汉字时具有不同的功能，它们或表形，或表义，或示音，或标示，讲解汉字时，要以构件的实际功能来讲，不能曲解。最常见的是把示音构件当成表形或表义构件，上边说到的"悲"字就是这样。还有人把"鹅"讲成"我的鸟"就是把示音构件"我"当成了表义构件。

第三，构件在构成汉字时大部分是分层级组合的，每个构件只在所处的层级上才有直接功能。对整字来说，其构意只和直接构件有关，与间接构件无关。因此，不能把分层级的组合方式看成平面的组合方式，否则就会发生错误。例如有人把"温"讲成"太阳晒到器皿里，水就变温了"就混淆了这种层次。"温"的直接构件是"氵"和"昷"，"日"和"皿"是下一个层次的构件，不直接参与"温"的构意，而是组合成复合构件"昷"来示音。

第四，汉字经过隶变、楷化后，字形有了很大变化，有些字要想确切了解其构意，就必须上溯其古字形，不能以变化了的字形随意附会。例如前边说到的"春"就是这种情况。

可见，利用汉字的形义联系来进行汉字教学，必须符合汉字的结构规律，切忌望文生义，随意曲解。因此，学习一点儿汉字学知识是很必要的。

（一）象形字的教学。象形字是通过描摹事物的形象和特征而造成的字。汉字发展到楷书虽已失去了象形性，但有许多字是由古代的象形字传承下来的，如果辅以古文字形，很容易看出字的形义联系。对这些字，非常适合作这样的分析以帮助教学。例如：

　　⊖（日）　　☽（月）　　𠆢（人）　　⛰（山）

𝄇（水）　　𝄇（禾）　　𝄇（鱼）　　𝄇（牛）

象形字能直观地反映字义，所记录的词多为常见的客观事物，学习者能见形知义，一次见识就会印象深刻，好学易记。不少象形字在汉字中还作基础构件用，是构成汉字的形体基础，在整个汉字系统中占有重要的地位。虽然象形字数量不多，但不可轻视。

（二）指事字的教学。指事字是利用抽象符号或在象形字上加添抽象符号构成的字。例如：

𝄇（本）　　𝄇（末）　　𝄇（甘）　　𝄇（刃）　　𝄇（寸）　　𝄇（曰）

指事字记录的多是抽象概念，本来抽象概念是无形可象的，但利用象形字来构形，就使抽象的意义形象化和具体化了。抓住这种形义上的联系，同样可以增强对字义的理解和掌握。

（三）会意字的教学。会意字是由两个或两个以上的象形字或指事字组合起来构成的字，其意义也由参与构字的象形字或指事字会悟而来。例如：

明，由"日""月"组成，意义是"像日月一样明亮"。

鸣，由"口""鸟"组成，意义是"鸟张嘴发声为鸣"。

析，由"木""斤"组成，意义是"用斤（斧头）劈开木头为分析"。

会意字都是合体字，其组成部分一般是象形字或指事字，本身都有意义，而且所构成的会意字的意义也是参构构件的意义融合而来的。所以在讲解会意字时，可以先分析会意字中每个构件的意义，再贯通整个字的意义，这样，在认识了新字的同时，也复习了参构构件在作为独体字时的意义，还了解了汉字由构件组合而成的规律。

（四）形声字的教学。形声字是指由意符和声符构成的字。意符表示该字的意义类属，声符表示读音。汉字中大部分字都是形声字。形声字教学可以以意符为中心，集中识记同意符的一批字。汉字中，意符相同的字往往在意义上有密切的联系，先弄清意符的意思，再以意符带出其他字，然后讲清各个字的意义差别，从而通过比较进行识记。例如意符是"衣"的字都与衣被有关，"裤、袄、袖、袂、被、褥"等，有的是穿的，有的是用的。又如意符是"示"的都与"祭祀、神灵"有关，"示"本指上天训示的意思，"社、神、祀、祝、祭、祠、福"等，"社"是土神，"神"指神灵，"祀"指祭祀，"祝"是祭祀时的主持人，"祭"指祭祀，"祠"指祭祀的地方。再如意符是"页"的都与"头""上边"有关，如"题、顶、领、颠、颈、项"等，"题"指额头，"顶"指头顶，"颠"指山顶（后写作巅），"领"指脖子，"颈"指脖子前部，"项"指脖子后部。教师从意符入手，讲清它们之间在意义上的联系和差别，学生们很快就会记住这些字。同时，可以利用声符，将声符相同的形声字联系起来教学。利用上述方法，学生能成批地识记汉字，还认识到了意符、声符在汉字中的作用，了解了形声字各构件组合成字的规律。

根据汉字的理据这条线索来进行汉字教学，首先要求教师有基本的汉字学知识，要掌握汉字的结构规律和特点，不能望文生义，随意解释。

象形字和指事字的形义联系最明显。象形字和指事字数量不多，但大部分是常用字，而且是构成合体字的形体基础，因此这两种字的教学就显得更加重要了。

会意字的教学在讲解形义联系时，首先要弄清每个构字构件的意义，同时要正确拆分，合理"会意"，不能根据个人的主观臆测，乱拆胡编。例如有人把"理"讲成"王宫里面理最多"；把"鸡"讲成"又一只鸟"等等。这种讲解，破坏了汉字的结构规律，破坏了汉字形义联系的科学性，是极为有害的。汉字中的会意字虽比象形字和指事字多，但仍然是少部分，形声字才是汉字的主体。把所有的合体字都看成是会意字，本身就违背了汉字结构规律。上边提到的"理"中的"里"是声符，"鸡"中的"又"是记号，把这些不是意符的构件当作意符来讲解，又主观附会出一些根本不符合构形事实的意义，生拉硬扯，荒唐可笑。这样做的结果是讲了一个字，乱了一大片，使汉字变成了一堆毫无规律可随意解释的符号，只能把学生引向误区，使得汉字更加难学。

形声字的教学是汉字教学的主体，因为形声字数量大，构形比较复杂。但形声字是成系统的，都是由意符和声符构成的。只要掌握了意符和声符的组合关系和它们在构字时所起的作用，形声字的教学是不难的，而且最明显的长处是可以成批地学习汉字。过去的识字课本在这方面给我们留下了优良的传统。意符相同的形声字意义相同或相近，声符相同的形声字声音相同或相近。但遗憾的是正如上文所说，有人把形声字的声符也当作意符来看待，随意曲解附会，造成了很坏的影响。这种解释由来已久，宋代的王安石就曾这样讲解汉字。例如"讼者言之于公"、"分贝为贫"、"波者水之皮"就是王的解说。据邵博《闻见后录》载：客问"霸"字何以从"西"，荆公（即王安石）说："西（方）主杀伐。"又有人说"霸"字从"雨"不从"西"，荆公答曰："时雨化之耳！"解说如此荒唐可笑，竟然还有人推崇学习。根据"波"的解说，于是又有"坡者土之皮"，"破，皮肤碰到石头上就破了"，照此办理，"披、被、颇、疲"该如何处理？这是一种不懂汉字科学的表现，把声符当意符来讲解，只能导致对汉字科学的歪曲，增加汉字学习的难度。声符的教学要尊重事实，能提示读音的要加以利用，不能提示读音的必须在教学中说清楚。

第九章

古文字资料选读

甲骨文

合集 137 正

释文：

1. 癸卯卜，争鼎（贞），旬亡（无）囚（忧）。甲辰大撷（骤）凤（风）。之夕向乙巳□逸□五人。五月。在□。2. 癸丑卜，争鼎（贞），旬亡（无）囚（忧）？王固（占）曰：屮（有）求（咎）屮（有）痛。甲寅允有来艰[①]。左告曰，出（有）逸刍②自温十人出（有）二。3. 癸丑卜，争鼎（贞），旬亡（无）国（忧）。三日乙卯允有艰。单丁人丰（?）□于录。☑丁巳□子丰屎☑鬼亦得疾☑。

简注：

①艰，指灾祸等不吉利的事。

②刍，打草。此指打草的人。

合集 154

释文：

1. 己丑卜，㱿鼎（贞），翌庚寅妇好娩。

2. 贞，翌庚寅妇好不其娩。一月。

3. 辛卯卜，㱿鼎（贞），乎多羌逐□获☑。

合集 11506

释文：

1. 鼎（贞），有疾自①，隹（唯）业（有）害。

2. 鼎（贞），有疾自，不隹（唯）业（有）害。

3. 甲寅卜，㲦鼎（贞），翌乙卯易日②。

4. 鼎（贞），翌乙卯，乙卯不其易日。

简注：

①自：鼻子。

②易日：易，改变。易日即变天。

合集 24502

释文：

1. 庚午卜，王曰，鼎（贞），翌辛未其田①，往来亡（无）灾，不冓（遘）囚（忧）。兹用。

2. 庚午卜，王曰，鼎（贞），母（毋）田。

简注：

①田，打猎。

合集 9950 正

释文：

1. 丙辰卜，㱿鼎（贞），我受黍年。

2. 丙辰卜，㱿鼎（贞），我弗其受黍年。四月。

合集 6409

释文：

丁酉卜，𣪊鼎（贞），今𦥑①王㪣②人五千正③土方，受㞢（有）又④。三月。

简注：

①𦥑，不确识，应该表示的是一个时间词。陈剑认为其可释作"草"，此处通"早"。①

②㪣，征集。

③正，"征"本字，征伐。

④又，福佑、保佑。

---

① 陈剑《释造》，载《出土文献与古文字研究》（第一辑），复旦大学出版社 2006 年版。

合集 5600

释文：

1. 鼎（贞），兹旬雨。

2. 鼎（贞），不其受年。

3. 鼎（贞）小臣㞷①得。

简注：

①小臣㞷，卜辞中三字合书。小臣，职官名。㞷，"牀"初文，小臣的私名。

金 文

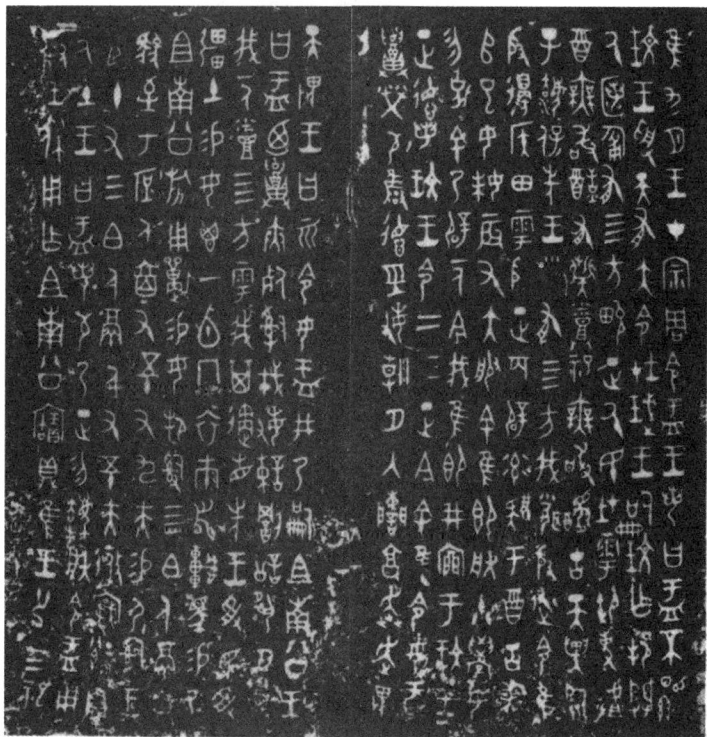

西周康王大盂鼎

释文:

隹(唯)九月王才(在)宗周,令(命)盂。王若曰:盂,不(丕)显
玟(文)①王,受天有大令(命)。在珷(武)王嗣玟(文)乍(作)邦,
(辟)不(厥)匿②,匍有三(四)方,吮(畯)③正不(厥)民。在雩(于)
卸(御)事,叔酉(酒)无敢酖,有颧(紫)羞(烝)④祀,无敢醶(扰),古
(故)天异(翼)临子,灋保先王,□有三(四)方。我闻殷述(坠)令
(命),隹(唯)殷边侯田(甸)雩(与)殷正百辟⑤,率肄(肆)于酉(酒),
古(故)丧自(师)巳(也)!女(汝)妹(眛)辰又(有)大服⑥,余隹
(唯)即朕小学,女(汝)勿 余乃辟一人。今我隹(唯)即井(型)啻

（稟）⑦于玟（文）正德，若玟（文）王令（命）二三正⑧。今余佳（唯）令（命）女（汝）盂召燮（荣）⑨，苟（敬）雝德坙（经），敏朝夕入谰（谏），享奔走⑩，畏天畏（威）。"王曰："亦（而），令（命）女（汝）盂井（型）乃嗣且（祖）南公。"王曰："盂，迺（乃）召夹死（尸）嗣（司）戎⑪，敏谏罚讼⑫，凤夕召我一人烝（烝）三（四）方⑬。雩（粤）我其遹省先王受民受疆土。易（赐）女（汝）鬯一卣、冂⑭、衣、巿、舄、车、马。易（赐）乃且（祖）南公旂，用遝（狩）。易（赐）女（汝）邦嗣三（四）白（伯），人鬲⑮自驭至于庶人六百又五十又九夫，易（赐）尸（夷）嗣王臣⑯十又三白（伯），人鬲千又五十夫。徝寽迁自卑（厥）土。"王曰："盂，若苟（敬）乃正，勿灋（废）朕令（命）。"盂用对⑰王休，用乍（作）且（祖）南公宝鼎。佳（唯）王廿又三祀。

简注：

①玟，与下文"斌"，左边增加"王"旁，是文王、武王的专用字。

②，《说文·门部》："闢，开也。从门辟声。，《虞书》曰：闢四门。从门从𢨷。"此指辟除。匿，通"慝"，邪恶。

③盹（畯），通"骏"，大也。

④顗（柴），烧柴焚燎以祭天神。烝（烝），《尔雅》："冬祭曰烝。"

⑤侯，侯服。田（甸），甸服。殷边侯甸，指殷商外服诸侯。正，正长。百辟，百官。

⑥服，事。

⑦井（型）窗（稟），效法秉承。

⑧二三正，众官员。

⑨召，辅佐。燮（荣），大臣名。

⑩享，敬。奔走，尽心效力。

⑪召夹，辅佐。死，通"尸"，掌管。

⑫敏谏罚讼，勉力从事奖惩诉讼的事情。

⑬烝（烝）三（四）方，君临四方。

⑭冂，同"冕"。

⑮人鬲，徒隶。

⑯尸（夷）嗣王臣，臣服的夷族首领。

⑰对，答谢。

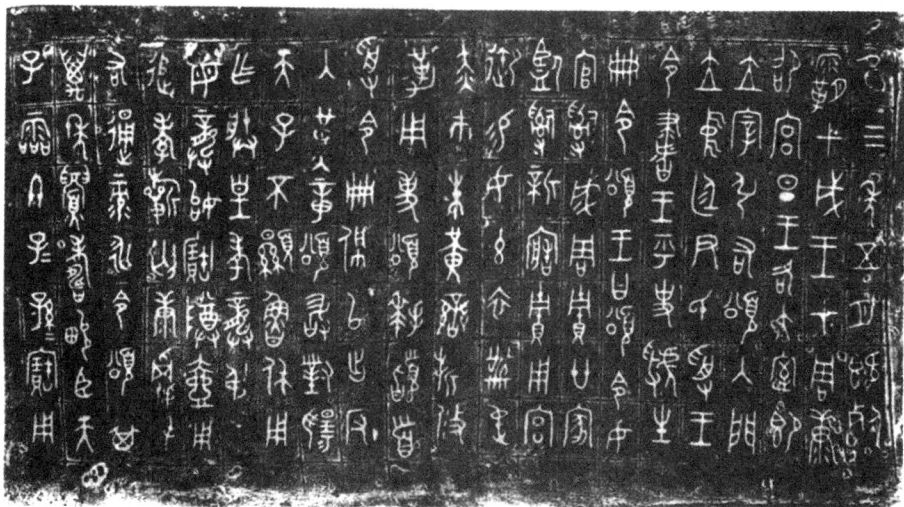

西周宣王颂壶

释文：

隹（唯）三年五月既死霸甲戌，王才（在）周康卲（昭）宫。旦，王各（格）大室，即立（位）。宰引①右颂入门，立中廷。尹氏受（授）王令（命）书②，王乎（呼）史虢生册令（命）③颂。王曰：颂，令女（汝）官嗣④成周贾廿家，监嗣新寤贾，用宫御。易（赐）女（汝）玄衣黹屯（纯）⑤、赤市朱黄（衡）、䜌旂、攸勒⑥，用事。颂拜頡首，受令（命）册佩以出，反（返）入（纳）堇（瑾）章（璋）。颂敢对扬天子不（丕）显鲁休，用乍（作）朕皇考龏吊（叔）［皇］⑦母龏始（姒）宝隣壶，用追孝⑧、䜌（祈）匄康䚉、屯（纯）⑨右（祐）、通录（禄）、永令（命）。颂其万年眉（眉）寿，黜（畯）⑩臣天子，霝（令）冬（终）。子子孙孙宝用。

简注：

①宰引，右者名。宰，诸侯或卿大夫的家臣。

②令（命）书，记载王诏命的简册。

③册令（命），读简册而赐命之。

④官嗣，主管。

⑤玄衣，卿大夫的朝服。玄，黑中带赤之色。黹，刺绣。纯，衣缘。

⑥攸勒，马笼头。

⑦皇，器铭缺，据盖铭补。

⑧追孝，追行孝道。

⑨屯（純），大。

⑩䣄（畯），通"骏"，长久。

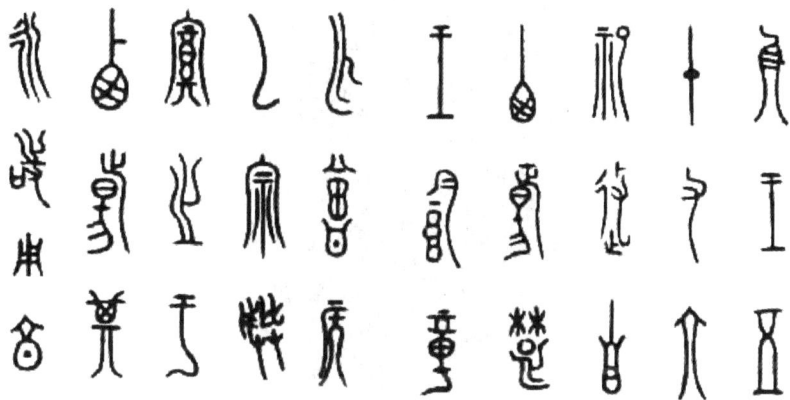

楚王酓章镈

释文：

　　隹（唯）王五十又六祀，返自西瘍①，楚王酓章乍（作）曾侯乙宗彝。奠（奠）之于西瘍，其永峕②用享。

简注：

　　①西瘍，地名。

　　②峕，具备。

秦系　新郪虎符

释文：甲兵①之符，右才（在）五，左才（在）新郪。凡兴士被甲，用兵五十人以上，必会②王符，乃敢行之。燔隧事③，虽母（毋）会符，行殹。

简注：

①甲兵，披甲之兵。

②会，合。

③燔隧事，夜举火之事。

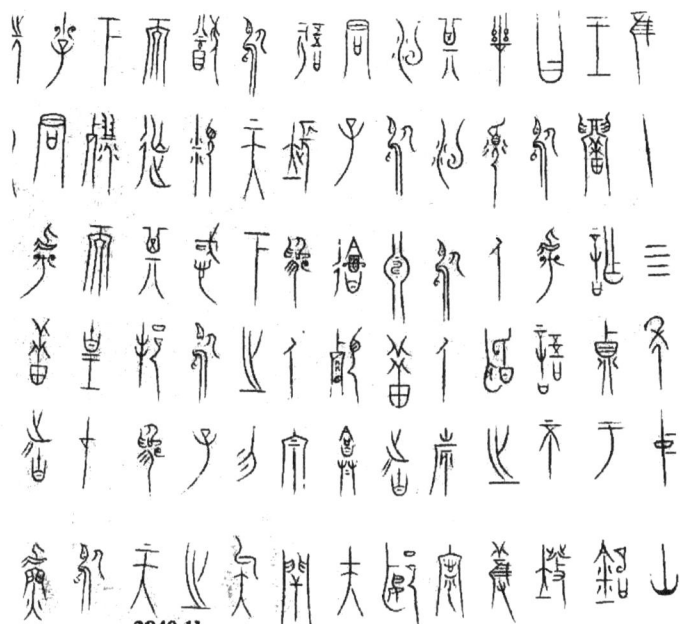

中山王􀀀鼎（部分）

释文：

佳（唯）十四年中山王􀀀诈（作）鼎，于铭曰：于（呜）虖（呼）！语不竣（废）芊（哉）。虡（寡）人昏（闻）之，蒦（与）其汈（溺）①于人施（也），宁汈（溺）于囷（渊）。昔者，郾（燕）君子徻（哙），觐（叡）夲夫􀀀（悟）②，𢐨（长）为人宗，閈③于天下之勿（物）矣。犹䊮（迷）惑于子之而迋（亡）其邦，为天下僇（戮），而皇（况）才（在）于𡭙（少）君虖（乎）?

简注：

①溺，沉溺、沉沦。

②叡，深明、睿智。夲，深。夫，通"肤"，智敏。悟，颖悟。

③閈，异说众多，姑释"明"。

竹　简

16　　15

《郭店·老子甲》15—16

释文：

　　天下皆智（知）散（美）之为娆（美）也，亚（恶）巳（已）；皆智（知）善，此丌（其）不善巳（已）。又（有）亡（无）之相生也，戁（难）惕（易）之相成也，长尚（短）之相型（形）也，高下之相涅（盈）也，音圣（声）之相和也，先逡（后）之相堕（随）也。

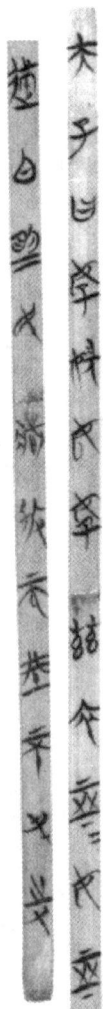

《郭店·缁衣》1

释文：

　　夫子曰：好娩（美）女（如）好兹（缁）衣①，亚＝（恶恶）女（如）亚（恶）谨白（伯）②，则民臧（咸）𠂤（服）而坙（刑）不屯（蠢）③。寺（诗）

简注：

　　①缁衣，黑色朝服，古代士卿穿的正服。

②遱，读为"巷"。巷伯，即宦官。

③屯，读为"蠢"。蠢，动。

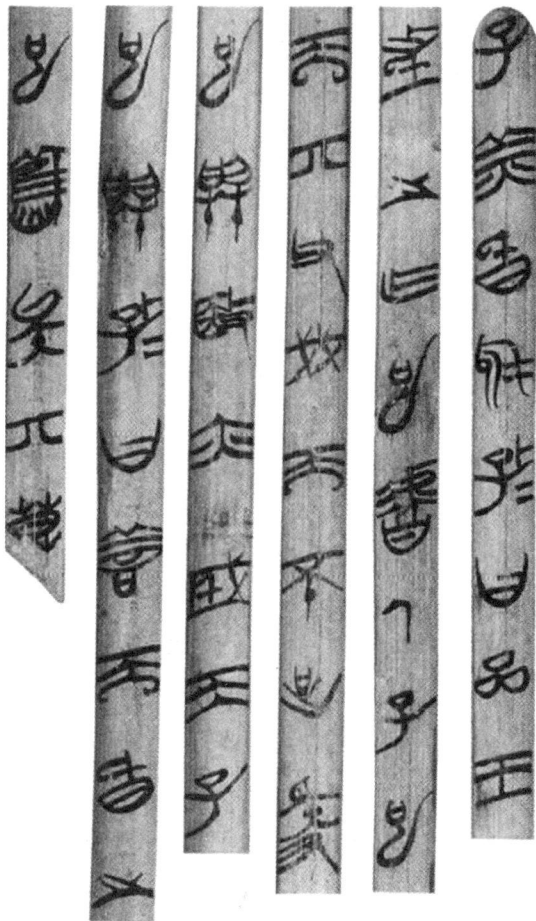

《上博二·子羔》9

释文：

　　子羔昏（问）于孔＝（孔子）曰：厽（叁）王者之乍（作）也，虘（皆）人子也，而丌（其）父戋（贱）而不足受（再）也与（欤）？殹（抑）亦城（诚）天子也与（欤）？孔＝（孔子）曰：善，而（尔）昏（问）之也。旧（久）矣，丌（其）莫

石 刻

石鼓文（部分）

释文：

　　邋（吾）车既工①，邋（吾）马既同②。邋（吾）车既好，邋（吾）马既
驮③。君子员二（云猎），邋二（云猎）员斿（游）。麀鹿速二（速速），君子之
求。牸二（牸牸）⑤角弓二（弓，弓）兹以寺（持）。邋（吾）歔其特⑥，其来
趞二（趞趞）⑦。□二（□□）夒二（夒夒），即御实时。麀鹿趚二（趚趚），其
来大□。邋（吾）歔其朴，其来遗二（遗遗），射其豝蜀（独）⑧。

简注：

　　①工，坚固。

　　②同，齐整。

　　③驮，良马。

　　④员，通"云"。

　　⑤牸牸，弓调利。

　　⑥歔，驰骋。特，雄兽。下"朴"亦指雄兽。

　　⑦趞趞，行声。

　　⑧豝，三岁豕。独，与"特""朴"义近。

货 币

安阳之大刀

节（即）墨之大刀

屯留

武平

离石

高都

共屯（纯）赤金

君

郢爯（称）

半两

玺　印

东武城攻（工）师鉥

平阿左廪

闻司马鉥

文安都司徒

唛都萃车马

单佑都市王勺鍴（瑞）

王生达

公孙腹

仓守鉥

石城疆司寇　　　　　富昌韩君　　　　　修武县吏

上官黑　　　　　　周易

新邦官鈢　　　　　连尹之鈢　　　　　郢粟客鈢

南宫尚浴　　　　　北私库印　　　　　修武库印

居室丞印　　　　　上林郎池　　　　　宜阳津印

《说文解字》部首

卷一上

1. 一　一　yī　惟初太始，道立于一，造分天地，化成万物。凡一之属皆从一。弌，古文一。於悉切。

2. 上　丄　shàng　高也。此古文上，指事也。凡丄之属皆从丄。丄篆文丄。时掌切。

3. 示　示　shì　天垂象，见吉凶，所以示人也。从二。三垂，日月星也。观乎天文以察时变，示神事也。凡示之属皆从示。川古文示。神至切。

4. 三　三　sān　天地人之道也。从三数。凡三之属皆从三。弎古文三，从弋。稣甘切。

5. 王　王　wáng　天下所归往也。董仲舒曰：古之造文者，三画而连其中谓之王；三者，天地人也，而参通之者，王也。孔子曰：一贯三为王。凡王之属皆从王。击古文王。雨方切。

6. 玉　王　yù　石之美有五德：润泽以温，仁之方也；䚡理自外，可以知中，义之方也；其声舒扬，专以远闻，智之方也；不桡而折，勇之方也；锐廉而不技，絜之方也。象三玉之连，丨，其贯也。凡玉之属皆从玉。玉古文玉。鱼欲切。

7. 玨　玨　jué　二玉相合为一玨。凡玨之属皆从玨。瑴玨或从㱿。古岳切。

8. 气　气　qì　云气也。象形。凡气之属皆从气。去既切。

9. 士　士　shì　事也。数始于一，终于十。从一从十。孔子曰：推十合一为士。凡士之属皆从士。钮里切。

10. ｜　｜　gǔn　上下通也。引而上行读若囟，引而下行读若退。凡｜之属皆从｜。古本切。

卷一下

11. 屮　屮　chè　艸木初生也。象｜出形，有枝茎也。古文或以为艸字。读若徹。凡屮之属皆从屮。尹彤说。丑列切。

12. 艸　艸　cǎo　百卉也。从二屮。凡艸之属皆从艸。仓老切。

13. 蓐　蓐　rù　陈艸复生也。从艸辱声。一曰蔟也。凡蓐之属皆从蓐。蓐籀文蓐，从茻。而蜀切

14. 茻　茻　mǎng　众艸也。从四屮。凡茻之属皆从茻。读与冈同。模朗切。

卷二上

15. 小　小　xiǎo　物之微也。从八，｜见而分之。凡小之属皆从小。私兆切。

16. 八　八　bā　别也。象分别相背之形。凡八之属皆从八。博拔切。

17. 采　采　biàn　辨别也。象兽指爪分别也。凡采之属皆从采。读若辨。采古文采。蒲苋切。

18. 半　半　bàn　物中分也。从八从牛。牛为物大，可以分也。凡半之属皆从半。博幔切。

19. 牛　牛　niú　大牲也。牛，件也。件，事理也。象角头三封尾之形。凡牛之属皆从牛。语求切。

20. 犛　犛　máo　西南夷长髦牛也。从牛𠩺声。凡犛之属皆从犛。莫

交切。

21. 告 凷 gào 牛触人，角箸横木，所以告人也。从口从牛。《易》曰：僮牛之告。凡告之属皆从告。古奥切。

22. 口 ㅂ kǒu 人所以言食也。象形。凡口之属皆从口。苦后切。

23. 凵 凵 kǎn 张口也。象形。凡凵之属皆从凵。口犯切。

24. 吅 吅 xuān 惊呼也。从二口。凡吅之属皆从吅。读若谨。况袁切。

25. 哭 哭 kū 哀声也。从吅，狱省声。凡哭之属皆从哭。苦屋切。

26. 走 走 zǒu 趋也。从夭止。夭止者，屈也。凡走之属皆从走。子苟切。

27. 止 止 zhǐ 下基也。象艸木出有址，故以止为足。凡止之属皆从止。诸市切。

28. 㕚 㚟 bō 足刺㕚也。从止屮。凡㕚之属皆从㕚。读若拨。北末切。

29. 步 步 bù 行也。从止屮相背。凡步之属皆从步。薄故切。

30. 此 此 cǐ 止也。从止从匕。匕，相比次也。凡此之属皆从此。雌氏切。

卷二下

31. 正 正 zhèng 是也。从止，一以止。凡正之属皆从正。正古文正，从二。二，古文上字。正古文正，从一足。足者，亦止也。之盛切。

32. 是 是 shì 直也。从日正。凡是之属皆从是。是籀文是，从古文正。承旨切。

33. 辵 辵 chuò 乍行乍止也。从彳从止。凡辵之属皆从辵。读若《春秋公羊传》曰辵阶而走。丑略切。

34. 彳 彳 chì 小步也。象人胫三属相连也。凡彳之属皆从彳。丑亦切。

35. 廴 ㄟ yǐn 长行也。从彳引之。凡廴之属皆从廴。余忍切。

36. 延 延 chān 安步延延也。从廴从止。凡延之属皆从延。丑连切。

37. 行 ㄔ xíng 人之步趋也。从彳从亍。凡行之属皆从行。户庚切。

38. 齿 ㄐ chǐ 口龂骨也。象口齿之形，止声。凡齿之属皆从齿。ㄅ古文齿字。昌里切。

39. 牙 ㄇ yá 牡齿也。象上下相错之形。凡牙之属皆从牙。ㄖ古文牙。五加切。

40. 足 ㄗ zú 人之足也。在下，从止、口。凡足之属皆从足。即玉切。

41. 疋 ㄖ shū 足也。上象腓肠，下从止。《弟子职》曰：问疋何止。古文以为《诗·大疋》字。亦以为足字。或曰胥字。一曰，疋，记也。凡疋之属皆从疋。所菹切。

42. 品 品 pǐn 众庶也。从三口。凡品之属皆从品。丕饮切。

43. 龠 龠 yuè 乐之竹管，三孔，以和众声也。从品仑。仑，理也。凡龠之属皆从龠。以灼切。

44. 册 ㄇ cè 符命也。诸侯进受于王也。象其札一长一短，中有二编之形。凡册之属皆从册。ㄇ古文册，从竹。楚革切。

卷三上

45. 㗊 品品 jí 众口也。从四口。凡㗊之属皆从㗊。读若戢。又读若呶。阻立切。

46. 舌 舌 shé 在口，所以言也，别味也。从干从口，干亦声。凡舌之属皆从舌。食列切。

47. 干 ㄩ gān 犯也。从反入，从一。凡干之属皆从干。古寒切。

48. 㕣 㕣 jué 口上阿也。从口，上象其理。凡㕣之属皆从㕣。嗋，合或如此。𦙮或从肉，从臱。其虐切。

49. 只 只 zhǐ 语已词也。从口，象气下引之形。凡只之属皆从只。诸氏切。

50. 㕯 㕯 nè 言之讷也。从口从内。凡㕯之属皆从㕯。女滑切。

51. 句 𠣤 gōu 曲也。从口，丩声。凡句之属皆从句。古侯切，又九遇切。

52. 丩 𠧪 jiū 相纠缭也。一曰瓜瓠结丩起。象形。凡丩之属皆从丩。居虬切。

53. 古 古 gǔ 故也。从十口。识前言者也。凡古之属皆从古。𠧰古文古。公户切。

54. 十 十 shí 数之具也。一为东西，丨为南北，则四方中央备矣。凡十之属皆从十。是执切。

55. 卅 卅 sà 三十并也。古文省。凡卅之属皆从卅。苏沓切。

56. 言 言 yán 直言曰言，论难曰语。从口，辛声。凡言之属皆从言。语轩切。

57. 誩 誩 jìng 竞言也。从二言。凡誩之属皆从誩。读若竞。渠庆切。

58. 音 音 yīn 声也。生于心，有节于外，谓之音。宫、商、角、徵、羽，声；丝、竹、金、石、匏、土、革、木，音也。从言含一。凡音之属皆从音。于今切。

59. 䇂 䇂 qiān 罪也。从干二。二，古文上字。凡䇂之属皆从䇂。读若愆。张林说。去虔切。

60. 丵 丵 zhuó 丛生艸也。象丵岳相并出也。凡丵之属皆从丵。读若浞。士角切。

61. 菐 菐 pú 渎菐也。从丵从廾，廾亦声。凡菐之属皆从菐。蒲沃切。

62. 廾 廾 gǒng 𠔽手也。从丩从又。凡廾之属皆从廾。𠬞扬雄说，廾从两手。居竦切。

63. 収 𦥔 pān 引也。从反廾。凡収之属皆从収。𢸅或从手，从樊。普班切。

64. 共 𠔏 gòng 同也。从廿廾。凡共之属皆从共。𢷤古文共。渠用切。

65. 异 𢍪 yì 分也。从廾从畁。畁，予也。凡异之属皆从异。羊吏切。

66. 𢌿 𦥮 yú 共举也。从臼从廾。凡𢌿之属皆从𢌿。读若余。以诸切。

67. 臼 𦥑 jú 叉手也。从𦥑ヨ。凡臼之属皆从臼。居玉切。

68. 晨 𢅥 chén 早昧爽也。从臼从辰。辰，时也。辰亦声。丮夕为夙，臼辰为晨，皆同意。凡晨之属皆从晨。食邻切。

69. 爨 𤑳 cuàn 齐谓之炊爨。臼象持甑，冂为灶口，廾推林内火。凡爨之属皆从爨。𤑶籀文，爨省。七乱切。

卷三下

70. 革 革 gé 兽皮治去其毛，革更之。象古文革之形。凡革之属皆从革。𠦶古文革，从三十，三十年为一世而道更也。臼声。古覈切。

71. 鬲 鬲 lì 鼎属。实五觳，斗二升曰觳。象腹交文，三足。凡鬲之属皆从鬲。䰛鬲或从瓦。𤭛《汉令》鬲，从瓦麻声。郎激切。

72. 䰜 𩰊 lì 歷也。古文亦鬲字。象孰饪五味气上出也。凡䰜之属皆从䰜。郎激切。

73. 爪 爪 zhǎo 丮也。覆手曰爪。象形。凡爪之属皆从爪。侧狡切。

74. 丮 𢩙 jí 持也。象手有所丮据也。凡丮之属皆从丮。读若戟。几剧切。

75. 鬥 鬥 dòu 两士相对，兵杖在后，象鬥之形。凡鬥之属皆从鬥。

都豆切。

76. 又 ㄋ yòu 手也。象形。三指者，手之列多，略，不过三也。凡又之属皆从又。于救切。

77. ナ ㄏ zuǒ ナ手也。象形。凡ナ之属皆从ナ。臧可切。

78. 史 ㄓ shǐ 记事者也。从又持中。中，正也。凡史之属皆从史。疏士切。

79. 支 ㄓ zhī 去竹之枝也。从手持半竹。凡支之属皆从支。㠱古文支。章移切。

80. 聿 ㄓ niè 手之疌巧也。从又持巾。凡聿之属皆从聿。尼辄切。

81. 聿 ㄓ yù 所以书也。楚谓之聿，吴谓之不律，燕谓之弗。从聿一声。凡聿之属皆从聿。余律切。

82. 画 ㄓ huà 界也。象田四界，聿所以画之。凡画之属皆从画。㠱古文画省。㓰亦古文画。胡麦切。

83. 隶 隶 dài 及也。从又，从尾省。又，持尾者，从后及之也。凡隶之属皆从隶。徒耐切。

84. 臤 ㄓ qiān 坚也。从又臣声。凡臤之属皆从臤。读若铿锵之铿。古文以为贤字。苦闲切。

85. 臣 臣 chén 牵也，事君也。象屈服之形。凡臣之属皆从臣。植邻切。

86. 殳 ㄓ shū 以杸殊人也。《礼》：殳以积竹，八觚，长丈二尺，建于兵车，车旅贲以先驱。从又几声。凡殳之属皆从殳。市朱切。

87. 杀 ㄓ shā 戮也。从殳杀声。凡杀之属皆从杀。㮮古文杀。㣇古文杀。㸚古文杀。所八切。

88. 几 ㄓ shū 鸟之短羽飞几几也。象形。凡几之属皆从几。读若殊。市朱切。

89. 寸 ㄓ cùn 十分也。人手却一寸动脉谓之寸口。从又从一。凡寸之属皆从寸。仓困切。

90. 皮 𠬶 pí 剥取兽革者谓之皮。从又，为省声。凡皮之属皆从皮。𤿎古文皮。𤿗籀文皮。符羁切。

91. 夒 𡰥 ruǎn 柔韦也。从北，从皮省，从夐省。凡夒之属皆从夒。读若耎。一曰若儁。𡱂古文夒。𦥮籀文夒，从夐省。而兖切。

92. 攴 𢼃 pū 小击也。从又卜声。凡攴之属皆从攴。普木切。

93. 教 𢽾 jiào 上所施，下所效也。从攴从孝。凡教之属皆从教。𢽽古文教。𤕝亦古文教。古孝切。

94. 卜 卜 bǔ 灼剥龟也，象灸龟之形。一曰象龟兆之从横也。凡卜之属皆从卜。𠧞古文卜。博木切。

95. 用 𤰃 yòng 可施行也。从卜从中。卫宏说。凡用之属皆从用。𤰈古文用。余讼切。

96. 爻 𤕘 yáo 交也。象《易》六爻头交也。凡爻之属皆从爻。胡茅切。

97. 㸚 𤕩 lí 二爻也。凡㸚之属皆从㸚。力几切。

卷四上

98. 夏 𦣞 xuè 举目使人也。从攴从目。凡夏之属皆从夏。读若颭。火劣切。

99. 目 目 mù 人眼。象形。重童子也。凡目之属皆从目。𥃲古文目。莫六切。

100. 䁂 䀠 jù 左右视也。从二目。凡䁂之属皆从䁂。读若拘。又若良士瞿瞿。九遇切。

101. 眉 𥉌 méi 目上毛也。从目，象眉之形，上象额理也。凡眉之属皆从眉。武悲切。

102. 盾 盾 dùn 瞂也。所以扞身蔽目。象形。凡盾之属皆从盾。食问切。

103. 自 𦣹 zì 鼻也。象鼻形。凡自之属皆从自。𦣹古文自。疾二切。

104. 白 𦣻 zì 此亦自字也。省自者，词言之气从鼻出，与口相助也。凡白之属皆从白。疾二切。

105. 鼻 𪔁 bí 引气自畀也。从自畀。凡鼻之属皆从鼻。父二切。

106. 皕 皕 bì 二百也。凡皕之属皆从皕。读若祕。彼力切。

107. 习 習 xí 数飞也。从羽从白。凡习之属皆从习。似入切。

108. 羽 羽 yǔ 鸟长毛也。象形。凡羽之属皆从羽。王矩切。

109. 隹 隹 zhuī 鸟之短尾总名也。象形。凡隹之属皆从隹。职追切。

110. 奞 奞 suī 鸟张毛羽自奋也。从大从隹。凡奞之属皆从奞。读若睢。息遗切。

111. 萑 萑 huán 鸱属。从隹从𦫳，有毛角。所鸣其民有祸。凡萑之属皆从萑。读若和。胡官切。

112. 𦫳 𦫳 guǎi 羊角也。象形。凡𦫳之属皆从𦫳。读若𦫐。工瓦切。

113. 苜 苜 miè 目不正也。从𦫳从目。凡苜之属皆从苜。蔑从此。读若末。徒结切。

114. 羊 羊 yáng 祥也。从𦫳，象头角足尾之形。孔子曰：牛羊之字，以形举也。凡羊之属皆从羊。与章切。

115. 羴 羴 shān 羊臭也。从三羊。凡羴之属皆从羴。羶羴或从亶。式连切。

116. 瞿 瞿 jù 鹰隼之视也。从隹从䀠，䀠亦声。凡瞿之属皆从瞿。读若章句之句。九遇切。又音衢。

117. 雔 雔 chóu 双鸟也。从二隹。凡雔之属皆从雔。读若酬。市流切。

118. 雥 雥 zá 群鸟也。从三隹。凡雥之属皆从雥。徂合切。

119. 鸟 鳥 niǎo 长尾禽总名也。象形。鸟之足似匕，从匕。凡鸟之属皆从鸟。都了切。

120. 乌　𩾔　wū　孝鸟也。象形。孔子曰：乌，盱呼也。取其助气，故以为乌呼。凡乌之属皆从乌。𩾔古文乌，象形。𢆉象古文乌省。哀都切。

卷四下

121. 华　𦬼　ban　箕属。所以推弃之器也。象形。凡华之属皆从华。官溥说。北潘切。

122. 冓　𮓦　gòu　交积材也。象对交之形。凡冓之属皆从冓。古候切。

123. 幺　𢆶　yāo　小也。象子初生之形。凡幺之属皆从幺。于尧切。

124. 丝　𢆶　yōu　微也。从二幺。凡丝之属皆从丝。于虬切。

125. 叀　叀　zhuān　专，小谨也。从幺省，屮，财见也；屮亦声。凡叀之属皆从叀。𠧪古文叀。𢃾亦古文叀。职缘切。

126. 玄　𤣥　xuán　幽远也。黑而有赤色者为玄。象幽而入覆之也。凡玄之属皆从玄。𤤵古文玄。胡涓切。

127. 予　𠄔　yǔ　推予也。象相予之形。凡予之属皆从予。余吕切。

128. 放　𢼸　fàng　逐也。从攴方声。凡放之属皆从放。甫妄切。

129. 叜　𤔔　piǎo　物落，上下相付也。从爪从又。凡叜之属皆从叜。读若《诗》摽有梅。平小切。

130. 叞　𠬪　cán　残穿也。从又从歺。凡叞之属皆从叞。读若残。昨干切。

131. 歺　𠦒　è　列骨之残也。从半冎。凡歺之属皆从歺。读若櫱岸之櫱。𠧋古文歺。五割切。

131. 死　𣦸　sǐ　澌也，人所离也。从歺从人。凡死之属皆从死。𡰥古文死如此。息姊切。

132. 冎　𠗂　guǎ　剔人肉置其骨也。象形。头隆骨也。凡冎之属皆从冎。古瓦切。

134. 骨　𩨌　gǔ　肉之覈也。从冎有肉。凡骨之属皆从骨。古忽切。

135. 肉　🐚　ròu　胾肉。象形。凡肉之属皆从肉。如六切。

136. 筋　🦴　jīn　肉之力也。从力从肉从竹。竹，物之多筋者。凡筋之属皆从筋。居银切。

137. 刀　刀　dāo　兵也。象形。凡刀之属皆从刀。都牢切。

138. 刃　刃　rèn　刀坚也。象刀有刃之形。凡刃之属皆从刃。而振切。

139. 韧　韧　qià　巧韧也。从刀丰声。凡韧之属皆从韧。恪八切。

140. 丰　丰　jiè　艸蔡也。象艸生之散乱也。凡丰之属皆从丰。读若介。古拜切。

141. 耒　耒　lěi　手耕曲木也。从木推丰。古者垂作耒耜以振民也。凡耒之属皆从耒。卢对切。

142. 角　角　jiǎo　兽角也。象形。角与刀、鱼相似。凡角之属皆从角。古岳切。

卷五上

143. 竹　竹　zhú　冬生艸也。象形。下垂者，箁箬也。凡竹之属皆从竹。陟玉切。

144. 箕　箕　jī　簸也。从竹；甘，象形；下其丌也。凡箕之属皆从箕。𠥩古文箕省。𣌭亦古文箕。𠥓亦古文箕。𠥔籀文箕。𠥜籀文箕。居之切。

145. 丌　丌　jī　下基也，荐物之丌。象形。凡丌之属皆从丌。读若箕同。居之切。

146. 左　左　zuǒ　手相左助也。从ナ工。凡左之属皆从左。则个切。

147. 工　工　gōng　巧饰也。象人有规矩也。与巫同意。凡工之属皆从工。𢒇古文工，从彡。古红切。

148. 㠭　㠭　zhǎn　极巧视之也。从四工。凡㠭之属皆从㠭。知衍切。

149. 巫　巫　wū　祝也。女能事无形，以舞降神者也。象人两褒舞形。与工同意。古者巫咸初作巫。凡巫之属皆从巫。𥸸古文巫。武扶切。

150. 甘 曰 gān 美也。从口含一。一，道也。凡甘之属皆从甘。古三切。

151. 曰 ⿰ yuē 词也。从口，乙声。亦象口气出也。凡曰之属皆从曰。王代切。

152. 乃 ⿰ nǎi 曳词之难也。象气之出难。凡乃之属皆从乃。⿰古文乃。⿰籀文乃。奴亥切。

153. 丂 ⿰ kǎo 气欲舒出，⿰上碍于一也。丂，古文以为亏字，又以为巧字。凡丂之属皆从丂。苦浩切。

154. 可 ⿰ kě 肯也。从口⿰，⿰亦声。凡可之属皆从可。肯我切。

155. 兮 ⿰ xī 语所稽也。从丂八，象气越亏也。凡兮之属皆从兮。胡鸡切。

156. 号 ⿰ hào 痛声也。从口在丂上。凡号之属皆从号。胡到切。

157. 亏 ⿰ yú 于也。象气之舒亏。从丂从一。一者，其气平之也。凡亏之属皆从亏。羽俱切。

158. 旨 ⿰ zhǐ 美也。从甘匕声。凡旨之属皆从旨。⿰古文旨。职雉切。

159. 喜 ⿰ xǐ 乐也。从壴从口。凡喜之属皆从喜。⿰古文喜，从欠，与欢同。虚里切。

160. 壴 ⿰ zhù 陈乐，立而上见也。从中从豆。凡壴之属皆从壴。中句切。

161. 鼓 ⿰ gǔ 郭也。春分之音，万物郭皮甲而出，故谓之鼓。从壴支，象其手击之也。《周礼》六鼓：雷鼓八面，灵鼓六面，路鼓四面，鼖鼓、皋鼓、晋鼓皆两面。凡鼓之属皆从鼓。⿰籀文鼓，从古声。工户切。

162. 豈 ⿰ qǐ 还师振旅乐也。一曰，欲也，登也。从豆，微省声。凡豈之属皆从豈。墟喜切。

163. 豆 ⿰ dòu 古食肉器也。从口，象形。凡豆之属皆从豆。⿰古文豆。徒候切。

164. 豊　豐　lǐ　行礼之器也。从豆，象形。凡豊之属皆从豊。读与礼同。卢启切。

165. 豐　豐　fēng　豆之豐满者也。从豆，象形。一曰《乡饮酒》有豐侯者。凡豐之属皆从豐。豐古文豐。敷戎切。

166. 虘　虘　xī　古陶器也。从豆虍声。凡虘之属皆从虘。许羁切。

167. 虍　虍　hū　虎文也。象形。凡虍之属皆从虍。荒乌切。

168. 虎　虎　hǔ　山兽之君。从虍，虎足象人足。象形。凡虎之属皆从虎。虎古文虎。虎亦古文虎。呼古切。

169. 虤　虤　yán　虎怒也。从二虎。凡虤之属皆从虤。五闲切。

170. 皿　皿　mǐn　饭食之用器也。象形。与豆同意。凡皿之属皆从皿。读若猛。武永切。

171. 凵　凵　qū　凵卢，饭器，以柳为之。象形。凡凵之属皆从凵。凵或从竹，去声。去鱼切。

172. 去　去　qù　人相违也。从大凵声。凡去之属皆从去。丘据切。

173. 血　血　xuè　祭所荐牲血也。从皿，一象血形。凡血之属皆从血。呼决切。

174. 丶　丶　zhǔ　有所绝止，丶而识之也。凡丶之属皆从丶。知庾切。

卷五下

175. 丹　丹　dān　巴越之赤石也。象采丹井，一象丹形。凡丹之属皆从丹。丹古文丹。丹亦古文丹。都寒切。

176. 青　青　qīng　东方色也。木生火，从生丹。丹青之信，言象然。凡青之属皆从青。青古文青。仓经切。

177. 井　井　jǐng　八家一井，象构韩形。·，罋之象也。古者伯益初作井。凡井之属皆从井。子郢切。

178. 皀 　 bī　谷之馨香也。象嘉谷在裹中之形。匕，所以扱之。或说：皀，一粒也。凡皀之属皆从皀。又读若香。皮及切。

179. 鬯 　 chàng　以秬酿郁艸，芬芳攸服，以降神也。从凵，凵，器也。中象米，匕，所以扱之。《易》曰：不丧匕鬯。凡鬯之属皆从鬯。丑谅切。

180. 食 　 shí　一米也。从皀亼声。或说亼皀也。凡食之属皆从食。乘力切。

181. 亼 　 jí　三合也。从入一，象三合之形。凡亼之属皆从亼。读若集。秦入切。

182. 会 　 huì　合也。从亼，从曾省。曾，益也。凡会之属皆从会。
古文会如此。黄外切。

183. 仓 　 cāng　谷藏也。仓黄取而藏之，故谓之仓。从食省，口象仓形。凡仓之属皆从仓。　奇字仓。七冈切。

184. 入 　 rù　内也。象从上俱下也。凡入之属皆从入。人汁切。

185. 缶 　 fǒu　瓦器，所以盛酒浆，秦人鼓之以节歌。象形。凡缶之属皆从缶。方九切。

186. 矢 　 shǐ　弓弩矢也。从入，象镝栝羽之形。古者夷牟初作矢。凡矢之属皆从矢。式视切。

187. 高 　 gāo　崇也。象台观高之形。从冂口。与仓、舍同意。凡高之属皆从高。古牢切。

188. 冂 　 jiōng　邑外谓之郊，郊外谓之野，野外谓之林，林外谓之冂。象远界也。凡冂之属皆从冂。古文冂从口，象国邑。同或从土。古荧切。

189. 啇 　 guō　度也，民所度居也。从回，象城啇之重，两亭相对也。或但从口。凡啇之属皆从啇。古博切。

190. 京 　 jīng　人所为绝高丘也。从高省，丨象高形。凡京之属皆从从京。举卿切。

191. 亯　𡕨　xiǎng　献也。从高省，曰象进孰物形。《孝经》曰：祭则鬼亯之。凡亯之属皆从亯。𠅖篆文亯。许两切。

192. 𣆪　𣆪　hòu　厚也。从反亯。凡𣆪之属皆从𣆪。胡口切。

193. 富　𠅦　fú　满也。从高省，象高厚之形。凡富之属皆从富。读若伏。芳逼切。

194. 亩　𩇕　lǐn　谷所振入。宗庙粢盛，仓黄亩而取之，故谓之亩。从入，回象屋形，中有户牖。凡亩之属皆从亩。𪊟亩或从广从禾。力甚切。

195. 啬　𠷂　sè　爱濇也。从来从亩。来者，亩而藏之。故田夫谓之啬夫。凡啬之属皆从啬。𤲞古文啬从田。所力切。

196. 来　𣏟　lái　周所受瑞麦来麰。一来二缝，象芒束之形。天所来也，故为行来之来。《诗》曰：诒我来麰。凡来之属皆从来。洛哀切。

197. 麦　𡎸　mài　芒谷，秋种厚薶，故谓之麦。麦，金也。金王而生，火王而死。从来有穗者，从夊。凡麦之属皆从麦。莫获切。

198. 夊　𡕒　suī　行迟曳夊夊，象人两胫有所躧也。凡夊之属皆从夊。楚危切。

199. 舛　𣥖　chuǎn　对卧也。从夊𡳆相背。凡舛之属皆从舛。𦳊扬雄说，舛从足春。昌兖切。

200. 舜　𦳊　shùn　艸也。楚谓之葍，秦谓之藑。蔓地连华。象形。从舛，舛亦声。凡舜之属皆从舜。𦶫古文舜。舒闰切。

201. 韦　𩏑　wěi　相背也。从舛口声。兽皮之韦，可以束枉戾相韦背，故借以为皮韦。凡韦之属皆从韦。𩏇古文韦。宇非切。

202. 弟　𢎐　dì　韦束之次弟也。从古字之象。凡弟之属皆从弟。𢎻古文弟。从古文韦省，丿声。特计切。

203. 夂　𡕒　zhǐ　从后至也。象人两胫后有致之者。凡夂之属皆从夂。读若黹。陟侈切。

204. 久　𠃛　jiǔ　以（从）后灸之，象人两胫后有距也。《周礼》曰：

久诸墙以观其桄。凡久之属皆从久。举友切。

205. 桀　𣎆　jié　磔也。从舛在木上也。凡桀之属皆从桀。渠列切。

卷六上

206. 木　𣎳　mù　冒也。冒地而生。东方之行。从屮，下象其根。凡木之属皆从木。莫卜切。

207. 东　𣏂　dōng　动也。从木。官溥说，从日在木中。凡东之属皆从东。得红切。

208. 林　𣏟　lín　平土有丛木曰林。从二木。凡林之属皆从林。力寻切。

209. 才　𤯓　cái　艸木之初也。从丨上贯一，将生枝叶。一，地也。凡才之属皆从才。昨哉切。

卷六下

210. 叒　𡳐　ruò　日初出东方汤谷，所登榑桑，叒木也。象形。凡叒之属皆从叒。𡳐籀文。而灼切。

211. 之　𡳂　zhī　出也。象艸过屮，枝茎益大，有所之。一者，地也。凡之之属皆从之。止而切。

212. 帀　𠂆　zā　周也。从反之而帀也。凡帀之属皆从帀。周盛说。子答切。

213. 出　𡳾　chū　进也。象艸木益滋上出达也。凡出之属皆从出。尺律切。

214. 宋　𣎵　pò　艸木盛宋宋然。象形，八声。凡宋之属皆从宋。读若辈。普活切。

215. 生　𤯓　shēng　进也。象艸木生出土上。凡生之属皆从生。所庚切。

216. 乇 zhé 艸叶也。从垂穗，上贯一，下有根。象形。凡乇之属皆从乇。陟格切。

217. 𠂹 chuí 艸木华叶𠂹。象形。凡𠂹之属皆从𠂹。古文。是为切。

218. 𠌶 huā 艸木华也。从𠂹亏声。凡𠌶之属皆从𠌶。𠌶或从艸，从夸。况于切。

219. 华 huā 荣也。从艸从𠌶。凡华之属皆从华。户瓜切。

220. 禾 jī 木之曲头，止不能上也。凡禾之属皆从禾。古兮切。

221. 稽 jī 留止也。从禾从尤，旨声。凡稽之属皆从稽。古兮切。

222. 巢 cháo 鸟在木上曰巢，在穴曰窠。从木，象形。凡巢之属皆从巢。钼交切。

223. 桼 qī 木汁。可以髹物。象形。桼如水滴而下。凡桼之属皆从桼。亲吉切。

224. 束 shù 缚也。从囗、木。凡束之属皆从束。书玉切。

225. 㯻 hùn 橐也。从束圂声。凡㯻之属皆从㯻。胡本切。

226. 囗 wéi 回也。象回帀之形。凡囗之属皆从囗。羽非切。

227. 员 yuán 物数也。从贝囗声。凡员之属皆从员。籀文，从鼎。王权切。

228. 贝 bèi 海介虫也。居陆名猋，在水名蜬。象形。古者货贝而宝龟，周而有泉，至秦废贝行钱。凡贝之属皆从贝。博盖切。

229. 邑 yì 国也。从囗。先王之制，尊卑有大小，从卪。凡邑之属皆从邑。于汲切。

230. 䢼 xiàng 邻道也。从邑从𨛜。凡䢼之属皆从䢼。阙。胡绛切。

卷七上

231. 日 rì 实也。太阳之精不亏。从口一。象形。凡日之属皆从日。古文，象形。人质切。

232. 旦 dàn 明也。从日见一上。一，地也。凡旦之属皆从旦。得案切。

233. 倝 gàn 日始出，光倝倝也。从旦㫃声。凡倝之属皆从倝。古案切

234. 㫃 yǎn 旌旗之游㫃蹇之皃。从中，曲而下，垂㫃相出入也。读若偃。古人名㫃，字子游。凡㫃人之属皆从㫃。古文字㫃。象形，及象旌旗之游。于幰切。

235. 冥 míng 幽也。从日从六，冖声。日数十，十六日而月始亏幽也。凡冥之属皆从冥。莫经切。

236. 晶 jīng 精光也。从三日。凡晶之属皆从晶。子盈切。

237. 月 yuè 阙也。大阴之精。象形。凡月之属皆从月。鱼厥切。

238. 有 yǒu 不宜有也。《春秋传》曰：日月有食之。从月又声。凡有之属皆从有。云九切。

239. 朙 míng 照也。从月从囧。凡朙之属皆从朙。古文朙，从日。武兵切。

240. 囧 jiǒng 窗牖丽廔闿明。象形。凡囧之属皆从囧。读若犷。贾侍中说，读与明同。俱永切。

241. 夕 xī 莫也。从月半见。凡夕之属皆从夕。祥易切。

242. 多 duō 重也。从重夕。夕者，相绎也，故为多。重夕为多，重日为曡。凡多之属皆从多。古文多。得何切。

243. 毌 guàn 穿物持之也。从一横贯，象宝货之形。凡毌之属皆从毌。读若冠。古丸切。

244. 马 〔图〕 hàn 嘾也。艸木之华未发，函然。象形。凡马之属皆从马。读若含。乎感切。

245. 東 〔图〕 hàn 木垂华实。从木马，马亦声。凡東之属皆从東。胡感切。

246. 卤 〔图〕 tiáo 艸木实垂卤卤然。象形。凡卤之属皆从卤。读若调。〔图〕籀文，三卤为卤。徒辽切。

247. 齐 〔图〕 qí 禾麦吐穗上平也。象形。凡齐之属皆从齐。徂兮切。

248. 束 〔图〕 cì 木芒也。象形。凡束之属皆从束。读若刺。七赐切。

249. 片 〔图〕 piàn 判木也。从半木。凡片之属皆从片。匹见切。

250. 鼎 〔图〕 dǐng 三足两耳，和五味之宝器也。昔禹收九牧之金，铸鼎荆山之下，入山林川泽，螭魅蝹蜽莫能逢之，以协承天休。《易》卦：巽木于下者为鼎。象析木以炊也。籀文以鼎为贞字。凡鼎之属皆从鼎。都挺切。

251. 克 〔图〕 kè 肩也。象屋下刻木之形。凡克之属皆从克。〔图〕古文克。〔图〕亦古文克。苦得切。

252. 录 〔图〕 lù 刻木录录也。象形。凡录之属皆从录。卢谷切。

253. 禾 〔图〕 hé 嘉谷也。二月始生，八月而孰，得时之中，故谓之禾。禾，木也。木王而生，金王而死。从木，从𠂹省。𠂹象其穗。凡禾之属皆从禾。户戈切。

254. 秝 〔图〕 lì 稀疏适也。从二禾。凡秝之属皆从秝。读若历。郎击切。

255. 黍 〔图〕 shǔ 禾属而黏者也。以大暑而种，故谓之黍。从禾，雨省声。孔子曰：黍可为酒，禾入水也。凡黍之属皆从黍。舒吕切。

256. 香 〔图〕 xiāng 芳也。从黍从甘。《春秋传》曰：黍稷馨香。凡香之属皆从香。许良切。

257. 米 〔图〕 mǐ 粟实也。象禾实之形。凡米之属皆从米。莫礼切。

258. 毇 〔图〕 huǐ 米一斛舂为八斗也。从𣫶从殳。凡毇之属皆从毇。许委切。

259. 臼 ⊖ jiù 舂也。古者掘地为臼，其后穿木石。象形。中，米也。凡臼之属皆从臼。其九切。

260. 凶 凶 xiōng 恶也。象地穿交陷其中也。凡凶之属皆从凶。许容切。

卷七下

261. 朩 朩 pìn 分枲茎皮也。从中，八象枲之皮茎也。凡朩之属皆从朩。读若髌。匹刃切。

262. 林 林 pài 葩之总名也。林之为言微也，微纤为功。象形。凡林之属皆从林。匹卦切。

263. 麻 麻 má 与林同。人所治，在屋下。从广从林。凡麻之属皆从麻。莫遐切。

264. 未 未 shū 豆也。象未豆生之形也。凡未之属皆从未。式竹切。

265. 耑 耑 duān 物初生之题也。上象生形，下象其根也。凡耑之属皆从耑。多官切。

266. 韭 韭 jiǔ 菜名。一种而久者，故谓之韭。象形，在一之上。一，地也。此与耑同意。凡韭之属皆从韭。举友切。

267. 瓜 瓜 guā 胍也。象形。凡瓜之属皆从瓜。古华切。

268. 瓠 瓠 hù 匏也。从瓜夸声。凡瓠之属皆从瓠。胡误切。

269. 宀 宀 mián 交覆深屋也。象形。凡宀之属皆从宀。武延切。

270. 宫 宫 gōng 室也。从宀，躬省声。凡宫之属皆从宫。居戎切。

271. 吕 吕 lǚ 脊骨也。象形。昔太岳为禹心吕之臣，故封吕侯。凡吕之属皆从吕。䣚篆文吕，从肉从旅。力举切。

272. 穴 穴 xué 土室也。从宀八声。凡穴之属皆从穴。胡决切。

273. 寢 寢 mèng 寐而有觉也。从宀从疒，梦声。《周礼》：以日月星辰占六寢之吉凶：一曰正寢，二曰噩寢，三曰思寢，四曰悟寢，五曰喜寢，六曰惧瘳。凡瘳之属皆从瘳。莫凤切。

274. 疒 nè 倚也。人有疾病，象倚箸之形。凡疒之属皆从疒。女厄切。

275. 冖 mì 覆也。从一下垂也。凡冖之属皆从冖。莫狄切。

276. 冃 mào 重覆也。从冖一。凡冃之属皆从冃。读若艸苺苺。莫保切。

277. 冒 mào 小儿蛮夷头衣也。从冃；二，其饰也。凡冒之属皆从冒。莫报切。

278. 兩 liǎng 再也。从冂，阙。《易》曰：参天兩地。凡兩之属皆从兩。良奖切。

279. 网 wǎng 庖牺所结绳以渔。从冂，下象网交文。凡网之属皆从网。䍏网或从亡。䍛网或从糸。𦉪古文网。𦉫籀文网。文纺切。

280. 襾 xià 覆也。从冂，上下覆之。凡襾之属皆从襾。读若晋。呼讶切。

281. 巾 jīn 佩巾也。从冂，丨象糸也。凡巾之属皆从巾。居银切。

282. 市 fú 韠也。上古衣蔽前而已，市以象之。天子朱市，诸侯赤市，大夫葱衡。从巾，象连带之形。凡市之属皆从市。韍篆文市，从韦从发。分勿切。

283. 帛 bó 缯也。从巾白声。凡帛之属皆从帛。旁陌切。

284. 白 bái 西方色也。阴用事，物色白。从入合二；二，阴数。凡白之属皆从白。𦥑古文白。旁陌切。

285. 㡀 bì 败衣也。从巾，象衣败之形。凡㡀之属皆从㡀。毗祭切。

286. 黹 zhǐ 箴缕所紩衣。从㡀，丵省。凡黹之属皆从黹。陟几切。

卷八上

287. 人 ⼈ rén 天地之性最贵者也。此籀文。象臂胫之形。凡人之属皆从人。如邻切。

288. 匕 ⼔ huà 变也。从到人。凡匕之属皆从匕。呼跨切。

289. 匕 ⼔ bǐ 相与比叙也。从反人。匕，亦所以用比取饭，一名柶。凡匕之属皆从匕。卑履切。

290. 从 ⼈⼈ cóng 相听也。从二人。凡从之属皆从从。疾容切。

291. 比 ⼔⼔ bǐ 密也。二人为从，反从为比。凡比之属皆从比。𣬈古文比。毗至切。

292. 北 ⼔⼈ běi 乖也。从二人相背。凡北之属皆从北。博墨切。

293. 丘 ⼝丄 qiū 土之高也，非人所为也。从北从一。一，地也，人居在丘南，故从北。中邦之居，在昆仑东南。一曰四方高中央下为丘。象形。凡丘之属皆从丘。𡊤古文从土。去鸠切。

294. 伙 ⼈⼈⼈ yīn 众立也。从三人。凡伙之属皆从伙。读若钦崟。鱼音切。

295. 壬 𡈼 tǐng 善也。从人、士。士，事也。一曰象物出地挺生也。凡壬之属皆从壬。他鼎切。

296. 重 𠀠 zhòng 厚也。从壬东声。凡重之属皆从重。柱用切。

297. 卧 𠎤 wò 休也。从人臣，取其伏也。凡卧之属皆从卧。吾货切。

298. 身 𨈟 shēn 躬也。象人之身。从人厂声。凡身之属皆从身。失人切。

299. 𦣻 𨈠 yī 归也。从反身。凡𦣻之属皆从𦣻。于机切。

300. 衣 𧘇 yī 依也。上曰衣，下曰裳。象覆二人之形。凡衣之属皆从衣。于稀切。

301. 裘　裘　qiú　皮衣也。从衣求声。一曰象形，与衰同意。凡裘之属皆从裘。求古文省衣。巨鸠切。

302. 老　老　lǎo　考也。七十曰老。从人、毛、匕。言须发变白也。凡老之属皆从老。卢皓切。

303. 毛　毛　máo　眉发之属及兽毛也。象形。凡毛之属皆从毛。莫袍切。

304. 毳　毳　cuì　兽细毛也。从三毛。凡毳之属皆从毳。此芮切。

305. 尸　尸　shī　陈也。象卧之形。凡尸之属皆从尸。式脂切。

卷八下

306. 尺　尺　chǐ　十寸也。人手却十分动脉为寸口。十寸为尺。尺，所以指尺规矩事也。从尸从乙。乙，所识也。周制，寸、尺、咫、寻、常、仞诸度量，皆以人之体为法。凡尺之属皆从尺。昌石切。

307. 尾　尾　wěi　微也。从到毛在尸后。古人或饰系尾，西南夷亦然。凡尾之属皆从尾。无斐切。

308. 履　履　lǚ　足所依也。从尸从彳从夂，舟象履形。一曰尸声。凡履之属皆从履。履古文履，从页从足。良止切。

309. 舟　舟　zhōu　船也。古者，共鼓、货狄刳木为舟，剡木为楫，以济不通。象形。凡舟之属皆从舟。职流切。

310. 方　方　fāng　并船也。象两舟省总头形。凡方之属皆从方。汸方或从水。府良切。

311. 儿　儿　rén　仁人也。古文奇字人也。象形。孔子曰：在人下，故诘屈。凡儿之属皆从儿。如邻切

312. 兄　兄　xiōng　长也。从儿从口。凡兄之属皆从兄。许荣切。

313. 先　先　zān　首笄也。从人，匕象簪形。凡先之属皆从先。簪俗先

从竹从朁。侧岑切。

314. 皃 　mào　颂仪也。从人，白象人面形。凡皃之属皆从皃。　皃或从页豹省声。　籀文皃，从豹省。莫教切。

315. 兆 　gǔ　羸蔽也。从人，象左右皆蔽形。凡兆之属皆从兆。读若瞽。公户切。

316. 先 　xiān　前进也。从儿从之。凡先之属皆从先。稣前切。

317. 秃 　tū　无发也。从人，上象禾粟之形，取其声。凡秃之属皆从秃。王育说，苍颉出见秃人伏禾中，因以制字。未知其审。他谷切。

318. 见 　jiàn　视也。从儿从目。凡见之属皆从见。古甸切。

319. 覞 　yào　并视也。从二见。凡覞之属皆从覞。弋笑切。

320. 欠 　qiàn　张口气悟也。象气从人上出之形。凡欠之属皆从欠。去剑切。

321. 歙 　yǐn　歠也。从欠酓声。凡歙之属皆从歙。　古文歙，从今水。　古文歙，从今食。于锦切。

322. 次 　xián　慕欲口液也。从欠从水。凡次之属皆从次。　次或从侃。　籀文次。叙连切。

323. 旡 　jì　旡食气屰不得息曰旡。从反欠。凡旡之属皆从旡。　古文旡。居未切。

卷九上

324. 页 　xié　头也。从百从儿。古文䭫首如此。凡页之属皆从页。百者，䭫首字也。胡结切。

325. 百 　shǒu　头也。象形。凡百之属皆从百。书九切。

326. 面 　miàn　颜前也。从百，象人面形。凡面之属皆从面。弥箭切。

327. 丏 　miǎn　不见也。象壅蔽之形。凡丏之属皆从丏。弥兖切。

328. 首　𦣻　shǒu　百同。古文百也。巛象发，谓之鬓，鬓卽巛也。凡首之属皆从首。书九切。

329. 𥄉　𥄉　jiāo　到首也。贾侍中说：此断首到县𥄉字。凡𥄉之属皆从𥄉。古尧切。

330. 须　𩓡　xū　面毛也。从页从彡。凡须之属皆从须。相俞切。

331. 彡　彡　shān　毛饰画文也。象形。凡彡之属皆从彡。所衔切。

332. 彣　彣　wén　䜌也。从彡从文。凡彣之属皆从彣。无分切。

333. 文　文　wén　错画也。象交文。凡文之属皆从文。无分切。

334. 髟　髟　biāo　长发猋猋也。从长从彡。凡髟之属皆从髟。必凋切。又所衔切

335. 后　后　hòu　继体君也。象人之形。施令以告四方，故厂之。从一口，发号者，君后也。凡后之属皆从后。胡口切。

336. 司　司　sī　臣司事于外者。从反后。凡司之属皆从司。息兹切。

337. 卮　卮　zhī　圜器也。一名觛。所以节饮食。象人，卪在其下也。《易》曰：君子节饮食。凡卮之属皆从卮。章移切。

338. 卪　卪　jié　瑞信也。守国者用玉卪，守都鄙者用角卪，使山邦者用虎卪，士邦者用人卪，泽邦者用龙卪，门关者用符卪，货贿用玺卪，道路用旌卪。象相合之形。凡卪之属皆从卪。子结切。

339. 印　印　yìn　执政所持信也。从爪从卪。凡印之属皆从印。于刃切。

340. 色　色　sè　颜气也。从人从卪。凡色之属皆从色。𢒈古文。所力切。

341. 卯　卯　qīng　事之制也。从卪𤓩。凡卯之属皆从卯。阙。去京切。

342. 辟　辟　bì　法也。从卪从辛，节制其罪也；从口，用法者也。凡辟之属皆从辟。必益切。

343. 勹　勹　bāo　裹也。象人曲形，有所包裹。凡勹之属皆从勹。布交切。

344. 包　象人裹妊，巳在中，象子未成形也。元气起于子。
子，人所生也。男左行三十，女右行二十，俱立于巳，为夫妇。裹妊于巳，
巳为子，十月而生。男起巳至寅，女起巳至申。故男年始寅，女年始申也。
凡包之属皆从包。布交切。

345. 苟　jì　自急敕也。从羊省，从包省，从口，口犹慎言也。从
羊，羊与义、善、美同意。凡苟之属皆从苟。　古文羊不省。己力切。

346. 鬼　guǐ　人所归为鬼。从人，象鬼头。鬼阴气贼害，从厶。
凡鬼之属皆从鬼。　古文从示。居伟切。

347. 甶　fú　鬼头也。象形。凡甶之属皆从甶。敷勿切。

348. 厶　sī　奸衺也。韩非曰：苍颉作字，自营为厶。凡厶之属皆
从厶。息夷切。

349. 嵬　wéi　高不平也。从山鬼声。凡嵬之属皆从嵬。五灰切。

卷九下

350. 山　shān　宣也。宣气散，生万物，有石而高。象形。凡山之
属皆从山。所闲切。

351. 屾　shēn　二山也。凡屾之属皆从屾。所臻切。

352. 屵　è　岸高也。从山厂，厂亦声。凡屵之属皆从屵。五葛切。

353. 广　yǎn　因广为屋，象对刺高屋之形。凡广之属皆从广。读
若俨然之俨。鱼俭切。

354. 厂　hǎn　山石之厓岩，人可居。象形。凡厂之属皆从厂。　籀
文从干。呼旱切。

355. 丸　huán　圜，倾侧而转者。从反仄。凡丸之属皆从丸。胡
官切。

356. 危　wēi　在高而惧也。从厃，自卪止之。凡危之属皆从危。
鱼为切。

357. 石 shí 山石也。在厂之下，口象形。凡石之属皆从石。常只切。

358. 长 cháng 久远也。从兀从匕。兀者，高远意也。久则变化。亾声。者，倒亾也。凡长之属皆从长。古文长。亦古文长。直良切。

359. 勿 wù 州里所建旗。象其柄，有三游。杂帛，幅半异，所以趣民，故遽，称勿勿。凡勿之属皆从勿。勿或从㫃。文弗切。

360. 冄 rǎn 毛冄冄也。象形。凡冄之属皆从冄。而琰切。

361. 而 ér 颊毛也。象毛之形。《周礼》曰：作其鳞之而。凡而之属皆从而。如之切。

362. 豕 shǐ 彘也。竭其尾，故谓之豕。象毛足而后有尾。读与豨同。按：今世字，误以豕为彘，以彘为豕。何以明之？为啄、琢从豕，蠡从彘，皆取其声，以是明之。凡豕之属皆从豕。古文。式视切。

363. 㣇 yì 修豪兽。一曰河内名豕也。从彑，下象毛足。凡㣇之属皆从㣇。读若弟。籀文，古文。羊至切。

364. 彑 jì 豕之头。象其锐而上见也。凡彑之属皆从彑。读若罽。居例切。

365. 豚 tún 小豕也。从彖省，象形。从又持肉，以给祠祀。凡豚之属皆从豚。籀文从肉豕。徒魂切。

366. 豸 zhì 兽长脊，行豸豸然，欲有所司杀形。凡豸之属皆从豸。池尔切。

367. 舄 sì 如野牛而青。象形。与禽、离头同。凡舄之属皆从舄。古文从几。徐姊切。

368. 易 yì 蜥易，蝘蜓，守宫也。象形。《祕书》说：日月为易，象阴阳也。一曰从勿。凡易之属皆从易。羊益切。

369. 象 xiàng 长鼻牙，南越大兽，三年一乳，象耳、牙、四足之形。凡象之属皆从象。徐两切。

卷十上

370. 马 𢒈 mǎ 怒也。武也。象马头髦尾四足之形。凡马之属皆从马。𢒈古文。𢒈籀文马，与影同。有髦。莫下切。

371. 廌 𢊁 zhì 解廌兽也，似山牛，一角。古者决讼，令触不直。象形，从豸省。凡廌之属皆从廌。宅买切。

372. 鹿 𢉖 lù 兽也。象、头、角、四足之形。鸟、鹿足相似，从匕。凡鹿之属皆从鹿。卢谷切。

373. 麤 𢋄 cū 行超远也。从三鹿。凡麤之属皆从麤。仓胡切。

374. 㲋 𢌄 chuò 兽也。似兔，青色而大。象形。头与兔同，足与鹿同。凡㲋之属皆从㲋。𢍆篆文。丑略切。

375. 兔 𢎅 tù 兽名。象踞，后其尾形。兔头与㲋头同。凡兔之属皆从兔。汤故切。

376. 萈 𢐈 huān 山羊细角者。从兔足，苜声。凡萈之属皆从萈。读若丸。宽字从此。胡官切。

377. 犬 𢒓 quǎn 狗之有县蹄者也。象形。孔子曰：视犬之字如画狗也。凡犬之属皆从犬。苦泫切。

378. 㹜 𢔜 yín 两犬相啮也。从二犬。凡㹜之属皆从㹜。语斤切。

379. 鼠 𢖜 shǔ 穴虫之总名也。象形。凡鼠之属皆从鼠。书吕切。

380. 能 𢚜 néng 熊属。足似鹿。从肉㠯声。能兽坚中，故称贤能；而强壮，称能杰也。凡能之属皆从能。奴登切。

381. 熊 𢞜 xióng 兽似豕。山居，冬蛰。从能，炎省声。凡熊之属皆从熊。羽弓切。

382. 火 𢟜 huǒ 毁也。南方之行，炎而上。象形。凡火之属皆从火。呼果切。

383. 炎 𢣜 yán 火光上也。从重火。凡炎之属皆从炎。于廉切。

384. 黑 䵂 hēi 火所熏之色也。从炎上出囧。囧，古窗字。凡黑之属皆从黑。呼北切。

卷十下

385. 囱 囪 chuāng 在墙曰牖，在屋曰囱。象形。凡囱之属皆从囱。窗或从穴。囪古文。楚江切。

386. 焱 焱 yàn 火华也。从三火。凡焱之属皆从焱。以冉切。

387. 炙 炙 zhì 炮肉也。从肉在火上。凡炙之属皆从炙。䐔籀文。之石切。

388. 赤 赤 chì 南方色也。从大从火。凡赤之属皆从赤。烾古文，从炎土。昌石切。

389. 大 大 dài 天大，地大，人亦大。故大象人形。古文大也。凡大之属皆从大。徒盖切。

390. 亦 亦 yì 人之臂亦也。从大，象两亦之形。凡亦之属皆从亦。羊益切。

391. 矢 矢 zè 倾头也。从大，象形。凡矢之属皆从矢。阻力切。

392. 夭 夭 yāo 屈也。从大，象形。凡夭之属皆从夭。于兆切。

393. 交 交 jiāo 交胫也。从大，象交形。凡交之属皆从交。古爻切。

394. 尣 尣 wāng 𡯁，曲胫也。从大，象偏曲之形。凡尣之属皆从尣。𡯁古文从㞷。乌光切。

395. 壶 壶 hú 昆吾，圜器也。象形。从大，象其盖也。凡壶之属皆从壶。户吴切。

396. 壹 壹 yī 专壹也。从壶吉声。凡壹之属皆从壹。于悉切。

397. 㚔 㚔 niè 所以惊人也。从大从羊。一曰大声也。凡㚔之属皆从㚔。一曰读若瓠。一曰俗语以盗不止为㚔，㚔读若籋。尼辄切。

398. 奢 奢 shē 张也。从大者声。凡奢之属皆从奢。奓籀文。式车切。

399. 亢　↑　gāng　人颈也。从大省，象颈脉形。凡亢之属皆从亢。頏亢或从页。古郎切。

400. 夲　夰　tāo　进趣也。从大从十。大十，犹兼十人也。凡夲之属皆从夲。读若滔。土刀切。

401. 夰　夰　gǎo　放也。从大而八分也。凡夰之属皆从夰。古老切。

402. 亣　大　dà　籀文大，改古文。亦象人形。凡亣之属皆从亣。他达切。

403. 夫　夫　fū　丈夫也。从大，一以象簪也。周制以八寸为尺，十尺为丈。人长八尺，故曰丈夫。凡夫之属皆从夫。甫无切。

404. 立　立　lì　住也。从大立一之上。凡立之属皆从立。力入切。

405. 竝　竝　bìng　併也。从二立。凡竝之属皆从竝。蒲迥切。

406. 囟　⊗　xìn　头会，𦜕盖也。象形。凡囟之属皆从囟。𦝢或从肉宰。𠙴古文囟字。息进切。

407. 思　思　sī　容也。从心囟声。凡思之属皆从思。息兹切。

408. 心　心　xīn　人心，土藏，在身之中。象形。博士说以为火藏。凡心之属皆从心。息林切。

409. 惢　惢　suǒ　心疑也。从三心。凡惢之属皆从惢。读若《易》旅琐琐。又，才规、才累二切。

卷十一上

410. 水　水　shuǐ　准也。北方之行。象众水并流，中有微阳之气也。凡水之属皆从水。式轨切。

卷十一下

411. 沝　沝　zhuǐ　二水也。阙。凡沝之属皆从沝。之垒切。

412. 瀕　𤽄　pín　水厓。人所宾附，频蹙不前而止。从页从涉。凡频之属皆从频。符眞切。

413. 〈　𡿨　quǎn　水小流也。《周礼》：匠人为沟洫，枱广五寸，二枱为耦；一耦之伐，广尺、深尺，谓之〈。倍〈谓之遂；倍遂曰沟；倍沟曰洫；倍洫曰〈〈。凡〈之属皆从〈。𤰝古文〈，从田从川。𤰖篆文〈，从田犬声。六畎为一亩。姑泫切。

414. 〈〈　𡿩　kuài　水流浍浍也。方百里为〈〈，广二寻，深二仞。凡〈〈之属皆从〈〈。古外切。

415. 川　巛　chuān　贯穿通流水也。《虞书》曰：浚〈〈〈距川。言深〈〈〈之水会为川也。凡川之属皆从川。昌缘切。

416. 泉　𤽄　quán　水原也。象水流出成川形。凡泉之属皆从泉。疾缘切。

417. 灥　𤽄　xún　三泉也。阙。凡灥之属皆从灥。详遵切。

418. 永　𣲷　yǒng　长也。象水巠理之长。《诗》曰：江之永矣。凡永之属皆从永。于憬切。

419. 𠂢　𣲻　pài　水之衺流，别也。从反永。凡𠂢之属皆从𠂢。读若稗县。匹卦切。

420. 谷　𧮫　gǔ　泉出通川为谷。从水半见，出于口。凡谷之属皆从谷。古禄切。

421. 仌　𣲺　bīng　冻也。象水凝之形。凡仌之属皆从仌。笔陵切。

422. 雨　𩅅　yǔ　水从云下也。一象天，冂象云，水霝其间也。凡雨之属皆从雨。𩃬古文。王矩切。

423. 雲　𩃬　yún　山川气也。从雨，云象云回转形。凡雲之属皆从雲。𠃣古文省雨。𠇑亦古文雲。王分切。

424. 鱼　𩺰　yú　水虫也。象形。鱼尾与燕尾相似。凡鱼之属皆从鱼。语居切。

425. 鱻　𩺰　yú　二鱼也。凡鱻之属皆从鱻。语居切。

426. 燕　鷰　yàn　玄鸟也。籋口，布翅，枝尾。象形。凡燕之属皆从燕。于甸切。

427. 龙　龗　lóng　鳞虫之长。能幽能明，能细能巨，能短能长，春分而登天，秋分而潜渊。从肉，飞之形，童省声。凡龙之属皆从龙。力钟切。

428. 飞　飛　fēi　鸟翥也。象形。凡飞之属皆从飞。甫微切。

429. 非　非　fēi　违也。从飞下翅，取其相背。凡非之属皆从非。甫微切。

430. 卂　卂　xùn　疾飞也。从飞而羽不见。凡卂之属皆从卂。息晋切。

卷十二上

431. 乞　乚　yá　玄鸟也。齐鲁谓之乞。取其鸣自呼。象形。凡乞之属借从乞。鳦乞或从鸟。乌辖切。

432. 不　不　fǒu　鸟飞上翔不下来也。从一，一犹天也。象形。凡不之属皆从不。方久切。

433. 至　至　zhì　鸟飞从高下至地也。从一，一犹地也。象形。不，上去；而至，下来也。凡至之属皆从至。至古文至。脂利切。

434. 西　西　xī　鸟在巢上。象形。日在西方而鸟栖，故因以为东西之西。凡西之属皆从西。栖西或从木妻。卤古文西。卤籀文西。先稽切。

435. 卤　卤　lǔ　西方咸地也。从西省，象盐形。安定有卤县。东方谓之㡿，西方谓之卤。凡卤之属皆从卤。郎古切。

436. 盐　盐　yán　咸也。从卤监声。古者宿沙初作煮海盐。凡盐之属皆从盐。余廉切。

437. 户　户　hù　护也。半门曰户。象形。凡户之属皆从户。户古文户从木。侯古切。

438. 门　門　mén　闻也。从二户。象形。凡门之属皆从门。莫奔切。

439. 耳　耳　ěr　主听也。象形。凡耳之属皆从耳。而止切。

440. 臣 〖臣〗 yí 顄也。象形。凡臣之属皆从臣。〖篆文〗篆文臣。〖籀文〗籀文从首。与之切。

441. 手 〖手〗 shǒu 拳也。象形。凡手之属皆从手。〖古文〗古文手。书九切。

442. 乖 〖乖〗 guāi 背吕也。象胁肋也。凡乖之属皆从乖。古怀切。

卷十二下

443. 女 〖女〗 nǚ 妇人也。象形。王育说。凡女之属皆从女。尼吕切。

444. 毋 〖毋〗 wú 止之也。从女，有奸之者。凡毋之属皆从毋。武扶切。

445. 民 〖民〗 mín 众萌也。从古文之象。凡民之属皆从民。〖古文〗古文民。弥邻切。

446. 丿 〖丿〗 piě 右戾也。象左引之形。凡丿之属皆从丿。房密切。

447. 乀 〖乀〗 yì 抴也。明也。象抴引之形。凡乀之属皆从乀。虒字从此。余制切。

448. 乁 〖乁〗 yí 流也。从反丿。读若移。凡乁之属皆从乁。弋支切。

449. 氏 〖氏〗 shì 巴蜀山名岸胁之旁箸欲落墒者曰氏，氏崩，闻数百里。象形，乁声。凡氏之属皆从氏。扬雄赋：响若氏陨。承旨切。

450. 氐 〖氐〗 dǐ 至也。从氏下箸一。一，地也。凡氐之属皆从氐。丁礼切。

451. 戈 〖戈〗 gē 平头戟也。从弋，一横之。象形。凡戈之属皆从戈。古禾切。

452. 戉 〖戉〗 yuè 斧也。从戈丨声。《司马法》曰：夏执玄戉，殷执白戚，周左杖黄戉，右秉白髦。凡戉之属皆从戉。王伐切。

453. 我 〖我〗 wǒ 施身自谓也。或说，我，顷顿也。从戈从手。手，或说古垂字。一曰古杀字。凡我之属皆从我。〖古文〗古文我。五可切。

454. 亅　𠄌　jué　钩逆者谓之亅。象形。凡亅之属皆从亅。读若橜。衢月切。

455. 珡　𤤴　qín　禁也。神农所作。洞越。练朱五弦，周加二弦。象形。凡珡之属皆从珡。𨫒古文琴，从金。巨今切。

456. 乚　乚　yǐn　匿也。象迒曲隐蔽形。凡乚之属皆从乚。读若隐。于谨切。

457. 亡　𠃜　wáng　逃也。从入从乚。凡亡之属皆从亡。武方切。

458. 匸　匸　xì　衺徯，有所侠藏也。从乚，上有一覆之。凡匸之属皆从匸。读与傒同。胡礼切。

459. 匚　匚　fāng　受物之器。象形。凡匚之属皆从匚。读若方。𠥓籀文匚。府良切。

460. 曲　𦥑　qū　象器曲受物之形。或说，曲，蚕薄也。凡曲之属皆从曲。𠰚古文曲。丘玉切。

461. 甾　𤮁　zī　东楚名缶曰甾。象形。凡甾之属皆从甾。𤮣古文。侧词切。

462. 瓦　𤬒　wǎ　土器已烧之总名。象形。凡瓦之属皆从瓦。五寡切。

463. 弓　𢎛　gōng　以近穷远。象形。古者挥作弓。《周礼》六弓：王弓、弧弓以射甲革甚质；夹弓、庾弓以射干侯鸟兽；唐弓、大弓以授学射者。凡弓之属皆从弓。居戎切。

464. 弜　𢎺　jiàng　强也。从二弓。凡弜之属皆从弜。其两切。

465. 弦　𢎻　xián　弓弦也。从弓，象丝轸之形。凡弦之属皆从弦。胡田切。

466. 系　𣃽　xì　繋也。从糸丿声。凡系之属皆从系。𣄰系或从毄处。𣃽籀文系，从爪丝。胡计切。

卷十三上

467. 糸　𣴎　mì　细丝也。象束丝之形。凡糸之属皆从糸。读若覛。𣁋古文糸。莫狄切。

468. 素 sù 白致缯也。从糸𠂹，取其泽也。凡素之属皆从素。桑故切。

469. 丝 sī 蚕所吐也。从二糸。凡丝之属皆从丝。息兹切。

470. 率 shuài 捕鸟毕也。象丝罔，上下其竿柄也。凡率之属皆从率。所律切。

471. 虫 huǐ 一名蝮。博三寸，首大如擘指。象其卧形。物之微细，或行，或毛，或蠃，或介，或鳞，以虫为象。凡虫之属皆从虫。许伟切。

卷十三下

472. 䖵 kūn 蟲之总名也。从二虫。凡䖵之属皆从䖵。读若昆。古魂切。

473 蟲 chóng 有足谓之蟲，无足谓之豸。从三虫。凡蟲之属皆从蟲。直弓切。

474. 风 fēng 八风也。东方曰明庶风，东南曰清明风，南方曰景风，西南曰凉风，西方曰阊阖风，西北曰不周风，北方曰广莫风，东北曰融风。风动虫生。故虫八日而化。从虫凡声。凡风之属皆从风。古文风。方戎切。

475. 它 tā 虫也。从虫而长，象冤曲垂尾形。上古艸居患它，故相问无它乎。凡它之属皆从它。它或从虫。托何切。

476. 龟 guī 旧也。外骨内肉者也。从它，龟头与它头同。天地之性，广肩无雄；龟鳖之类，以它为雄。象足甲尾之形。凡龟之属皆从龟。古文龟。

477. 黾 měng 鼃黾也。从它，象形。黾头与它头同。凡黾之属皆从黾。籀文黾。莫杏切。

478. 卵 luǎn 凡物无乳者卵生。象形。凡卵之属皆从卵。卢管切。

479. 二　二　èr　地之数也。从偶一。凡二之属皆从二。弍古文。而至切。

480. 土　土　tǔ　地之吐生物者也。二象地之下、地之中，物出形也。凡土之属皆从土。它鲁切。

481. 垚　垚　yáo　土高也。从三土。凡垚之属皆从垚。吾聊切。

482. 堇　堇　qín　黏土也。从土，从黄省。凡堇之属皆从堇。蓳、蒬皆古文堇。巨斤切。

483. 里　里　lǐ　居也。从田从土。凡里之属皆从里。良止切。

484. 田　田　tián　陈也。树谷曰田。象四口。十，阡陌之制也。凡田之属皆从田。待年切。

485. 畕　畕　jiāng　比田也。从二田。凡畕之属皆从畕。居良切。

486. 黄　黄　huáng　地之色也。从田从炗，炗亦声。炗，古文光。凡黄之属皆从黄。𡕛古文黄。乎光切。

487. 男　男　nán　丈夫也。从田从力。言男用力于田也。凡男之属皆从男。那含切。

488. 力　力　lì　筋也。象人筋之形。治功曰力，能圉大灾。凡力之属皆从力。林直切。

489. 劦　劦　xié　同力也。从三力。《山海经》曰：惟号之山，其风若劦。凡劦之属皆从劦。胡颊切。

卷十四上

490. 金　金　jīn　五色金也。黄为之长。久薶不生衣，百炼不轻，从革不违。西方之行。生于土，从土，左右注，象金在土中形，今声。凡金之属皆从金。釒古文金。居音切。

491. 开　开　jiān　平也。象二干对构，上平也。凡开之属皆从开。古贤切。

492. 勺 𠃌 zhuó 挹取也。象形，中有实，与包同意。凡勺之属皆从勺。之若切。

493. 几 𠘧 jǐ 踞几也。象形。《周礼》五几：玉几、雕几、彤几、鬃几、素几。凡几之属皆从几。居履切。

494. 且 𠄌 jū qiě 荐也。从几，足有二横，一其下地也。凡且之属皆从且。子余切。又千也切。

495. 斤 𠂬 jīn 斫木也。象形。凡斤之属皆从斤。举欣切。

496. 斗 𢇅 dǒu 十升也。象形，有柄。凡斗之属皆从斗。当口切。

497. 矛 𨥉 máo 酋矛也。建于兵车，长二丈。象形。凡矛之属皆从矛。𫓧古文矛，从戈。莫浮切。

498. 车 車 chē 舆轮之总名。夏后时奚仲所造。象形。凡车之属皆从车。𨌦籀文车。尺遮切。

499. 𠂤 𠂤 duī 小𠂤也。象形。凡𠂤之属皆从𠂤。都回切。

卷十四下

500. 𨸏 𨸏 fù 大陆，山无石者。象形。凡𨸏之属皆从𨸏。𨸌古文。房九切。

501. 𨺇 𨺇 fù 两𨸏之间也。从二𨸏。凡𨺇之属皆从𨺇。房九切。

502. 厽 厽 lěi 絫坺土为墙壁。象形。凡厽之属皆从厽。力轨切。

503. 四 𠃕 sì 阴数也。象四分之形。凡四之属皆从四。𦉭古文四。𦉭籀文四。息利切。

504. 宁 𡧼 zhù 辨积物也。象形。凡宁之属皆从宁。直吕切。

505. 叕 叕 zhuó 缀联也。象形。凡叕之属皆从叕。陟劣切。

506. 亚 𠅃 yà 丑也。象人局背之形。贾侍中说，以为次弟也。凡亚之属皆从亚。衣驾切。

507. 五 Ⅹ wǔ 五行也。从二，阴阳在天地间交午也。凡五之属皆从五。Ⅹ古文五省。疑古切。

508. 六 㑚 liù 《易》之数，阴变于六，正于八。从入从八。凡六之属皆从六。力竹切。

509. 七 ㇖ qī 阳之正也。从一，微阴从中衺出也。凡七之属皆从七。亲吉切。

510. 九 ㆅ jiǔ 阳之变也。象其屈曲究尽之形。凡九之属皆从九。举有切。

511. 厹 ㄐ róu 兽足蹂地也。象形，九声。《尔疋》曰：狐狸貛貉丑，其足蹞，其迹厹。"凡厹之属皆从厹。蹂篆文从足柔声。人九切。

512. 兽 ㅤ shòu 牲也。象耳、头、足厹地之形。古文嘼，下从厹。凡兽之属皆从兽。许救切。

513. 甲 ㆆ jiǎ 东方之孟，阳气萌动，从木戴孚甲之象。一曰人头宜为甲，甲象人头。凡甲之属皆从甲。ㆆ古文甲，始于十，见于千，成于木之象。古狎切。

514. 乙 ㇈ yǐ 象春艸木冤曲而出，阴气尚强，其出乙乙也。与丨同意。乙承甲，象人颈。凡乙之属皆从乙。于笔切。

515. 丙 ㅤ bǐng 位南方，万物成，炳然。阴气初起，阳气将亏。从一入门。一者，阳也。丙承乙，象人肩。凡丙之属皆从丙。兵永切。

516. 丁 ㅤ dīng 夏时万物皆丁实。象形。丁承丙，象人心。凡丁之属皆从丁。当经切。

517. 戊 ㅤ wù 中宫也。象六甲五龙相拘绞也。戊承丁，象人胁。凡戊之属皆从戊。莫候切。

518. 己 ㇈ jǐ 中宫也。象万物辟藏诎形也。己承戊，象人腹。凡己之属皆从己。ㅤ古文己。居拟切。

519. 巴 ㇌ bā 虫也。或曰，食象蛇。象形。凡巴之属皆从巴。伯加切。

520. 庚 ㅤ gēng 位西方，象秋时万物庚庚有实也。庚承己，象人脐。凡庚之属皆从庚。古行切。

521. 辛 xīn 秋时万物成而孰，金刚味辛，辛痛即泣出。从一从䇂。䇂，罪也。辛承庚，象人股。凡辛之属皆从辛。息邻切。

522. 辡 biàn 罪人相与讼也。从二辛。凡辡之属皆从辡。方免切。

523. 壬 rén 位北方也。阴极阳生，故《易》曰：龙战于野。战者，接也。象人褢妊之形。承亥壬以子，生之叙也。与巫同意。壬承辛，象人胫。胫，任体也。凡壬之属皆从壬。如林切。

524. 癸 guǐ 冬时水土平，可揆度也。象水从四方流入地中之形。癸承壬，象人足。凡癸之属皆从癸。籀文从癶，从矢。居诔切。

525. 子 zǐ 十一月阳气动，万物滋，人以为称。象形。凡子之属皆从子。古文子，从巛，象发也。籀文子，囟有发，臂胫在几上。即里切。

526. 了 liǎo 尦也。从子无臂。象形。凡了之属皆从了。卢鸟切。

527. 孨 zhuǎn 谨也。从三子。凡孨之属皆从孨。读若翦。旨兖切。

528. 𠫓 tū 不顺忽出也。从到子。《易》曰：突如其来如。不孝子突出，不容于内也。凡𠫓之属皆从𠫓。或从到古文子，即《易》突字。他骨切。

529. 丑 chǒu 纽也。十二月万物动，用事。象手之形。时加丑，亦举手时也。凡丑之属皆从丑。敕九切。

530. 寅 yín 髌也。正月阳气动，去黄泉，欲上出，阴尚强，象宀不达，髌寅于下也。凡寅之属皆从寅。古文寅。弋真切。

531. 卯 mǎo 冒也。二月万物冒地而出。象开门之形。故二月为天门。凡卯之属皆从卯。古文卯。莫饱切。

532. 辰 chén 震也。三月阳气动，雷电振，民农时也。物皆生，从乙、匕，象芒达；厂，声也。辰，房星，天时也；从二，二，古文上字。
凡辰之属皆从辰。床古文辰。植邻切。

533. 巳　♀　sì　已也。四月阳气已出，阴气已藏，万物见，成文章，
故已为蛇，象形。凡巳之属皆从巳。详里切。

534. 午　𦧀　wǔ　牾也。五月阴气午逆阳。冒地而出。此与矢同意。凡
午之属皆从午。疑古切。

535. 未　𣎳　wèi　味也。六月滋味也。五行，木老于未。象木重枝叶
也。凡未之属皆从未。无沸切。

536. 申　申　shēn　神也。七月阴气成，体自申束。从臼，自持也。吏
臣铺时听事，申旦政也。凡申之属皆从申。𢑚古文申。𦥔籀文申。失人切。

537. 酉　酉　yǒu　就也。八月黍成，可为酎酒。象古文酉之形。凡酉
之属皆从酉。丣古文酉。从卯，卯为春门，万物已出。酉为秋门，万物已入。
一，闭门象也。与久切。

538. 酋　酋　qiú　绎酒也。从酉，水半见于上。《礼》有大酋，掌酒官
也。凡酋之属皆从酋。字秋切。

539. 戌　戌　xū　灭也。九月阳气微，万物毕成，阳下入地也。五行，
土生于戊，盛于戌。从戊含一。凡戌之属皆从戌。辛聿切。

540. 亥　亥　hài　荄也。十月微阳起，接盛阴。从二，二，古文上字。
一人男，一人女也。从乙，象裹子咳咳之形。《春秋传》曰：亥有二首六身。
凡亥之属皆从亥。𠀱古文亥为豕，与豕同。亥而生子，复从一起。胡改切。

《说文解字·叙》

　　古者庖牺氏之王天下也，仰则观象于天，俯则观法于地，视鸟兽之文与地之宜，近取诸身，远取诸物，于是始作《易》八卦，以垂宪象。及神农氏，结绳为治，而统其事。庶业其繁，饰伪萌生。黄帝之史仓颉，见鸟兽蹄远之迹，知分理之可相别异也，初造书契。百工以乂，万品以察，盖取诸夬。夬，扬于王庭。言文者宣教明化于王者朝廷，君子所以施禄及下，居德则忌也。仓颉之初作书，盖依类象形，故谓之文。其后形声相益，即谓之字。文者，物象之本也；字者，言孳乳而浸多也。著于竹帛谓之书。书者，如也。以迄五帝三王之世，改易殊体，封于泰山者七十有二代，靡有同焉。

　　周礼八岁入小学，保氏教国子，先以六书。一曰指事，指事者，视而可识，察而见意，上下是也。二曰象形，象形者，画成其物，随体诘诎，日月是也。三曰形声，形声者，以事为名，取譬相成，江河是也。四曰会意，会意者，比类合谊，以见指㧑，武信是也。五曰转注，转注者，建类一首，同意相受，考老是也。六曰假借，假借者，本无其字，依声托事，令长是也。

　　及宣王太史籀，著大篆十五篇，与古文或异。至孔子书六经，左丘明述春秋传，皆以古文，厥意可得而说也。其后诸侯力政，不统于王，恶礼乐之害己，而皆去其典籍。分为七国，田畴异亩，车涂异轨，律令异法，衣冠异制，言语异声，文字异形。

　　秦始皇帝初兼天下，丞相李斯乃奏同之，罢其不与秦文合者。斯作《仓颉篇》，中车府令赵高作《爰历篇》，大史令胡毋敬作《博学篇》，皆取史籀大篆，或颇省改，所谓小篆者也。是时秦烧灭经书，涤除旧典，大发隶卒，兴役戍，官狱职务繁，初有隶书，以趣约易，而古文由此绝矣。

自尔秦书有八体：一曰大篆，二曰小篆，三曰刻符，四曰虫书，五曰摹印，六曰署书，七曰殳书，八曰隶书。汉兴有草书。尉律：学僮十七以上，始试，讽籀书九千字，乃得为史。又以八体试之，郡移太史并课，最者，以为尚书史。书或不正，辄举劾之。今虽有尉律，不课，小学不修，莫达其说久矣。

孝宣时，召通《仓颉》读者，张敞从受之。凉州刺史杜业、沛人爰礼、讲学大夫秦近，亦能言之。孝平时，征礼等百余人，令说文字未央廷中，以礼为小学元士。黄门侍郎扬雄，采以作《训纂篇》。凡《仓颉》以下十四篇，凡五千三百四十字，群书所载，略存之矣。

及亡新居摄，使大司空甄丰等，校文书之部，自以为应制作，颇改定古文。时有六书：一曰古文，孔子壁中书也；二曰奇字，即古文而异者也；三曰篆书，即小篆，秦始皇帝使下杜人程邈所作也；四曰佐书，即秦隶书；五曰缪篆，所以摹印也；六曰鸟虫书，所以书幡信也。壁中书者，鲁恭王坏孔子宅，而得《礼记》《尚书》《春秋》《论语》《孝经》。又北平侯张苍献《春秋左氏传》，郡国亦往往于山川得鼎彝，其铭即前代之古文，皆自相似。虽叵复见远流，其详可得略说也。

而世人大共非訾，以为好奇者也，故诡更正文，乡壁虚造不可知之书，变乱常行，以耀于世。诸生竞逐说字解经谊，称秦之隶书为仓颉时书，云：父子相传，何得改易。乃猥曰：马头人为长，人持十为斗，虫者屈中也。廷尉说律，至以字断法。苛人受钱，苛之字，止句也。若此者甚众，皆不合孔氏古文，谬于史籀。俗儒鄙夫，玩其所习，蔽所希闻，不见通学，未尝睹字例之条，怪旧艺而善野言，以其所知为祕妙，究洞圣人之微旨。又见《仓颉篇》中幼子承诏，因号古帝之所作也，其辞有神仙之术焉。其迷误不谕，岂不悖哉！

《书》曰：予欲观古人之象，言必遵修旧文而不穿凿。孔子曰：吾犹及史之阙文，今亡也夫。盖非其不知而不问，人用己私，是非无正，巧说邪辞，使天下学者疑。盖文字者，经艺之本，王政之始，前人所以垂后，后人所以识古。故曰：本立而道生，知天下之至啧而不可乱也。

今叙篆文，合以古籀，博采通人，至于小大，信而有证，稽譔其说。将以理群类，解谬误，晓学者，达神旨。分别部居，不相杂厕也。万物咸睹，靡不兼载。厥谊不昭，爰明以喻。其称《易》孟氏、《书》孔氏、《诗》毛氏、《礼》周官、《春秋》左氏、《论语》、《孝经》，皆古文也。其于所不知，盖阙如也。

简化字总表 （1986年新版）

第一表

不作简化偏旁用的简化字

本表共收简化字 350 个，按读音的拼音字母顺序排列。本表的简化字都不得作简化偏旁使用。

A

碍〔礙〕　肮〔骯〕　袄〔襖〕

B

坝〔壩〕　板〔闆〕　办〔辦〕　帮〔幫〕　宝〔寶〕　报〔報〕

币〔幣〕　毙〔斃〕　标〔標〕　表〔錶〕　别〔彆〕　卜〔蔔〕

补〔補〕

C

才〔纔〕　蚕〔蠶〕①　灿〔燦〕　层〔層〕　搀〔攙〕　谗〔讒〕

馋〔饞〕　缠〔纏〕②　忏〔懺〕　偿〔償〕　厂〔廠〕　彻〔徹〕

尘〔塵〕　衬〔襯〕　称〔稱〕　惩〔懲〕　迟〔遲〕　冲〔衝〕

丑〔醜〕　出〔齣〕　础〔礎〕　处〔處〕　触〔觸〕　辞〔辭〕

聪〔聰〕　丛〔叢〕

D

担〔擔〕　胆〔膽〕　导〔導〕　灯〔燈〕　邓〔鄧〕　敌〔敵〕

---

① 蚕：上从天，不从夭。
② 缠：右从㢆，不从厘。

籴［糴］ 递［遞］ 点［點］ 淀［澱］ 电［電］ 冬［鼕］

斗［鬥］ 独［獨］ 吨［噸］ 夺［奪］ 堕［墮］

E

儿［兒］

F

矾［礬］ 范［範］ 飞［飛］ 坟［墳］ 奋［奮］ 粪［糞］

凤［鳳］ 肤［膚］ 妇［婦］ 复［復］［複］

G

盖［蓋］ 干［乾］① ［幹］ 赶［趕］ 个［個］ 巩［鞏］ 沟［溝］

构［構］ 购［購］ 谷［穀］ 顾［顧］ 刮［颳］ 关［關］

观［觀］ 柜［櫃］

H

汉［漢］ 号［號］ 合［閤］ 轰［轟］ 后［後］ 胡［鬍］

壶［壺］ 沪［滬］ 护［護］ 划［劃］ 怀［懷］ 坏［壞］②

欢［歡］ 环［環］ 还［還］ 回［迴］ 伙［夥］③ 获［獲］［穫］

J

击［擊］ 鸡［鷄］ 积［積］ 极［極］ 际［際］ 继［繼］

家［傢］ 价［價］ 艰［艱］ 歼［殲］ 茧［繭］ 拣［揀］

硷［鹼］ 舰［艦］ 姜［薑］ 浆［漿］④ 桨［槳］ 奖［獎］

讲［講］ 酱［醬］ 胶［膠］ 阶［階］ 疖［癤］ 洁［潔］

借［藉］⑤ 仅［僅］ 惊［驚］ 竞［競］ 旧［舊］ 剧［劇］

据［據］ 惧［懼］ 卷［捲］

K

---

① 乾坤、乾隆的乾读 qián（前），不简化。
② 不作坏。坯是砖坯的坯，读 pī（批），坏坯二字不可互混。
③ 作多解的夥不简化。
④ 浆、桨、奖、酱：右上角从夕，不从彡或灬。
⑤ 藉口、凭藉的藉简化作借，慰藉、狼藉等的藉仍用藉。

开 [開]　　克 [剋]　　垦 [墾]　　恳 [懇]　　夸 [誇]　　块 [塊]

亏 [虧]　　困 [睏]

L

腊 [臘]　　蜡 [蠟]　　兰 [蘭]　　拦 [攔]　　栏 [欄]　　烂 [爛]

累 [纍]　　垒 [壘]　　类 [類]①　里 [裏]　　礼 [禮]　　隶 [隸]

帘 [簾]　　联 [聯]　　怜 [憐]　　炼 [煉]　　练 [練]　　粮 [糧]

疗 [療]　　辽 [遼]　　了 [瞭]②　猎 [獵]　　临 [臨]③　邻 [鄰]

岭 [嶺]④　庐 [廬]　　芦 [蘆]　　炉 [爐]　　陆 [陸]　　驴 [驢]

乱 [亂]

M

么 [麼]⑤　　霉 [黴]　　蒙 [矇][濛][懞]　　梦 [夢]　　面 [麵]

庙 [廟]　　灭 [滅]　　蔑 [衊]　　亩 [畝]

N

恼 [惱]　　脑 [腦]　　拟 [擬]　　酿 [釀]　　疟 [瘧]

P

盘 [盤]　　辟 [闢]　　苹 [蘋]　　凭 [憑]　　扑 [撲]　　仆 [僕]⑥

朴 [樸]

Q

启 [啓]　　签 [籤]　　千 [韆]　　牵 [牽]　　纤 [縴][纖]⑦

窍 [竅]　　窃 [竊]　　寝 [寢]　　庆 [慶]⑧　琼 [瓊]　　秋 [鞦]

---

① 类：下从大，不从犬。
② 瞭：读 liǎo（了解）时，仍简作了，读 liào（瞭望）时作瞭，不简作了。
③ 临：左从一短竖一长竖，不从和丨。
④ 岭：不作岺，免与岑混。
⑤ 读 me 轻声。读 yāo（夭）的么应作幺（幺本字）。吆应作吆。麽读 mó（摩）时不简
化，如幺麽小丑。
⑥ 前仆后继的仆读 pū（扑）。
⑦ 纤维的纤读 xiān（先）。
⑧ 庆：从大，不从犬。

曲［麯］　权［權］　劝［勸］　确［確］

R

让［讓］　扰［擾］　热［熱］　认［認］

S

洒［灑］　伞［傘］　丧［喪］　扫［掃］　涩［澀］　晒［曬］

伤［傷］　舍［捨］　沈［瀋］　声［聲］　胜［勝］　湿［濕］

实［實］　适［適］①　势［勢］　兽［獸］　书［書］　术［術］②

树［樹］　帅［帥］　松［鬆］　苏［蘇］［囌］　虽［雖］　随［隨］

T

台［臺］［檯］［颱］　态［態］　坛［壇］［罈］　叹［嘆］　誊［謄］

体［體］　粜［糶］　铁［鐵］　听［聽］　厅［廳］③　头［頭］

图［圖］　涂［塗］　团［團］［糰］　椭［橢］

W

洼［窪］　袜［襪］④　网［網］　卫［衛］　稳［穩］　务［務］

雾［霧］

X

牺［犧］　习［習］　系［係］［繫］⑤　戏［戲］　虾［蝦］

吓［嚇］⑥　咸［鹹］　显［顯］　宪［憲］　县［縣］⑦　响［響］

向［嚮］　协［協］　胁［脅］　亵［褻］　衅［釁］　兴［興］

须［鬚］　悬［懸］　选［選］　旋［鏇］

Y

---

　　① 古人南宫适、洪适的适（古字罕用）读 kuò（括）。此适字本作透，为了避免混淆，可恢复本字透。

　　② 中药苍术、白术的术读 zhú（竹）。

　　③ 厅：从厂，不从广。

　　④ 袜：从末，不从未。

　　⑤ 系带子的系读 jì（计）。

　　⑥ 恐吓的吓读 hè（赫）。

　　⑦ 县：七笔。上从且。

压〔壓〕①　盐〔鹽〕　阳〔陽〕　养〔養〕　痒〔癢〕　样〔樣〕

钥〔鑰〕　药〔藥〕　爷〔爺〕　叶〔葉〕②　医〔醫〕　亿〔億〕

忆〔憶〕　应〔應〕　痈〔癰〕　拥〔擁〕　佣〔傭〕　踊〔踴〕

忧〔憂〕　优〔優〕　邮〔郵〕　余〔餘〕③　御〔禦〕　吁〔籲〕④

郁〔鬱〕　誉〔譽〕　渊〔淵〕　园〔園〕　远〔遠〕　愿〔願〕

跃〔躍〕　运〔運〕　酝〔醞〕

Z

杂〔雜〕　赃〔贓〕　脏〔臟〕〔髒〕　凿〔鑿〕　枣〔棗〕　灶〔竈〕

斋〔齋〕　毡〔氈〕　战〔戰〕　赵〔趙〕　折〔摺〕⑤　这〔這〕

征〔徵〕⑥　症〔癥〕　证〔證〕　只〔隻〕〔祇〕　致〔緻〕　制〔製〕

钟〔鐘〕〔鍾〕　肿〔腫〕　种〔種〕　众〔衆〕　昼〔晝〕　朱〔硃〕

烛〔燭〕　筑〔築〕　庄〔莊〕⑦　桩〔樁〕　妆〔妝〕　装〔裝〕

壮〔壯〕　准〔準〕　浊〔濁〕　总〔總〕　钻〔鑽〕

第二表

可作简化偏旁用的简化字和简化偏旁

本表共收简化字 132 个和简化偏旁 14 个。简化字按读音的拼音字母顺序排列，简化偏旁按笔数排列。

A

爱〔愛〕

---

① 压：六笔。土的右旁有一点。

② 叶韵的叶读 xié（协）。

③ 在余和餘意义可能混淆时，仍用餘。如文言句"餘年无多"。

④ 喘吁吁、长吁短叹的吁读 xū（虚）。

⑤ 在折和摺意义可能混淆时，摺仍用摺。

⑥ 宫商角徵羽的徵读 zhǐ（止），不简化。

⑦ 庄，六笔。土的右旁无点。

B

罢［罷］　　备［備］　　贝［貝］　　笔［筆］　　毕［畢］　　边［邊］
宾［賓］

C

参［參］　　仓［倉］　　产［產］　　长［長］①　尝［嘗］②　车［車］
齿［齒］　　虫［蟲］　　刍［芻］　　从［從］　　窜［竄］

D

达［達］　　带［帶］　　单［單］　　当［當］［噹］　党［黨］　　东［東］
动［動］　　断［斷］　　对［對］　　队［隊］

E

尔［爾］

F

发［發］［髮］　丰［豐］③　风［風］

G

冈［岡］　　广［廣］　　归［歸］　　龟［龜］　　国［國］　　过［過］

H

华［華］　　画［畫］　　汇［匯］［彙］　会［會］

J

几［幾］　　夹［夾］　　戋［戔］　　监［監］　　见［見］　　荐［薦］
将［將］④　节［節］　　尽［盡］［儘］　进［進］　　举［舉］

K

壳［殼］⑤

L

————————————

① 长：四笔。笔顺是：丿一匕长。
② 尝：不是赏的简化字。赏的简化字是赏（见第三表）。
③ 四川省酆都县已改丰都县（按：今属重庆市）。姓酆的酆不简化作邦。
④ 将：右上角从夕，不从夕或冖。
⑤ 壳：几上没有一小横。

来［來］　乐［樂］　离［離］　历［歷］［曆］　丽［麗］①

两［兩］　灵［靈］　刘［劉］　龙［龍］　娄［婁］　卢［盧］

虏［虜］　卤［鹵］［滷］　录［錄］　虑［慮］　仑［侖］　罗［羅］

M

马［馬］②　买［買］　卖［賣］③　麦［麥］　门［門］　鼋［黿］④

N

难［難］　鸟［鳥］⑤　聂［聶］　宁［寧］⑥　农［農］

Q

齐［齊］　岂［豈］　气［氣］　迁［遷］　金［僉］　乔［喬］

亲［親］　穷［窮］　区［區］⑦

S

啬［嗇］　杀［殺］　审［審］　圣［聖］　师［師］　时［時］

寿［壽］　属［屬］　双［雙］　肃［肅］⑧　岁［歲］　孙［孫］

T

条［條］⑨

W

万［萬］　为［爲］　韦［韋］　乌［烏］⑩　无［無］⑪

———————————

① 丽：七笔。上边一横，不作两小横。

② 马：三笔。笔顺是：乛马马。上部向左稍斜，左上角开口，末笔作左偏旁时改作平挑。

③ 卖：从十从买，上不从士或土。

④ 鼋：从口从电。

⑤ 鸟：五笔。

⑥ 作门屏之间解的宁（古字寍用）读 zhù（柱）。为避免此宁字与宁的简化字混淆，原读 zhù 的宁作㝉。

⑦ 区：不作区。

⑧ 肃：中间一竖下面的两边从八，下半中间不从米。

⑨ 条：上从夂，三笔，不从夊。

⑩ 乌：四笔。

⑪ 无：四笔。上从二，不可误作旡。

X

献〔獻〕　乡〔鄉〕　写〔寫〕①　寻〔尋〕

Y

亚〔亞〕　严〔嚴〕　厌〔厭〕　尧〔堯〕②　业〔業〕　页〔頁〕

义〔義〕③　艺〔藝〕　阴〔陰〕　隐〔隱〕　犹〔猶〕　鱼〔魚〕

与〔與〕　云〔雲〕

Z

郑〔鄭〕　执〔執〕　质〔質〕　专〔專〕

简化偏旁

讠〔言〕④　饣〔食〕⑤　纟〔糸〕⑥　纟〔糸〕　収〔臤〕　芻〔芻〕

临〔臨〕　只〔戠〕　钅〔金〕⑦　兴〔興〕　羍〔睪〕⑧　圣〔巠〕

亦〔䜌〕　呙〔咼〕

第三表

应用第二表所列简化字和简化偏旁得出来的简化字

本表共收简化字 1,753 个（不包含重见的字。例如"缆"分见"纟临见"三部，只算一字），以第二表中的简化字和简化偏旁作部首，按第二表的顺序排列。同一部首中的简化字，按笔数排列。

爱

嗳〔噯〕　媛〔嬡〕　瑷〔璦〕　瑷〔璦〕　暧〔曖〕

---

① 写：上从冖，不从宀。
② 尧：六笔。右上角无点，不可误作尧。
③ 义：从乂（读 yì）加点，不可误作叉（读 chā）。
④ 讠：二笔。不作讠。
⑤ 饣：三笔。中一横折作ㄱ，不作乚或点。
⑥ 纟：三笔。
⑦ 钅：第二笔是一短横，中两横，竖折不出头。
⑧ 睾丸的睾读 gāo（高），不简化。

罢

摆〔擺〕〔襬〕　罴〔羆〕　糉〔糉〕

备

惫〔憊〕

贝

贞〔貞〕　则〔則〕　负〔負〕　贡〔貢〕　呗〔唄〕　员〔員〕

财〔財〕　狈〔狽〕　责〔責〕　厕〔廁〕　贤〔賢〕　账〔賬〕

贩〔販〕　贬〔貶〕　败〔敗〕　贮〔貯〕　贪〔貪〕　贫〔貧〕

侦〔偵〕　侧〔側〕　货〔貨〕　贯〔貫〕　测〔測〕　浈〔湞〕

恻〔惻〕　贰〔貳〕　贲〔賁〕　贳〔貰〕　费〔費〕　郧〔鄖〕

勋〔勛〕　帧〔幀〕　贴〔貼〕　觋〔覡〕　贻〔貽〕　贱〔賤〕

贵〔貴〕　钡〔鋇〕　贷〔貸〕　贸〔貿〕　贺〔賀〕　陨〔隕〕

资〔資〕　祯〔禎〕　贾〔賈〕　损〔損〕　贽〔贄〕　埙〔塤〕

桢〔楨〕　唝〔嗊〕　赅〔賅〕　圆〔圓〕　贼〔賊〕　贿〔賄〕

赆〔贐〕　赂〔賂〕　债〔債〕　凭〔憑〕　渍〔漬〕　惯〔慣〕

琐〔瑣〕　赉〔賚〕　匮〔匱〕　掼〔摜〕　殒〔殞〕　勚〔勩〕

赈〔賑〕　婴〔嬰〕　啧〔嘖〕　赊〔賒〕　帻〔幘〕　债〔債〕

铡〔鍘〕　绩〔績〕　溃〔潰〕　溅〔濺〕　赓〔賡〕　愦〔憒〕

愤〔憤〕　黄〔黌〕　赍〔齎〕　葳〔葳〕　赌〔賭〕　赔〔賠〕

赕〔賧〕　遗〔遺〕　赋〔賦〕　喷〔噴〕　赌〔賭〕　赎〔贖〕

赏〔賞〕①　赐〔賜〕　赒〔賙〕　锁〔鎖〕　馈〔饋〕　赖〔賴〕

赪〔赬〕　碛〔磧〕　殡〔殯〕　赗〔賵〕　腻〔膩〕　赛〔賽〕

褨〔襀〕　赘〔贅〕　撄〔攖〕　槚〔檟〕　嘤〔嚶〕　赚〔賺〕

赙〔賻〕　罂〔罌〕　镄〔鐨〕　箦〔簀〕　鲗〔鰂〕　缨〔纓〕

璎〔瓔〕　聩〔聵〕　樱〔櫻〕　赜〔賾〕　箦〔簀〕　濑〔瀨〕

瘿〔癭〕　懒〔懶〕　赝〔贗〕　獭〔獺〕　赠〔贈〕　鹦〔鸚〕

獭［獺］　　赞［贊］　　赢［贏］　　赡［贍］　　癫［癲］　　攒［攢］

籁［籟］　　缵［纘］　　瓒［瓚］　　臜［臢］　　赣［贛］　　趱［趲］

蹴［躦］　　恋［戀］

笔

滗［潷］

毕

荜［蓽］　　哔［嗶］　　筚［篳］　　跸［蹕］

边

笾［籩］

宾

傧［儐］　　滨［濱］　　摈［擯］　　嫔［嬪］　　缤［繽］　　殡［殯］

槟［檳］　　膑［臏］　　镔［鑌］　　髌［髕］　　鬓［鬢］

参

渗［滲］　　惨［慘］　　掺［摻］　　骖［驂］　　毵［毿］　　瘆［瘮］

碜［磣］　　穇［穇］　　糁［糝］

仓

伧［傖］　　创［創］　　沧［滄］　　怆［愴］　　苍［蒼］　　抢［搶］

呛［嗆］　　炝［熗］　　玱［瑲］　　枪［槍］　　戗［戧］　　疮［瘡］

鸧［鶬］　　舱［艙］　　跄［蹌］

产

浐［滻］　　萨［薩］　　铲［鏟］

长

伥［倀］　　怅［悵］　　帐［帳］　　张［張］　　枨［棖］　　账［賬］

胀［脹］　　涨［漲］

尝

鲿［鱨］

车

轧［軋］　　军［軍］　　轨［軌］　　厍［厙］　　阵［陣］　　库［庫］

连[連]　轩[軒]　诨[諢]　郓[鄆]　轫[軔]　轭[軛]
瓯[甌]　转[轉]　轮[輪]　斩[斬]　软[軟]　浑[渾]
恽[惲]　砗[硨]　轶[軼]　轲[軻]　轱[軲]　轷[軤]
轻[輕]　轳[轤]　轴[軸]　挥[揮]　荤[葷]　轹[轢]
轸[軫]　轺[軺]　涟[漣]　珲[琿]　载[載]　莲[蓮]
较[較]　轼[軾]　轾[輊]　辂[輅]　轿[轎]　晕[暈]
渐[漸]　惭[慚]　皲[皸]　琏[璉]　辅[輔]　辄[輒]
辆[輛]　堑[塹]　啭[囀]　崭[嶄]　裤[褲]　裢[褳]
辇[輦]　辋[輞]　辍[輟]　辊[輥]　絷[縶]　辐[輻]
暂[暫]　辉[輝]　辈[輩]　链[鏈]　辒[轀]　辏[輳]
辐[輻]　辑[輯]　输[輸]　毂[轂]　辔[轡]　辖[轄]
辕[轅]　辗[輾]　舆[輿]　辘[轆]　撵[攆]　鲢[鰱]
辙[轍]　錾[鏨]　辚[轔]

齿

龇[齜]　啮[嚙]　龆[齠]　龅[齙]　龃[齟]　龄[齡]
龊[齪]　龈[齦]　龉[齬]　龌[齷]　龋[齲]　龈[齶]

虫

蛊[蠱]

刍

诌[謅]　㑇[㑇]　邹[鄒]　㤭[㤭]　驺[騶]　绉[縐]
皱[皺]　趋[趨]　雏[雛]

从

苁[蓯]　纵[縱]　枞[樅]　怂[慫]　耸[聳]

窜

撺[攛]　镩[鑹]　蹿[躥]

达

达[達]　闼[闥]　挞[撻]　哒[噠]　鞑[韃]

带

滞〔滯〕

单

郸〔鄲〕 惮〔憚〕 阐〔闡〕 掸〔撣〕 弹〔彈〕 婵〔嬋〕

禅〔禪〕 殚〔殫〕 瘅〔癉〕 蝉〔蟬〕 箪〔簞〕 蕲〔蘄〕

鞑〔韃〕

当

挡〔擋〕 档〔檔〕 裆〔襠〕 铛〔鐺〕

党

谠〔讜〕 傥〔儻〕 镋〔钂〕

东

冻〔凍〕 陈〔陳〕 岽〔崬〕 栋〔棟〕 胨〔腖〕 鸫〔鶇〕

动

恸〔慟〕

断

簖〔籪〕

对

怼〔懟〕

队

坠〔墜〕

尔

迩〔邇〕 弥〔彌〕〔瀰〕 祢〔禰〕 玺〔璽〕 猕〔獼〕

发

泼〔潑〕 废〔廢〕 拨〔撥〕 钹〔鏺〕

丰

沣〔灃〕 艳〔豔〕 滟〔灩〕

风

讽〔諷〕 沨〔渢〕 岚〔嵐〕 枫〔楓〕 疯〔瘋〕 飒〔颯〕

飒〔颯〕 飓〔颶〕 飕〔颼〕 飔〔颸〕 飏〔颺〕 飘〔飄〕
飙〔飆〕

冈
刚〔剛〕 㧈〔摑〕 岗〔崗〕 纲〔綱〕 枫〔楓〕 钢〔鋼〕

广
邝〔鄺〕 圹〔壙〕 扩〔擴〕 犷〔獷〕 纩〔纊〕 旷〔曠〕
矿〔礦〕

归
岿〔巋〕

龟

阄〔鬮〕

国
掴〔摑〕 帼〔幗〕 腘〔膕〕 蝈〔蟈〕

过

挝〔撾〕

华
哗〔嘩〕 骅〔驊〕 烨〔燁〕 桦〔樺〕 晔〔曄〕 铧〔鏵〕

画

婳〔嫿〕

汇

㧟〔擓〕

会
刽〔劊〕 郐〔鄶〕 侩〔儈〕 浍〔澮〕 荟〔薈〕 哙〔噲〕
狯〔獪〕 绘〔繪〕 烩〔燴〕 桧〔檜〕 脍〔膾〕 鲙〔鱠〕

几
讥〔譏〕 叽〔嘰〕 饥〔饑〕 机〔機〕 玑〔璣〕 矶〔磯〕
虮〔蟣〕

夹
郏〔郟〕　侠〔俠〕　陕〔陝〕　浃〔浹〕　挟〔挾〕　荚〔莢〕
峡〔峽〕　狭〔狹〕　悛〔悛〕　硖〔硤〕　铗〔鋏〕　颊〔頰〕
蛱〔蛺〕　瘗〔瘞〕　箧〔篋〕
戋
划〔劃〕　浅〔淺〕　饯〔餞〕　线〔綫〕　残〔殘〕　栈〔棧〕
贱〔賤〕　盏〔盞〕　钱〔錢〕　笺〔箋〕　溅〔濺〕　践〔踐〕
监
滥〔濫〕　蓝〔藍〕　尴〔尷〕　槛〔檻〕　褴〔襤〕　篮〔籃〕
见
觅〔覓〕　岘〔峴〕　觃〔覎〕　视〔視〕　规〔規〕　现〔現〕
枧〔梘〕　觅〔覓〕　觉〔覺〕　砚〔硯〕　觇〔覘〕　览〔覽〕
宽〔寬〕　蚬〔蜆〕　觊〔覬〕　笕〔筧〕　觍〔覥〕　觌〔覿〕
靓〔靚〕　搅〔攪〕　揽〔攬〕　缆〔纜〕　窥〔窺〕　榄〔欖〕
觎〔覦〕　靓〔靚〕　觐〔覲〕　觑〔覷〕　髋〔髖〕
荐
鞯〔韉〕
将
蒋〔蔣〕　锵〔鏘〕
节
栉〔櫛〕
尽
浕〔濜〕　荩〔藎〕　烬〔燼〕　赆〔贐〕
进
琎〔璡〕
举
榉〔欅〕

壳
悫〔愨〕
来
涞〔淶〕　莱〔萊〕　崃〔崍〕　徕〔徠〕　赉〔賚〕　睐〔睞〕
铼〔錸〕
乐
泺〔濼〕　烁〔爍〕　栎〔櫟〕　轹〔轢〕　砾〔礫〕　铄〔鑠〕
离
漓〔灕〕　篱〔籬〕
历
沥〔瀝〕　坜〔壢〕　苈〔藶〕　呖〔嚦〕　枥〔櫪〕　疬〔癧〕
雳〔靂〕
丽
俪〔儷〕　郦〔酈〕　逦〔邐〕　骊〔驪〕　鹂〔鸝〕　酾〔釃〕
鲡〔鱺〕
两
俩〔倆〕　唡〔啢〕　辆〔輛〕　满〔滿〕　瞒〔瞞〕　颟〔顢〕
螨〔蟎〕　魉〔魎〕　懑〔懣〕　蹒〔蹣〕
灵
棂〔欞〕
刘
浏〔瀏〕
龙
陇〔隴〕　泷〔瀧〕〔寵〕　庞〔龐〕　垄〔壟〕　拢〔攏〕　茏〔蘢〕
咙〔嚨〕　珑〔瓏〕　栊〔櫳〕　龚〔龔〕　昽〔曨〕　胧〔朧〕
砻〔礱〕　袭〔襲〕　聋〔聾〕　龚〔龔〕　龛〔龕〕　笼〔籠〕
眷〔譬〕

娄
偻［僂］　蒌［蔞］　溇［漊］　萎［蔞］　搂［摟］　嵝［嶁］
喽［嘍］　缕［縷］　屡［屢］　数［數］　楼［樓］　瘘［瘻］
褛［褸］　窭［窶］　䁖［瞜］　镂［鏤］　屦［屨］　蝼［螻］
篓［簍］　耧［耬］　薮［藪］　擞［擻］　髅［髏］

卢
泸［瀘］　垆［壚］　栌［櫨］　轳［轤］　胪［臚］　鸬［鸕］
颅［顱］　舻［艫］　鲈［鱸］

虏
掳［擄］

卤
鹾［鹺］

录
箓［籙］

虑
滤［濾］　摅［攄］

仑
论［論］　伦［倫］　沦［淪］　抡［掄］　囵［圇］　纶［綸］
轮［輪］　瘪［癟］

罗
萝［蘿］　啰［囉］　逻［邏］　猡［玀］　椤［欏］　锣［鑼］
箩［籮］

马
冯［馮］　驭［馭］　闯［闖］　吗［嗎］　犸［獁］　驮［馱］
驰［馳］　驯［馴］　妈［媽］　玛［瑪］　驱［驅］　驳［駁］
码［碼］　驼［駝］　驻［駐］　驵［駔］　驾［駕］　驿［驛］
驸［駙］　驶［駛］　驹［駒］　骀［駘］　驺［騶］　驸［駙］
驽［駑］　骂［罵］　蚂［螞］　笃［篤］　骇［駭］　骈［駢］

骁〔驍〕	骄〔驕〕	骅〔驊〕	骆〔駱〕	骊〔驪〕	骋〔騁〕
验〔驗〕	骏〔駿〕	骎〔駸〕	骑〔騎〕	骐〔騏〕	骒〔騍〕
雏〔雛〕	骖〔驂〕	骗〔騙〕	骘〔騭〕	骛〔騖〕	骚〔騷〕
搴〔騫〕	鸷〔鷙〕	蓦〔驀〕	腾〔騰〕	骝〔騮〕	骗〔騙〕
骠〔驃〕	骢〔驄〕	骡〔騾〕	羁〔羈〕	骤〔驟〕	骥〔驥〕
骧〔驤〕					
买					
荬〔蕒〕					
卖					
读〔讀〕	渎〔瀆〕	续〔續〕	椟〔櫝〕	觌〔覿〕	赎〔贖〕
犊〔犢〕	牍〔牘〕	窦〔竇〕	黩〔黷〕		
麦					
唛〔嘜〕	麸〔麩〕				
门					
闩〔閂〕	闪〔閃〕	们〔們〕	闭〔閉〕	闯〔闖〕	问〔問〕
扪〔捫〕	闱〔闈〕	闵〔閔〕	闷〔悶〕	闰〔閏〕	闲〔閑〕
间〔間〕	闹〔鬧〕	闸〔閘〕	钔〔鍆〕	阂〔閡〕	闺〔閨〕
闻〔聞〕	闼〔闥〕	闽〔閩〕	闾〔閭〕	阁〔閣〕	阄〔鬮〕
阁〔閣〕	阀〔閥〕	润〔潤〕	涧〔澗〕	悯〔憫〕	阆〔閬〕
阅〔閱〕	阃〔閫〕	阉〔閹〕①	阊〔閶〕	娴〔嫻〕	阏〔閼〕
阈〔閾〕	阉〔閹〕	阍〔閽〕	阎〔閻〕	阋〔鬩〕	阅〔閱〕
阐〔闡〕	阁〔閣〕	焖〔燜〕	阑〔闌〕	裥〔襉〕	阔〔闊〕
痫〔癇〕	鹇〔鷳〕	阕〔闋〕	阒〔闃〕	搁〔擱〕	铜〔鐧〕
锏〔鐧〕	阙〔闕〕	阖〔闔〕	阗〔闐〕	槛〔檻〕	简〔簡〕
谰〔讕〕	阚〔闞〕	蔺〔藺〕	澜〔瀾〕	斓〔斕〕	嘲〔讕〕

———————————

① 鬥字头的字，一般也写作門字头，如鬧、鬮、閱写作鬧、鬮、閱。因此，这些鬥字头的字可简化作门字头。但鬥争的鬥应简作斗（见第一表）。

镧［鑭］　蹒［躏］

黾

渑［澠］　绳［繩］　鼋［黿］　蝇［蠅］　鼍［鼉］

难

傩［儺］　滩［灘］　摊［攤］　瘫［癱］

鸟

凫［鳬］　鸠［鳩］　岛［島］　茑［蔦］　鸢［鳶］　鸣［鳴］
枭［梟］　鸩［鴆］　鸦［鴉］　鸨［鴇］　鸥［鷗］　鸹［鴰］
鸰［鴒］　鸾［鷥］　莺［鶯］　鸪［鴣］　捣［搗］　鸫［鶇］
鸬［鸕］　鸭［鴨］　鸯［鴦］　鸮［鴞］　鸱［鴟］　鸲［鴝］
鸳［鴛］　鸵［鴕］　袅［裊］　鸶［鷥］　鸷［鷙］　鸶［鸞］
鸻［鴴］　鸿［鴻］　鸷［鷙］　鸸［鴯］　鸷［鷙］　鹈［鵜］
鸽［鴿］　鸹［鴰］　鸺［鵂］　鸻［鴴］　鹕［鶘］　鹏［鵬］
鹁［鵓］　鹂［鸝］　鹃［鵑］　鸽［鴿］　鹄［鵠］　鹅［鵝］
鹆［鵒］　鹌［鶥］　鹊［鵲］　鹑［鵪］　鹊［鵲］　鹌［鵪］
鹤［鶴］　鹏［鵬］　鸽［鴿］　鹚［鶿］　鹕［鶘］　鹗［鶚］
鹖［鶡］　鹗［鶚］　鹘［鶻］　鹜［鶩］　鹜［鶩］　鹏［鵬］
鹤［鶴］　鹣［鶼］　鸥［鷗］　鹡［鶺］　鹧［鷓］　鹞［鷂］
鹥［鷖］　鹦［鸚］　鹢［鷁］　鹜［鷔］　鹩［鷯］　鹪［鷦］
鹬［鷸］　鹰［鷹］　鹊［鵲］　鹭［鷺］　鹏［鵬］　鹳［鸛］

聂

慑［懾］　滠［灄］　摄［攝］　嗫［囁］　镊［鑷］　颞［顳］
蹑［躡］

宁

泞［濘］　拧［擰］　咛［嚀］　狞［獰］　柠［檸］　聍［聹］

农

侬［儂］　浓［濃］　哝［噥］　脓［膿］

齐

剂［劑］　侪［儕］　济［濟］　荠［薺］　挤［擠］　脐［臍］

蛴［蠐］　跻［躋］　霁［霽］　鲚［鱭］　齑［齏］

岂

剀［剴］　凯［凱］　恺［愷］　闿［闓］　垲［塏］　桤［榿］

觊［覬］　砐［磑］　皑［皚］　铠［鎧］

气

忾［愾］　饩［餼］

迁

跹［躚］

佥

剑［劍］　俭［儉］　险［險］　捡［撿］　猃［獫］　验［驗］

检［檢］　殓［殮］　敛［斂］　脸［臉］　裣［襝］　睑［瞼］

签［簽］　潋［瀲］　蔹［薟］

乔

侨［僑］　挢［撟］　荞［蕎］　峤［嶠］　骄［驕］　娇［嬌］

桥［橋］　轿［轎］　硚［礄］　矫［矯］　鞒［鞽］

亲

榇［櫬］

穷

劳［藭］

区

讴［謳］　伛［傴］　沤［漚］　怄［慪］　抠［摳］　奁［奩］

呕［嘔］　岖［嶇］　妪［嫗］　驱［驅］　枢［樞］　瓯［甌］

欧［歐］　殴［毆］　鸥［鷗］　眍［瞘］　躯［軀］

啬

蔷［薔］　墙［牆］　嫱［嬙］　樯［檣］　穑［穡］

杀

铩［鎩］

审

谉［讅］　　婶［嬸］

圣

柽［檉］　　蛏［蟶］

师

浉［溮］　　狮［獅］　　蛳［螄］　　筛［篩］

时

坲［塒］　　莳［蒔］　　鲥［鰣］

寿

俦［儔］　　涛［濤］　　祷［禱］　　焘［燾］　　畴［疇］　　铸［鑄］

筹［籌］　　踌［躊］

属

嘱［囑］　　瞩［矚］

双

抝［攪］

肃

萧［蕭］　　啸［嘯］　　潇［瀟］　　箫［簫］　　蟏［蠨］

岁

刿［劌］　　哕［噦］　　秽［穢］

孙

荪［蓀］　　狲［猻］　　逊［遜］

条

涤［滌］　　绦［縧］　　鲦［鰷］

万

厉［厲］　　迈［邁］　　励［勵］　　疬［癧］　　虿［蠆］　　砺［礪］

粝［糲］　　蛎［蠣］

为

伪［僞］　沩［潙］　妫［嬀］

韦

讳［諱］　伟［偉］　闱［闈］　违［違］　苇［葦］　韧［韌］

帏［幃］　围［圍］　纬［緯］　炜［煒］　祎［禕］　玮［瑋］

韨［韍］　涠［潿］　韩［韓］　韫［韞］　趸［躉］　韬［韜］

乌

邬［鄔］　坞［塢］　呜［嗚］　钨［鎢］

无

怃［憮］　庑［廡］　抚［撫］　芜［蕪］　呒［嘸］　妩［嫵］

献

谳［讞］

乡

芗［薌］　飨［饗］

写

泻［瀉］

寻

浔［潯］　荨［蕁］　挦［撏］　鲟［鱘］

亚

垩［堊］　垭［埡］　挜［掗］　哑［啞］　娅［婭］　恶［惡］［噁］

氩［氬］　壸［壼］

严

俨［儼］　酽［釅］

厌

恹［懕］　厣［厴］　靥［靨］　餍［饜］　魇［魘］　黡［黶］

尧

侥［僥］　浇［澆］　挠［撓］　荛［蕘］　峣［嶢］　哓［嘵］

娆［嬈］　骁［驍］　绕［繞］　饶［饒］　烧［燒］　桡［橈］

晓［曉］　　硗［磽］　　铙［鐃］　　翘［翹］　　蛲［蟯］

业

邺［鄴］

页

顶［頂］　　顷［頃］　　项［項］　　预［預］　　顺［順］　　须［須］

颅［顱］　　烦［煩］　　顼［頊］　　顽［頑］　　顿［頓］　　颀［頎］

颁［頒］　　颂［頌］　　倾［傾］　　预［預］　　庼［廎］　　硕［碩］

颅［顱］　　领［領］　　颈［頸］　　颇［頗］　　颏［頦］　　颊［頰］

颉［頡］　　颖［穎］　　颌［頜］　　颐［頤］　　浈［湞］　　颐［頤］

蒇［蕆］　　频［頻］　　颏［頦］　　额［頟］　　颕［穎］　　颗［顆］

额［額］　　颜［顏］　　撷［擷］　　题［題］　　颚［顎］　　缬［纈］

濒［瀕］　　颠［顛］　　颟［顢］　　颢［顥］　　颡［顙］　　嚣［囂］

颢［顥］　　颤［顫］　　巅［巔］　　颥［顬］　　癫［癲］　　灏［灝］

颦［顰］　　颧［顴］

义

议［議］　　仪［儀］　　蚁［蟻］

艺

呓［囈］

阴

荫［蔭］

隐

瘾［癮］

犹

莸［蕕］

鱼

鲂［魛］　　渔［漁］　　鲂［魴］　　鱿［魷］　　鲁［魯］　　鲨［鯊］

蓟［薊］　　鲆［鮃］　　鲅［鮁］　　鲏［鮍］　　鲈［鱸］　　鲇［鮎］

鲊［鮓］　　鉫［鉫］　　稣［穌］　　鲋［鮒］　　鲍［鮑］　　鲐［鮐］

鲞[鮝] 鲝[鮺] 鲚[鱭] 鲛[鮫] 鲜[鮮] 鲑[鮭]

鲒[鮚] 鲔[鮪] 鲟[鱘] 鲗[鰂] 鲖[鮦] 鲙[鱠]

鲨[鯊] 橹[櫓] 鲡[鱺] 鲠[鯁] 鲢[鰱] 鲫[鯽]

鲥[鰣] 鲩[鯇] 鲣[鰹] 鲤[鯉] 鲦[鰷] 鲧[鯀]

橹[櫓] 氇[氌] 鲸[鯨] 鲭[鯖] 鲮[鯪] 鲰[鯫]

鲲[鯤] 鲻[鯔] 鲳[鯧] 鲱[鯡] 鲵[鯢] 鲷[鯛]

鲶[鯰] 薛[薛] 鳍[鰭] 鳕[鱈] 鳎[鰨] 鳊[鯿]

鲽[鰈] 鳀[鯷] 鳃[鰓] 鳄[鰐] 镥[鑥] 鳅[鰍]

鳆[鰒] 鳇[鰉] 鳌[鰲] 鳖[鱉] 鳒[鰜] 鳒[鰜]

鳍[鰭] 鳎[鰨] 鳏[鰥] 鳑[鰟] 癣[癬] 鳖[鱉]

鳙[鱅] 鳟[鱒] 鳕[鱈] 鳔[鰾] 鳓[鰳] 鳌[鰲]

鳗[鰻] 鳝[鱔] 鳟[鱒] 鳞[鱗] 鳜[鱖] 鳣[鱣]

鳢[鱧]

与

屿[嶼] 欤[歟]

云

芸[蕓] 昙[曇] 叆[靉] 叇[靆]

郑

掷[擲] 踯[躑]

执

垫[墊] 挚[摯] 贽[贄] 鸷[鷙] 蛰[蟄] 絷[縶]

质

锧[鑕] 踬[躓]

专

传[傳] 抟[摶] 转[轉] 䏝[膞] 砖[磚] 啭[囀]

讠

计[計] 订[訂] 讣[訃] 讥[譏] 议[議] 讨[討]

讧[訌] 评[評] 记[記] 讯[訊] 讪[訕] 训[訓]

讫［訖］　访［訪］　讶［訝］　讳［諱］　讵［詎］　讴［謳］
诀［訣］　讷［訥］　设［設］　讽［諷］　讹［訛］　䜣［訢］
许［許］　论［論］　讼［訟］　讻［訩］　诂［詁］　诃［訶］
评［評］　诏［詔］　词［詞］　译［譯］　诎［詘］　诇［詗］
诅［詛］　识［識］　诌［謅］　诋［詆］　诉［訴］　诈［詐］
诊［診］　诒［詒］　诨［諢］　该［該］　详［詳］　诧［詫］
诓［誆］　诖［詿］　诘［詰］　诙［詼］　试［試］　诗［詩］
诩［詡］　诤［諍］　诠［詮］　诛［誅］　诔［誄］　诟［詬］
诣［詣］　话［話］　诡［詭］　询［詢］　诚［誠］　诞［誕］
浒［滸］　诮［誚］　说［說］　诫［誡］　诬［誣］　语［語］
诵［誦］　罚［罰］　误［誤］　诰［誥］　诳［誑］　诱［誘］
诲［誨］　诶［誒］　狱［獄］　谊［誼］　谅［諒］　谈［談］
谆［諄］　谞［諝］　谇［誶］　请［請］　诺［諾］　诸［諸］
读［讀］　诼［諑］　诹［諏］　课［課］　诽［誹］　诿［諉］
谁［誰］　谀［諛］　调［調］　谄［諂］　谂［諗］　谛［諦］
谱［譜］　谜［謎］　谚［諺］　谝［諞］　谘［諮］　谌［諶］
谎［謊］　谋［謀］　谍［諜］　谐［諧］　谏［諫］　谓［諝］
谑［謔］　谒［謁］　谔［諤］　谓［謂］　谖［諼］　谕［諭］
谥［謚］　谤［謗］　谦［謙］　谧［謐］　谟［謨］　说［讜］
谡［謖］　谢［謝］　谣［謠］　储［儲］　谪［謫］　谫［譾］
谨［謹］　谬［謬］　谩［謾］　谱［譜］　谮［譖］　谭［譚］
谰［讕］　谲［譎］　谯［譙］　蔼［藹］　槠［櫧］　遣［譴］
谵［譫］　谶［讖］　辩［辯］　谳［讞］　雠［讎］①　谶［讖］
霭［靄］

饣

饥［饑］　饦［飥］　饧［餳］　饨［飩］　饭［飯］　饮［飲］

---

① 雠：用于校雠、雠定、仇雠等。表示仇恨、仇敌义时用仇。

饫[飫]	饩[餼]	饪[飪]	饬[飭]	饲[飼]	饯[餞]
饰[飾]	饱[飽]	饴[飴]	饳[飿]	饸[餄]	饷[餉]
饺[餃]	饻[餏]	饼[餅]	饵[餌]	饶[饒]	蚀[蝕]
饹[餎]	饽[餑]	馁[餒]	饿[餓]	馆[館]	馄[餛]
馃[餜]	馅[餡]	馉[餶]	馇[餷]	馈[饋]	馊[餿]
馐[饈]	馍[饃]	馎[餺]	馏[餾]	馑[饉]	馒[饅]
馓[饊]	馔[饌]	馕[饢]			

旸

汤[湯]	扬[揚]	场[場]	旸[暘]	饧[餳]	炀[煬]
杨[楊]	肠[腸]	疡[瘍]	砀[碭]	畅[暢]	锡[錫]
殇[殤]	荡[蕩]	烫[燙]	觞[觴]		

纟

丝[絲]	纠[糾]	纩[纊]	纤[纖]	纡[紆]	红[紅]
纪[紀]	纫[紉]	纥[紇]	约[約]	纨[紈]	级[級]
纺[紡]	纹[紋]	纬[緯]	纭[紜]	纯[純]	纰[紕]
纽[紐]	纳[納]	纲[綱]	纱[紗]	纴[紝]	纷[紛]
纶[綸]	纸[紙]	纵[縱]	纾[紓]	纠[紉]	唦[嗦]
绊[絆]	线[線]	绀[紺]	继[繼]	绂[紱]	绋[紼]
绎[繹]	经[經]	绍[紹]	组[組]	细[細]	绌[絀]
绅[紳]	织[織]	绌[紬]	终[終]	绉[縐]	绐[紿]
哟[喲]	经[經]	荮[葤]	茳[茳]	绞[絞]	统[統]
绒[絨]	绕[繞]	绮[綺]	结[結]	绗[絎]	绐[紿]
绘[繪]	绝[絕]	绛[絳]	络[絡]	绚[絢]	绑[綁]
莼[蒓]	绠[綆]	绨[綈]	绡[綃]	绢[絹]	绣[繡]
绥[綏]	绦[絛]	鸳[鴛]	综[綜]	绽[綻]	绾[綰]
绻[綣]	绩[績]	绫[綾]	绪[緒]	续[續]	绮[綺]
缀[綴]	绿[綠]	绰[綽]	绲[緄]	绳[繩]	绯[緋]
绶[綬]	绸[綢]	绷[繃]	绺[綹]	维[維]	绵[綿]

缁［緇］　缔［締］　编［編］　缕［縷］　缃［緗］　缂［緙］

缅［緬］　缘［緣］　缉［緝］　缇［緹］　缈［緲］　缙［縉］

缊［縕］　缌［緦］　缆［纜］　缓［緩］　缄［緘］　缑［緱］

缒［縋］　缎［緞］　缏［緶］　缫［繅］　缤［繽］　缟［縞］

缣［縑］　缢［縊］　缚［縛］　缙［縉］　缛［縟］　缜［縝］

缝［縫］　缡［縭］　潍［濰］　缩［縮］　缥［縹］　缪［繆］

缦［縵］　缨［纓］　缫［繅］　缧［縲］　蕴［蘊］　缮［繕］

缯［繒］　缬［纈］　缭［繚］　橼［櫞］　缰［韁］　缳［繯］

缲［繰］　缱［繾］　缴［繳］　辫［辮］　缵［纘］

収

坚［堅］　贤［賢］　肾［腎］　竖［豎］　悭［慳］　紧［緊］

铿［鏗］　鲣［鰹］

芇

劳［勞］　荧［熒］　茔［塋］　荧［熒］　荣［榮］　荥［滎］

荤［葷］　涝［澇］　崂［嶗］　莹［瑩］　捞［撈］　唠［嘮］

莺［鶯］　萤［螢］　营［營］　萦［縈］　痨［癆］　嵘［嶸］

铹［鐒］　耢［耢］　蝾［蠑］

収

览［覽］　揽［攬］　缆［纜］　榄［欖］　鉴［鑒］

只

识［識］　帜［幟］　织［織］　炽［熾］　职［職］

钅

钆［釓］　钇［釔］　钉［釘］　钋［釙］　钉［釘］　针［針］

钊［釗］　钗［釵］　钎［釺］　钓［釣］　钏［釧］　钍［釷］

钐［釤］　钒［釩］　钖［錫］　钕［釹］　钔［鍆］　钦［欽］

钫［鈁］　钚［鈈］　钙［鈣］　钪［鈧］　钯［鈀］　钭［鈄］

钙［鈣］　钝［鈍］　钛［鈦］　钘［鈃］　钮［鈕］　钞［鈔］

钢［鋼］　钠［鈉］　钡［鋇］　铃［鈴］　钧［鈞］　钩［鈎］

钦［欽］　钨［鎢］　铋［鉍］　钰［鈺］　钱［錢］　钲［鉦］

钳［鉗］　钴［鈷］　铖［鋮］　钵［鉢］　钹［鈸］　钼［鉬］

钾［鉀］　铀［鈾］　钿［鈿］　铎［鐸］　钹［鐷］　铃［鈴］

铅［鉛］　铂［鉑］　铄［鑠］　铆［鉚］　铍［鈹］　钶［鈳］

铊［鉈］　钽［鉭］　铌［鈮］　钜［鉅］　铈［鈰］　铉［鉉］

铒［鉺］　铑［銠］　铕［銪］　铟［銦］　铷［銣］　铯［銫］

铥［銩］　铪［鉿］　锦［錦］　铫［銚］　铵［銨］　衔［銜］

铲［鏟］　铰［鉸］　铳［銃］　铱［銥］　铓［鋩］　铗［鋏］

铐［銬］　铡［鍘］　铙［鐃］　银［銀］　铛［鐺］　铜［銅］

铝［鋁］　铡［鍘］　铠［鎧］　铨［銓］　铢［銖］　铣［銑］

铤［鋌］　铤［鋋］　铭［銘］　铬［鉻］　铮［錚］　铧［鏵］

铼［錸］　揿［撳］　锌［鋅］　锐［銳］　锑［銻］　锒［鋃］

铺［鋪］　铸［鑄］　钦［嵌］　锓［鋟］　铿［鏗］　链［鏈］

铿［鏗］　锏［鐧］　销［銷］　锁［鎖］　锄［鋤］　锅［鍋］

锉［銼］　锈［銹］　锋［鋒］　锆［鋯］　锊［鋝］　铜［鋦］

锕［錒］　锎［鐦］　铽［鋱］　铼［鋶］　锇［鋨］　锂［鋰］

锁［鑕］　锘［鍩］　锞［錁］　锭［錠］　锗［鍺］　锝［鍀］

锫［錇］　错［錯］　锚［錨］　锛［錛］　锯［鋸］　锰［錳］

锢［錮］　锟［錕］　锡［錫］　锣［鑼］　锤［錘］　锥［錐］

锦［錦］　锹［鍬］　锱［錙］　键［鍵］　镀［鍍］　镃［鎡］

镁［鎂］　镂［鏤］　锲［鍥］　锵［鏘］　锷［鍔］　锶［鍶］

锴［鍇］　锾［鍰］　锹［鍬］　镍［鎳］　锴［鍇］　镄［鐨］

锻［鍛］　锸［鍤］　锼［鎪］　锌［錞］　镓［鎵］　锐［鑭］

镔［鑌］　镒［鎰］　镉［鎘］　镑［鎊］　镐［鎬］　镉［鎘］

镊［鑷］　镇［鎮］　镍［鎳］　镌［鐫］　镏［鎦］　镜［鏡］

镝［鏑］　镛［鏞］　镞［鏃］　镖［鏢］　镝［鏰］　镗［鏜］

锗［鐯］　镘［鏝］　锸［鑹］　镦［鐓］　镨［鐠］　镨［鐯］

镧［鑭］　镥［鑥］　镤［鏷］　镢［鐝］　镣［鐐］　镫［鐙］

锱〔錙〕　镰〔鐮〕　镱〔鐿〕　镭〔鐳〕　镬〔鑊〕　镮〔鐶〕
镯〔鐲〕　镳〔鑣〕　镴〔鑞〕　镵〔鑱〕　镶〔鑲〕　镢〔钁〕

⺍
学〔學〕　凿〔鑿〕　觉〔覺〕　搅〔攪〕　喾〔嚳〕　鲎〔鱟〕
黉〔黌〕

圣
译〔譯〕　泽〔澤〕　怿〔懌〕　择〔擇〕　峄〔嶧〕　绎〔繹〕
驿〔驛〕　铎〔鐸〕　萚〔蘀〕　释〔釋〕　箨〔籜〕

圣
劲〔勁〕　刭〔剄〕　陉〔陘〕　泾〔涇〕　茎〔莖〕　径〔徑〕
经〔經〕　烃〔烴〕　轻〔輕〕　氢〔氫〕　胫〔脛〕　痉〔痙〕
羟〔羥〕　颈〔頸〕　巯〔巰〕

亦
变〔變〕　弯〔彎〕　孪〔孿〕　峦〔巒〕　娈〔孌〕　恋〔戀〕
栾〔欒〕　挛〔攣〕　鸾〔鸞〕　湾〔灣〕　蛮〔蠻〕　脔〔臠〕
滦〔灤〕　銮〔鑾〕

呙
剐〔剮〕　涡〔渦〕　埚〔堝〕　㖞〔喎〕　莴〔萵〕　娲〔媧〕
祸〔禍〕　腘〔膕〕　窝〔窩〕　锅〔鍋〕　蜗〔蝸〕

汉字统一部首表（草案）

中国文字改革委员会　　国家出版局　　（1983 年）

一、部首共 201 个，按画数和起笔笔形顺序排列。其繁体和变形加括号列出，以便按不同画数检索。

二、部首以简化字或繁体字为主，以原字形或变形为主，各种类型的辞书可以变通处理。

1 画	（厂）	（讠）	29 土（士）
1 一	11 八（丷）	20 凵	（艹）
2 丨	12 人（八亻）	21 卩（㔾）	30 （廾）
3 丿	（入）	（阝左）	31 大
4 丶	（勹）	（阝右）	32 尢（兀尣）
5 乙（一乛乚亅）	13 （勹）	22 刀（勹刂）	（尢）
2 画	（冂）	23 力	（扌）
6 十	14 匕	24 厶	33 寸
7 厂（厂）	15 儿	25 又	34 弋
8 匚	16 几（几）	26 廴	（丬）
9 卜（卜）	17 亠	（㔾）	35 口
（刂）	18 冫	**3 画**	36 囗
10 冂（冂）	（丷）	27 干	37 巾
（亻）	19 冖	28 工	38 山

39 彳	**4 画**	81 片	99 甘
40 彡	59 王（玉）	82 斤	100 石
（犭）	60 无（旡）	83 爪（爫）	101 龙（龍）
41 （夕）	61 韦（韋）	84 父	（岁）
42 夂	（耂）	（亼）	102 业
（饣）	62 木	（爫）	103 目
43 丬（爿）	63 支	85 月（⺼）	104 田
44 广	64 犬（犭）	86 氏	105 罒
（忄）	65 歹（歺）	87 欠	106 皿
45 门（門）	66 车（車）	88 风（風）	（钅）
（氵）	67 戈	89 殳	107 生
46 宀	68 比	90 文	108 矢
（辶）	（旡）	91 方	109 禾
47 彐（彐彑）	69 牙	92 火（灬）	110 白
48 尸	70 瓦	93 斗	111 瓜
49 己	71 止	（灬）	112 鸟（鳥）
50 弓	72 攴（攵）	94 户	113 疒
51 屮（㞢）	73 日（曰日）	（礻）	114 立
52 女	（月）	95 心（忄忄）	115 穴
53 飞（飛）	74 贝（貝）	（肀）	（衤）
54 小（⺌）	75 见（見）	（彐）	（聿）
55 子	76 牛	（⺗）	116 疋（⺪）
56 马（馬）	77 手（龵扌）	96 毋（母）	117 皮
（纟）	78 毛	97 水（氵氺）	（氺）
（彑）	79 气	**5 画**	118 癶
57 幺	（攵）	（玉）	119 矛
58 巛	80 长（長镸）	98 示（礻）	（母）

6 画	144 艮	164 龟（龜）	183 香
120 耒	145 艸（艹）	165 角	184 鬼
121 耳	146 羽	166 言（讠）	185 食（饣）
122 老（耂）	147 糸（纟）	167 辛	（風）
123 臣	7 画	8 画	186 音
124 覀（西西）	148 麦（麥）	168 青	187 首
125 而	149 走	169 卓	（韋）
126 页（頁）	150 赤	170 雨	（飛）
127 至	（車）	（長）	10 画
128 虍（虎）	151 豆	171 齿（齒）	188 鬲
129 虫	152 酉	172 非	189 髟
130 肉	153 辰	（虎）	（馬）
131 缶	154 豕	173 黾（黽）	190 門
132 舌	（镸）	174 隹	191 高
133 竹（⺮）	155 卤（鹵）	175 阜（阝左）	11 画
134 臼	（貝）	176 金（钅）	192 黄
135 自	（見）	177 鱼（魚）	（麥）
136 血	156 里	（門）	（鹵）
137 舟	157 足（𧾷）	178 隶	（鳥）
138 色	158 邑（阝右）	9 画	（魚）
139 齐（齊）	159 身	179 革	193 麻
140 衣（衤）	160 辵（辶）	（頁）	194 鹿
141 羊（⺷䒑）	161 采	180 面	12 画
142 米	162 谷	181 韭	195 鼎
143 聿（⺻聿）	163 豸	182 骨	196 黑

197 黍	199 鼠	**15 画**	**17 画**
13 画	**14 画**	（齒）	201 龠
198 鼓	200 鼻	**16 画**	（龜）
（黽）	（齊）	（龍）	

参考文献

许慎《说文解字》，中华书局 1963 年版。

段玉裁《说文解字注》，上海古籍出版社 1981 年版。

陆宗达《说文解字通论》，北京出版社 1981 年版。

王宁《训诂学原理》，中国国际广播出版社 1996 年版。

王宁《汉字汉语基础》，科学出版社 1997 年版。

王宁、邹晓丽《汉字应用通则》，春风文艺出版社 1999 年版。

王宁《汉字构形学导论》，商务印书馆 2015 年版。

邹晓丽《基础汉字形义释源》，北京出版社 1990 年版。

邹晓丽《古汉语入门》，语文出版社 1993 年版。

裘锡圭《文字学概要》，商务印书馆 1988 年版。

何九盈、胡双宝、张猛《中国汉字文化大观》，北京大学出版社 1995 年版。

高明《中国古文字学通论》，北京大学出版社 1995 年版。

王凤阳《汉字学》，吉林文史出版社 1989 年版。

语文出版社《语言文字规范手册》，语文出版社 1997 年版。

周有光《中国语文的现代化》，上海教育出版社 1986 年版。

中国社科院《汉字问题学术讨论会论文集》，语文出版社 1988 年版。

陈原《现代汉语定量分析》，上海教育出版社 1989 年版。

黄德宽、陈秉新《汉语文字学史》，安徽教育出版社 1996 年版。

黄德宽《古文字学》，上海古籍出版社 2015 年版。

孙钧锡《汉字通论》，河北教育出版社 1988 年版。

孙钧锡《汉字和汉字规范化》，教育科学出版社 1990 年版。

周有光《中国语文纵横谈》，人民教育出版社 1992 年版。

高家莺等《现代汉字学》，高等教育出版社 1993 年版。

柴世森《漫谈错别字问题》，语文出版社 1994 年版。

苏培成《现代汉字学纲要》（第 3 版），商务印书馆 2014 年版。

苏培成、尹斌庸《现代汉字规范化问题》，语文出版社 1995 年版。

苏培成《现代汉字学参考资料》，北京大学出版社 2002 年版。

傅永和《中文信息处理》，广东教育出版社 1999 年版。

杨润陆《现代汉字学通论》，长城出版社 2000 年版。

李建国《汉语规范史略》，语文出版社 2000 年版。